中国社会科学院创新工程学术出版资助项目

Responsibility and Corporation:
Research on Government Purchase Aged Care Service

责任与合作：
政府购买养老服务研究

王阳亮　著

中国社会科学出版社

图书在版编目（CIP）数据

责任与合作：政府购买养老服务研究／王阳亮著 . —北京：
中国社会科学出版社，2017. 11
ISBN 978 – 7 – 5203 – 0765 – 9

I. ①责… II. ①王… III. ①养老保险制度—研究—中国
IV. ①F842. 67

中国版本图书馆 CIP 数据核字（2017）第 174269 号

出 版 人　赵剑英
责任编辑　安　芳
责任校对　张爱华
责任印制　李寡寡

出　　　版　中国社会科学出版社
社　　　址　北京鼓楼西大街甲 158 号
邮　　　编　100720
网　　　址　http://www. csspw. cn
发 行 部　010 – 84083685
门 市 部　010 – 84029450
经　　　销　新华书店及其他书店

印　　　刷　北京明恒达印务有限公司
装　　　订　廊坊市广阳区广增装订厂
版　　　次　2017 年 11 月第 1 版
印　　　次　2017 年 11 月第 1 次印刷

开　　　本　710 × 1000　1/16
印　　　张　13. 75
插　　　页　2
字　　　数　225 千字
定　　　价　58. 00 元

目　　录

第 一 章

导　　论

第一节　研究问题的提出

一　问题的提出

（一）老龄化危机与养老服务供给压力

人口老龄化是当今世界各国面临的重大挑战。人口老龄化指由于65岁以上人口的剧增，而使总人口中年轻人口比例减少，老年人口比例相应增长的态势。老年人口绝对数量的增加有两方面原因：一方面是人口生育高峰的一代人进入老年期；另一方面是卫生和医疗保健条件的改善。国际上对于人口老龄化社会的判别标准是指60岁以上人口占总人口的比例达到10%，或65岁以上人口占总人口的比例达到7%。联合国人口发展基金会的统计数据显示，2012年，全世界60岁以上的人口已达到8.1亿人，占全世界总人口的11%；预计到2050年，60岁以上的人口将达到20.3亿人，占全世界总人口的22%。不同发展水平的地区和国家都面临人口老龄化问题。老年人口增长最大、最迅速的是发展中国家。发展中国家的人口老龄化速度快于发达国家。[①]

1. 我国人口老龄化的现状

根据2000年第五次全国人口普查主要数据公报，65岁及以上的人口为8811万人，占总人口的6.96%。而在2011年公布的第六次人口普查结果中，60岁及以上人口数为17764万人，占总人口的13.26%，其中65

[①]　侯慧丽、都阳：《世界面临老龄化问题 各国谋应对策略》，《人民日报》2013年10月15日第6版。

岁及以上人口为 11883 万人，占总人口的 8.87%。分别比 2000 年第五次全国人口普查上升 2.93 个百分点和 1.91 个百分点。根据国家统计局发布的 2014 年国民经济和社会发展统计公报，截至 2014 年年末我国 60 周岁及以上人口数为 21242 万人，占总人口比重为 15.5%；65 周岁及以上人口数为 13755 万人，占总人口比重为 10.1%，首次突破 10%，如图 1—1 所示。"十二五"时期，我国人口老龄化继续加速发展，人口老龄化形势更加严峻，呈现出快速老龄化、高龄化、空巢化三个新的特征。

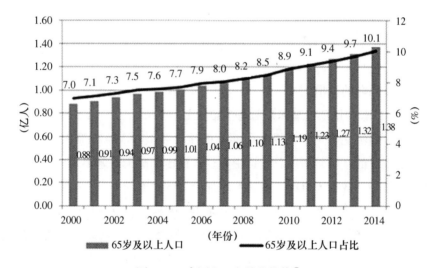

图1—1　中国人口老龄化趋势①

在人口老龄化的进程中，我国老年人人口年龄结构的高龄化特征逐渐凸显，如表 1—1 所示。从 1982 年到 2013 年，我国 80 岁及以上老年人口规模从 512 万人迅速上升至 1.9 亿人，增加了 39 倍。高龄老年人在 65 岁及以上老年人口中的比例不断上升，从 10.25% 增长到 18.37%，增加了 8.12 个百分点。高龄老年人在总人口中的比例也在持续攀升，从 0.5% 增长到 1.78%。80 岁及以上老年人口的增长速度快于整个老年人群体的增长速度。特别是 2000 年以来，老年人口高龄化速度加快。从 2000 年至 2013 年，高龄人口规模增加了近 1.8 亿人，年平均增长率为 101.72%。

① 资料来源：国家统计局发布的 2000 年至 2014 年《中国统计年鉴》，中国统计出版社。

老年人口内部结构的变化比总人口年龄结构的变化更为剧烈。

表1—1　　　　我国65岁及以上老年人口规模和比例变动情况①

年份	65岁及以上（万人）	80岁及以上（万人）	80岁及以上占65岁及以上的比例（%）	80岁及以上占总人口的比例（%）
1982	4991	512	10.25	0.50
1990	6368	776	12.19	0.68
2000	8821	1201	13.61	0.95
2013	108261	19887	18.37	1.78

　　人口快速老龄化和高龄化的发展趋势对我国社会提出了严峻的挑战。其中最为突出的问题之一是失能失智老年人数量迅速增加。目前，60岁以上失能半失能老年人约4000万人。北京市需要他人护理照顾的高龄失能失智老人有60万人左右②；天津市60岁以上失智老人也已经超过10万人，并且每年以1.4%的速度增加③；上海市共有失能失智老年人约41万人，其中17万失智老人中有近一半的人患病程度已达中度和重度。④

　　与世界各国人口老龄化的特点相比较，我国人口老龄化呈现出老年人人口数量规模大、人口老龄化速度快和未富先老等特点。伴随我国人口生育高峰出生的一代人逐渐步入老年期，老年人口比例加速增长。同时在人口总体老化的趋势下，老年人人口内部也在不断老化。高龄化及失能失智老年人口数量的规模性增长，增加了家庭照护的压力和负担。与此同时，我国城乡空巢家庭比例已超过50%，部分大中城市达到70%。我国空巢和独居老年人近1亿人。⑤ 高龄化和空巢化对我国传统的家庭养老模式

---

　　① 资料来源：国家统计局《中国统计年鉴2014年》和《2011年中国人口》，中国统计出版社。

　　② 张维：《民办养老机构40%常年亏损 全国失能失智老人逾四千万》，《法制日报》2015年6月4日第5版。

　　③ 韩爱青：《天津失能老人超13万 多举措保证"老有所养"》，《城市快报》2014年11月24日第5版。

　　④ 孙国根：《上海：12位失智老人仅有1张护理床位》，《健康报》2014年9月25日第5版。

　　⑤ 梁捷：《我国空巢和独居老人已近1亿》，《光明日报》2015年9月14日第5版。

提出了挑战。基于我国人口老龄化的发展变化趋势,政府需要构建新型的社会化养老服务体系,并出台与之相配套的社会养老保障政策和购买养老服务政策,以实现老有所养的社会目标。

2. 社会化养老服务需求及养老服务供给压力

随着人口老龄化乃至高龄化的到来,单纯依靠养老金制度已不再能满足老年人的全部养老需求。老龄化社会中,老年人不仅需要得到经济保障,同时还对护理及医疗服务拥有较大的需求。现在社会中,随着老年人口比例的增长、家庭规模缩小、人口地区间流动的加剧和社会观念的转变,养老问题日益由个人或家庭问题演变为社会问题。未富先老和老年人长期照护需求的增长,增加了社会和个人在养老支出方面的压力。与快速的老龄化发展速度相比,我国政府养老服务的政策以及具体服务供给水平尚落后于现实的需求。一方面,社区居家养老服务发展并不成熟,已建成的社区养老服务设施并未得到充分的使用。另一方面,现有的养老机构床位供给不足。公立机构一床难求,私营机构或价格高昂或质量较差。为应对人口老龄化危机,政府在社会化养老服务体系建设中应聚焦老年人长期照护需求,增强对家庭养老的支持。

我国养老服务供给机制中的主要问题是老年人的养老服务需求和社会化养老服务供给不足之间的矛盾。养老服务供需矛盾的产生与我国社会经济发展阶段以及公众行为心理取向的变化高度相关。首先,家庭养老的传统和习惯拥有普遍的社会认同基础,大部分的老年人愿意在熟悉的社区和家中养老。然而现代社会的家庭人口结构发生了根本性的变化,高龄空巢老人增多,特别是独生子女家庭的"4—2—1"或"4—2—2"结构,使得家庭养老的条件弱化。其次,替代或支持家庭养老功能的社会化养老服务逐渐兴起,但尚未完善。政府在社会化养老服务供给方面的财政投入较少。最后,社会收入差距加大。一部分高龄老年人没有离退休保障或者养老金水平偏低,加之可能的病残等原因,贫困问题较为突出。不同经济收入水平的老年人群体在生活水平、方式和养老观念及需求分层化。适度普惠型的基本养老服务体系尚待建设。我国老龄化社会中的养老服务需求未来将主要集中在长期照护需求。政府将通过公共服务的扩展和质量改进来实现对社会变迁中家庭养老的支持。

社会养老服务需求和当前我国政府养老服务供给之间存在张力。第一个表现是政府提供的养老服务覆盖人群狭窄，不能惠及社会中大部分养老服务需求。不同年龄层次的老年人，具有不同的身心特点。因此不同年龄层次的老年群体对养老服务的需求也并不相同。85 岁以上的高龄老人特点一般意义上包括生活不能自理、患有几种老年病或慢性病，不能参加或仅能部分参加社会文体活动，以室内活动为主，甚至长期卧床。这部分老年人依据身心障碍水平，应获得社会养老服务的关照和扶持。而对于低龄或能够自理的老人应引导其居住在家中养老，节约社会资源。目前我国政府在社区居家养老和机构养老服务的资金分配比例和相关政策上，尚未体现出明确护理需求导向，更多政策延续了救济型福利制度中社会救助的思路。政府提供养老服务对象的标准主要是兜底原则，依托低保制度，以经济收入和年龄作为门槛，尚未覆盖社会中间收入的老年人群体需求。

社会养老服务需求与当前我国政府供给养老服务之间的张力还表现在政府提供的养老服务内容单一、发展不均衡，难以满足社会中多元化的养老服务需求。养老服务内容一般主要包括物质生活供养、医疗卫生服务护理及精神文化服务等。养老服务的直接提供者包括家庭成员、社区和养老机构。2011 年国务院颁布的《社会养老服务体系建设规划（2011—2015年）》提出社会养老服务体系的构成主要包括居家养老、社区养老和机构养老三个部分。社会化养老服务体系以居家养老为基础、社区养老为依托、机构养老为支撑，重点建设老年人日间照料中心、托老所、互助式养老服务中心、老年人活动中心等社区养老设施，增强社区养老服务功能。社区支持下的居家养老将是未来我国社会养老的主要形式。目前，我国社会养老服务体系的建设仍然处于起步探索阶段。在机构养老服务方面，尽管通过政府出资或动员社会力量投资兴建了一大批养老机构，在短期内增加了养老床位供给的数量，一定程度上缓解了养老床位的紧张和压力。但是机构养老服务仍存在供给总量不足以及结构性失衡的问题。服务质量较好并且价格较低的公办养老机构一床难求。相比较之下，城市街道和农村乡镇的养老机构设施尽管收费低廉，但服务水平较差，大量空置。大部分民办养老机构经营过程中成本压力较大，政府补贴的水平较低。根据服务收费标准，民办机构服务质量差异也较大。在社区居家养老服务方面，由街道和社区居民委员会提供的居家养老服务一般也局限在基本的生活照顾和家政服务，尚缺少医疗护理的服务内容。行政化的服务供给者由于专业性不强,有时仅能发挥中介的作用,无法贴近社区不同层次的老年人居家养老服务需求。现有政府购买的部分养老服务的标准偏低,只能满足这部分老年人最基本的养老服务需求,并不能实现有效的照护。

(二) 政府购买服务:社会养老服务体系建设的政策工具

随着社会主义市场经济发展和公共服务型政府建设,公共服务和保障民生已成为我国政府的重要职责。为应对人口老龄化给社会经济不同层面带来的挑战,政府需要通过公共政策来转变原有救济型的福利供给模式中政府的责任角色,更积极地参与社会养老服务供给,为老年人提供社会服务支持,使其老有所养、安享晚年。从需求角度而言,随着我国居民生活水平的提高及社会收入贫富差距的拉大,老年人养老服务需求也表现出多样性和复杂性的特点。一方面,社会中不同层次的养老服务需求较为迫切。另一方面,政府原有的一元化供给方式存在服务内容、能力和质量等方面诸多局限。特别是在城市地区,老城区往往人口老龄化程度更高,空巢现象较多。新闻媒体报道中独居或空巢老人身故多日无人知晓的事件从另一个侧面反映出我国政府在养老服务供给方面的缺位。

按照我国政府体制和部门职能划分,民政部门主要负责养老服务的供给工作。然而,现实中地方政府的民政部门限于人力、物力和财力等行政权力和资源的匮乏,单凭部门之力难以满足养老服务的多样化需求。购买养老服务应不再因循民政部门的救济型福利思路。首先要确定老年人的需求内容和层次,进而向服务生产者进行购买。在购买服务的过程中,不仅需要政府各部门的跨部门协同,同时也需要政府和社会力量之间的协同。购买养老服务是实现政府保障民生和养老服务责任的办法和途径。

在传统计划经济体制下,政府管理的特点是一元化管理,由政府承担全部的政治经济和社会职能。社会主义市场经济体制下,政府一元化管理模式逐渐被打破。不断增加的社会公共服务需求对于政府公共服务供给形成了压力,并进一步促进了私营部门加入公共服务供给的网络,并发展为公私合作供给公共服务的模式。社会中的多元主体通过契约形式,与政府达成合作,参与到公共服务供给,改进政府单一供给公共服务在数量和质量上的不足。政府购买养老服务是养老服务领域公私合作的一种形式。购买养老服务是政府引导与资助、社会组织协调与运作、社会组织与社会实体共同生产与提供、社区居民和社会力量参与和协助的"委托—合作—参与"模式。[①] 服务外部购买意味着政府退出了直接提供服务的角色，转向出资人和监管者的角色。政府通过购买机制培育大量的社会主体来提供养老服务，缓解家庭结构变迁和老龄化社会中的养老需求与政府供给之间的矛盾。购买服务后，政府供给公共服务的责任并没有卸载，相反是进一步地明晰和强化。通过购买机制，政府供给服务的能力得到提高。政府不再疲于生产服务，而是逐渐转入策划和监督。政府部门的行政管理者还需要提高行政管理水平和专业能力，以对购买服务的项目进行有效的过程管理和质量管理。

（三）本书的中心问题

本书集中关注政府购买养老服务中政府责任和政府与社会组织合作关系的问题。政府购买养老服务本身需要讨论两个层面的问题，一是中国政府购买养老服务的边界是什么？二是中国政府购买养老服务的本土化制度建构和政策执行效果怎么样？政府购买养老服务的制度还应从哪些方面进行创新。政府购买公共服务领域中，不同类型的公共服务往往都具有自身的特殊属性。养老服务中政府责任的发展过程一般与社会经济发展阶段相关联，同时也受社会文化传统的影响。本书将从养老服务的基本属性出发，分析政府供给养老服务的责任体系构成。结合中国社会文化传统和政治经济制度，讨论购买养老服务政策的制度背景、发展趋势和重心。结合政策实践的案例，分析我国购买养老服务制度下的利益相关者及其行动策略，讨论现行制度下政府和社会组织的行动策略将会对公私合作的效果产生的影响。在综合理论分析和实证研究的基础上，讨论政府购买养老服务的发展路径和制度创新。

二 研究意义

（一）理论意义

从福利哲学层面上看，供给养老服务的数量和质量是由政府社会福利政策的价值选择决定的。养老服务的供给责任涉及国家、市场、社会

---

① 王浦劬、萨拉蒙（Salamon L. M.）：《政府向社会组织购买公共服务研究：中国与全球经验分析 lessons from China abroad》，北京大学出版社 2010 年版，第 46 页。

(或家庭) 之间的互动关系, 以及三者承担养老责任的比例划分。一般情况下, 当社会中老年人人口比例小时, 将由家庭承担主要的养老服务责任。老龄化社会之中, 由于养老需求的紧迫性和社会性, 逐渐使得养老问题成为政府公共服务领域的核心命题之一。在我国, 与老龄化危机相伴生的是家庭人口结构的改变、未富先老的社会经济发展状况以及政府公共服务供给中的财政约束条件。购买养老服务是我国政府应对老龄化危机的公共政策。我国政府购买养老服务的研究具有三方面理论研究意义: 首先, 服务型政府构建需要合理地确定政府责任。购买养老服务在政策制定之初就需要合理地确定政府责任的边界, 锚定政府购买服务政策的受惠群体, 回应公共需求, 维护社会公正。对于政府养老服务供给责任的研究将进一步拓展服务型政府理论的新认识。其次, 通过引入购买机制而实现的政府和社会组织合作供给公共服务模式将成为政府职能转变和完善公共服务职能的路径。在全面建设小康社会的时期, 政府公共服务职能的发挥需要综合平衡经济建设和发展公共服务的双重诉求, 并让公众分享到改革的成果。政府通过向社会组织购买养老服务, 增加了养老服务领域的资金投入。社会组织参与养老服务供给, 对于公办养老服务构成一定的竞争性, 有助于改进养老服务的总体质量。与此同时, 政府逐渐退出全能主义政府管制模式的窠臼, 重新定位各级政府的角色、职责范围和治理能力, 通过创新性的管理手段和技术方法带动政府职能的转变, 构建多元化的公共服务供给体系。最后, 我国社会组织与政府在养老服务领域的互动关系, 也将折射出当今行政体制改革中政府与市场之间的关系变迁, 从中可以透析"政府—社会"关系转型中社会多元主体间的张力。购买服务机制首先发挥了公共服务供给领域中市场在配置资源方面的效率优势。以购买服务机制作为切入点, 政府将重新构建我国新时期适度普惠的养老服务体系。更深层次上, 通过购买服务中多元主体间的互动, 将促进我国公共服务供给中社会组织和社会企业主体的发育, 构建出"大政府、大社会"的新型政社合作关系。

(二) 实践意义

政府购买养老服务是公共服务供给机制的变革。目前我国家庭结构和人口流动特点的变化降低了家庭参与养老的能力。养老问题成为社会热点问题, 受到公众的广泛关注。政府如何通过公共政策改进来回应社会中养老服务的需求，不仅考验政府的治理能力，同时也将在很大程度上影响社会公众对政府公信力的认同。我国人口老龄化发展形势呈现出区域不平衡性。在人口老龄化压力较大的地区，政府部门已经较早地出台了相关购买养老服务政策并积极开展试点工作。不同地区政府在养老服务政策领域结合本地实际情况已经积累了一定的政府政策创新。因此，对于当今政府购买养老服务中的政策和管理模式进行系统的归纳分析，结合相关案例的梳理，将有助于我国政府宏观上应对老龄化危机的政策设计。其次，我国养老服务的行业发展方兴未艾。养老服务行业标准尚不完善。从业者的资质和专业能力水平较低。政府购买养老服务将通过公共资金和公共政策激发社会组织在供给养老服务方面的活力，保证养老领域社会组织的可持续发展。在养老服务领域，社会组织在服务供给方面具有组织宗旨、组织结构和专业性等多方面的优势。政府部门限于专业知识、人财物力和规章制度约束等多方面的原因，更加有意愿与社会组织开展合作。政府与社会组织的合作对于仍在生长成熟过程中的专业性社会服务组织的孵化和成长有所助益，将成为社会养老服务体系建设的基础。

第二节　相关研究综述

一　国内相关文献述评

（一）购买养老服务的内容和模式

在我国，政府购买养老服务处于社会养老模式变迁的宏观背景之下。社会养老模式变迁在一定程度上对政府职能转变产生了激励作用。购买养老服务是政府在经济发展和一定的财力约束条件下回应社会公共服务需求的政策手段。从老人供养地和生活居住地，养老服务又分为社区居家养老和机构养老两种形式。社区居家养老服务和机构养老服务均属于政府购买的内容范畴。

社区居家养老可以定义为老年人住在自己家中或长期生活的社区里，在继续得到家人照顾的同时，由社区的养老机构或相关组织提供服务的一种养老方式。它是介于家庭养老和机构养老之间的一种服务形式，其利用社区资源开展养老照顾，由正规服务机构、社区志愿者及社会支持网络共同支撑，为有需要的老人提供帮助和支援，使他们能在熟悉的环境中维持自己的生活。① 社区居家养老服务是未来我国养老服务的主体。一般而言，社区居家养老服务具有日间照料和居家养老支持两大功能。根据我国养老服务发展规划，社区居家养老将是我国老年人养老的主要方式。机构养老将作为确保少部分老人，特别是需要长期照料、"三无"和"五保"老人有所养的重要途径。从照护需求等级上划分，养老机构一般将收住大量不能自理、半自理的老人。②

老年人群体依据自身的年龄、家庭经济收入水平和健康状况等因素，拥有不同层次的养老服务需求。目前我国养老服务需求中需要特殊关注的人群主要集中在经济困难老人、独居、空巢老人和高龄及失智失能老人。政府购买养老服务的研究起点首先应当从理论和实践的双重视角明确政府在养老服务供给方面所承担的责任和供给服务的对象。已有的研究从理论层面，对于政府应当在多大程度上承担养老服务责任进行了一定的讨论。有学者指出，中国福利制度发展和创新的核心是政府社会福利责任的转型。③ 还有学者以福利多元主义的视角，分析了我国养老服务政策中国家角色的责任变化以及与家庭、社会、市场多元责任主体之间关系。④ 基于人口老龄化的压力和养老服务的需求，国家角色在公共福利供给中不应让渡本属于自己的责任，不应忽略民生保障的职能。政府应以国家角色强势主导养老服务体系建设，化解社会中的养老风险。我国国家综合国力和经济增长也为社会福利发展提供了坚实的经济基础。有学者认为，当前我国养老模式正由单一的分散居家养老向以分散居家养老为主、集中居家养老为辅转变。与此相应，老年人社会福利服务应由补缺型向普惠型转变，满足老年人多层次的养老服务需求。⑤ 政府购买社区居家养老服务将超越原

---

① 黄少宽:《国外城市社区居家养老服务的特点》,《城市问题》2013年第8期。

② 关信平、赵婷婷:《当前城市民办养老服务机构发展中的问题及相关政策分析》,《西北大学学报》(哲学社会科学版) 2012年第5期。

③ 彭华民:《中国政府社会福利责任:理论范式演变与制度转型创新》,《天津社会科学》2012年第6期。

④ 施巍巍、罗新录:《我国养老服务政策的演变与国家角色的定位——福利多元主义视角》,《理论探讨》2014年第2期。

⑤ 魏文斌、李永根、高伟江:《社会养老服务体系的模式构建及其实现路径》,《苏州大学学报》(哲学社会科学版) 2013年第2期。

有民政部门以"兜底"为原则的残余福利模式，逐渐转变为大众化的养老服务。[1]

已有的研究主要围绕与养老相关的社会经济保障，对政府在养老服务中的地位和作用还缺乏深入的研究。[2] 此外，已有的学术讨论多从研究者的学科视角出发，特别是以社会学和社会工作的研究视角进行阐述，尚缺少公共管理视角下政府供给养老服务责任的理论研究。在社会化养老的视野中研究政府在养老服务中的角色、责任边界以及角色的实现工具，具有一定的研究空间和价值。

政府购买养老服务的责任在一定程度上确定了政府购买养老服务的基本内容和政府出资的养老服务所惠及的老年群体。购买服务之中，政府和社会组织之间结成了一定意义上的合作关系。学术界研究的焦点集中在如何通过公私合作供给公共服务的机制来实现政府在养老服务方面所应承担的责任。已有研究主题集中在政府向社会组织购买养老服务的特点和模式建构。我国政府购买公共服务最早发端于上海。一般认为，1998 年上海市政府委托上海基督教青年会所托管运营的罗山会馆向社会老年人提供养老服务，是我国政府购买公共服务的首次尝试。近年来，政府购买公共服务的相关研究在理论和实务领域都有较快的发展。有研究者从以往各地政府政策实践经验中，归纳出我国政府购买公共服务的三种方式，包括合同制、直接资助制和项目申请制。[3] 合同制是最典型的政府购买公共服务的方式。其基本做法是由购买者与社会组织签订服务合同。根据合同约定，购买者向社会组织支付一笔费用，并由社会组织承接合同规定的特定公共服务项目。直接资助是中国地方政府向社会组织购买公共服务的第二种方式。[4] 这种方式基本做法是，由作为购买者的地方政府对承担公共服务职能的民办机构和组织给予一定资助。资助形式既有经费资助，也有实物资助。此外政府资助还包括优惠扶持政策。项目申请制的基本做法是购买者

---

① 张晖：《"居家养老服务"中国本土化的经验审视》，《西北大学学报》（哲学社会科学版）2013 年第 5 期。

② 董红亚：《中国政府养老服务发展历程及经验启示》，《人口与发展》2010 年第 5 期。

③ 王浦劬、萨拉蒙（Salamon L. M.）：《政府向社会组织购买公共服务研究：中国与全球经验分析 lessons from China abroad》，北京大学出版社 2010 年版，第 6 页。

④ 同上书，第 18 页。

设计特定目标的专项项目，面向社会公开招标，由中标者根据项目要求提供服务。社会组织也可以根据社会服务需求，主动向政府有关部门提出要求申请立项。经过政府部门和专家委员会评审后，政府以项目方式予以资金支持。在项目实施过程中，政府部门将会进行过程监督和绩效评估，规范项目运行过程。①

在购买服务模式讨论之中，还有一些研究关注了购买服务双方之间的微观关系。有学者依据政府和社会组织在购买过程中的关系属性认为，现有的政府购买公共服务包含三种属性的购买关系。首先根据承接公共服务的社会组织相对于政府是否具有独立性，分为独立性购买和依赖性购买。其次依据购买程序是否具有竞争性，分为竞争性购买和非竞争性购买。②综合上述两个维度，政府购买服务的模式可以归纳为依赖性购买、独立关系非竞争购买和独立关系竞争购买三种类型。③ 依赖性购买中的社会组织通常是购买服务的政府部门为了购买服务而建立。因此这类组织在购买中没有决策力。它们与政府部门通常保持上下级关系，并依赖于购买服务的资金而生存。这些组织增强了政府在其政策领域的部署和执行力。这部分组织发展和管理受制于政府，某种程度上成为政府职能向社会生活的延伸，增强了政府对社会的控制能力。政府采用行政垄断的方式向此类组织定向购买，使得这个领域封闭起来，其他非营利组织无法进入或难以进入。独立关系非竞争模式指的是购买服务的政府与承接服务的民间组织之间是独立关系。民间组织在政府购买服务之前已经存在。政府之所以选择非竞争性的方式而不是面向社会公开招募，原因在于政府部门偏向选择有社会声誉的组织来降低购买的风险。这些社会组织具有可替代性，并不具有垄断性。它们在提供服务过程中承担独立责任。政府充当监管角色。独立关系竞争模式指的是购买服务的政府部门和承接服务的社会组织之间是独立关系，不存在资源和人事等方面的依赖关系。政府挑选承接组织采用公开竞争的程序。购买服务时存在竞争性市场条件。政府通过招标方式来

---

① 王浦劬、萨拉蒙（Salamon L. M.）:《政府向社会组织购买公共服务研究：中国与全球经验分析 lessons from China abroad》，北京大学出版社 2010 年版，第 19 页。

② 王名、乐园:《中国民间组织参与公共服务购买的模式分析》，《中共浙江省委党校学报》2008 年第 4 期。

③ 同上。

选择最合适的提供者。① 有学者运用资源依赖理论对独立的竞争性购买类型进行了进一步分析，认为尽管社会组织与政府之间是彼此独立的组织，但社会组织在参与购买服务时仍然对政府存在一定的依赖关系。社会组织对政府存在的依赖关系主要反映在资金、组织体系、官方媒体、登记注册、活动许可、政府领导人资源和组织决策的机会与权利七个方面。②

养老领域的政府购买服务研究具有较强的实践性。研究者多结合地方政府管理的政策创新实践进行归纳和分析。通过对不同的地方政府供给养老服务中政策创新的对比，研究者针对我国地方政府购买养老服务的模式和特点进行了讨论。这方面研究多运用案例研究方法对于购买服务的模式以及存在的问题进行阐述。其中大部分案例集中在东部沿海发达地区的大中城市政府购买养老服务案例。上海是内地最先尝试政府购买公共服务的城市。至今上海市政府购买公共服务的探索与实践依然走在内地城市前列。有研究分析了上海市黄浦区委托民办非企业单位"杏峰老人活动中心"接管由市、区民政部门和街道共同投资兴建的街道"金秋老年活动室"等典型案例，结合具体实践归纳概括了上海购买服务的四类主要模式。第一类是合同出租，又称"依赖关系非竞争购买"，或"非竞争体制内吸式购买"。第二类是公私合作，又称"独立关系非竞争购买"。公私合作模式的代表是上海"罗山市民会馆"的公有私营（非竞争性购买）模式。第三类是费随事转，属于补贴制度范畴。第四类是竞争性购买，又称"独立关系竞争性购买"。③ 北京市 XW 区政府购买养老服务的案例中，区政府向社会组织购买养老服务的方式有三种。第一种是以社区公共服务协会为纽带的项目资助购买制。社区公共服务协会会员以团体会员为主，是枢纽型的社会组织。会员组织以老年人需求为导向，向街道申请立项资助。④ 公共服务协会的作用体现在协助完成会员项目申请、实施和评估等方面。第二种是

---

① 王名、乐园:《中国民间组织参与公共服务购买的模式分析》,《中共浙江省委党校学报》2008 年第 4 期。

② 郭强华、俞雅乖:《民间组织参与公共服务购买模式分析》,《西南民族大学学报》(人文社科版) 2010 年第 2 期。

③ 郑卫东:《城市社区建设中的政府购买公共服务探讨——以上海市为例》,《广东行政学院学报》2011 年第 1 期。

④ 王浦劬、萨拉蒙 (Salamon L. M.):《政府向社会组织购买公共服务研究: 中国与全球经验分析 lessons from China abroad》, 北京大学出版社 2010 年版, 第 52 页。

以居家养老服务中心为平台的星级会员制。一星级会员享受的养老服务由政府出资购买。其余星级会员服务由使用者付费。一星级会员选择有偿服务时均可享受市场指导价格的五折优惠。第三种是以老年人协会为载体的服务券补贴制。老年人协会是专业的养老服务组织,主要提供使用者付费的居家养老类型服务。政府为三无老人、高龄的低收入且生活自理困难老人发放记名"服务券"。由街道老年人协会指派服务人员上门服务,并向服务对象收取等价的"服务券"。老年人协会在收费服务之外,也发展志愿者队伍,提供公益性养老服务。以上三种方式中,公共服务协会、居家养老服务中心和老年人协会均在政府部门的扶持下成立。政府向这些组织提供了启动资金和用房。① 北京市 XC 区 YT 街道购买养老服务的案例中也采用"服务券"补贴制来购买养老服务。服务券是政府补贴拨款方式转变的尝试。政府通过养老服务券将补贴发放到老年人个人。由老年人到定点服务机构处进行购买。问卷调查和访谈的结果显示此种服务券补贴制模式在实践中满意度不高。调研结果显示出养老服务券主要被受助者用来购买生活用品,并且存在指定消费商店抬价和养老服务券折价回收的现象,违背了政府购买服务的初衷,影响到购买养老服务的质量和效果。② 南京市政府购买养老服务的案例中,区政府以政府购买服务、社会组织运作为模式,构建了"居家养老服务网"。有学者研究了养老服务体系建设中的社会参与过程,主要分析了社会企事业单位、驻区单位、社区民间组织、社区居民等社会各方力量在养老服务实践活动中所发挥的作用和行为过程,提出政府是养老服务体系建设中的主要责任者、组织者、资源提供者和服务的直接提供者。政府角色具体表现在政策制定、资金投入和监督管理等方面。③ 政府对社会组织的扶持是其参与购买服务重要条件。杭州市购买养老服务的案例中,地方政府也采取补贴方式购买。基本做法是由老人作为需求者提出申请,经过评估,根据老人及家庭的情况给予不同的

---

① 吕普生:《政府与公民社会组织在养老服务供给中的合作模式研究——基于北京市宣武区三种合作方式的分析》,《科学决策》2009 年第 12 期。

② 张汝立、隗苗苗、许龙华:《凭单制购买养老服务中的问题与成因——以北京市养老服务券政策为例》,《北京社会科学》2012 年第 3 期。

③ 许芸、邬巧云、赵斌:《城市养老服务体系建设中的社会参与研究——以南京市鼓楼区和玄武区为例》,《唯实》2010 年第 6 期。

补贴券。老人向签约或定点的服务商购买服务。经过评估，生活不能自理或不能完全自理的本区户籍，且高龄、独居、优抚及特殊贡献的老年人纳入政府资助范围。在杭州经验的考察中，户籍的限制成为约束购买养老服务发展的短板。西湖区"喘息服务"规定若老年人人户分离就不能享受到所在区的资助。地方政府选择购买服务项目时也并非将受助者的需求放在优先地位。基于自上而下的推动以及绩效考核的制度，地方政府回应养老服务需求时相对会选择易于考核且有显示度的项目。① 还有的研究对于宁波、南京、苏州三地政府购买养老服务的案例，从竞争程度、主体间关系和制度化程度进行比较。研究发现政府购买社区居家养老的资金投入规模较小。出于减少风险和竞争成本考虑，往往由民政部门、老龄委根据掌握的信息选定相应的经营单位。承接服务的组织一般情况下需要获得区委、区政府的支持，或政府项目委托或脱胎于国有企业。还有学者比较了政府在购买居家养老服务和购买机构养老服务方面的不同角色，认为政府购买社区居家养老方面具有显著的行政色彩，表现为"共销"模式的合作。② 而在机构养老方面则表现得具有"合作伙伴"模式的特点。养老服务组织与政府间合作模式的选择，归根结底取决于双方的资源优势和权力优势。

（二）政府购买养老服务效果及问题

已往的研究中对地方政府购买养老服务政策执行过程中的主要问题有较多的论述，这些观点主要集中在四个方面：

第一，购买的养老服务品种较为单一，层次较低，缺乏医养结合型服务供给。有学者研究结合行政管理体制的特点对于养老服务中医疗服务和养老服务的融合进行了阐述。由于老年群体多存在一定的健康问题，因此养老服务往往与医疗资源和医疗照顾相关联。目前购买服务主要集中在民政部门所购买的生活照护服务，而医疗照护方面尚比较匮乏。其中主要原因是由于行政部门内部的条块分割，使得购买养老服务过程中仅有民政部门唱独角戏。地方政府购买养老服务缺乏医院等卫生部门的参与，使得老

---

① 张晖、王萍：《"居家养老服务"是服务输送还是补贴发放——杭州的经验审视》，《浙江学刊》2013 年第 5 期。

② 章晓懿：《政府购买养老服务模式研究：基于与民间组织合作的视角》，《中国行政管理》2012 年第 12 期。

年人需求较大的医疗保健服务停留在简单的协助和咨询。也有学者将这种现象归纳为公共政策执行的孤岛[1]，来表征民政部门难以动员医疗资源参与养老服务，同时医疗部门并不配合民政部门的政府协同困境。此外，除了官僚制本身的部门协同难题，我国政府对社会组织的双重管理体制也制约着社会主体参与养老服务供给。

第二，购买服务过程中社会组织的地位偏低，缺乏来自公民和政府部门的信任。当前实行的社会组织双重管理制度使得体制外的非营利组织很难获得法律地位，而几乎必须要通过与政府部门建立依附性关系才可能取得组织发展必需的合法性资源。社会服务类非营利组织通常在民政部门登记为民办非企业单位。有些民办非企业单位由政府资助其运作，并任命组织领导人员。这类民办非企业单位受到来自政府的全面控制，也被作为政府社会职能的组织延伸。[2] 业务主管单位对非营利组织的行为负有政治的、社会的，甚至管理的责任。双重管理体制反映了法团主义社会体制的根本缺欠，即缺乏包容性和灵活性。[3] 非营利组织需要得到基层政府的支持，才能够进入社区服务。一些社会组织为了获得政府合同而放弃自身宗旨和专业方向并被官僚化。这种体制之下政府缺乏对非营利组织的信任。这为政府与社会非营利组织之间的合作增加了磨合的成本。社会组织对于政府权威地位也形成一定的挑战。民间组织的工作方式得到百姓认同，其绩效对比让政府权威地位受到挑战，也令各级政府对社会组织工作保持警惕。[4] 在不信任社会组织的同时，政府在合作中也存在失信。由于合作中政府处于优势地位，购买协议对于政府的约束力不强。当政府资金不能到位时，政府都没有承担违约责任。[5] 此外，传统上中国公众对政府信赖度较高，也习惯于政府提供和生产公共服务的既有模式。当社会组织开始承接政府的公共服务任务时，公众往往具有不信任感。在购买养老服务的案

---

① 孔繁斌、贺东航:《公共政策执行的中国经验》,《中国社会科学》2011 年第 5 期。

② 敬乂嘉:《政府与社会组织公共服务合作机制研究——以上海市的实践为例》,《江西社会科学》2013 年第 4 期。

③ 敬乂嘉、公婷:《政府领导的社会创新:以上海市政府发起的公益创投为例》,《公共管理与政策评论》2015 年第 2 期。

④ 王名、乐园:《中国民间组织参与公共服务购买的模式分析》,《中共浙江省委党校学报》2008 年第 4 期。

⑤ 同上。

例中，老人存在对上门服务人员的不信任，同时社区居民委员会工作人员认为社会组织抢了自己的生意，也不予支持配合。①

第三，政府与社会组织之间存在利益博弈。有研究者分析了不同行为主体之间的策略选择，发现政府、社会组织、社会实体与服务对象之间存在错综复杂的利益关系。项目申请制本质上是利益分配制。政府如何从全局角度把握利益主线，协调各种主体之间的利益关系是解决政府向社会组织购买服务过程中的中心问题。②

第四，政府与社会组织之间的责任关系不清晰。社会组织由于没有自身的独立性，无法承担直接的和最终的责任。实行购买服务制度尽管转变了政府供给服务的模式，但并没有改变政府的服务方式。在购买服务项目管理的时候，政府仍然依循传统的事无巨细的管理方式。社会组织没有实力也没有明确的契约关系承担责任。服务对象在社会组织那里无法解决的问题将会由政府部门承担责任。这导致政府部门为规避承担责任的风险，往往会产生不作为的心理，影响到政府购买服务的拓展。③

国内对于政府购买养老服务的研究中政策研究居多。这些研究对购买模式的特点进行了归纳和分类，描述了我国目前政府购买养老服务发展的现状及其存在的问题。绝大部分的类型研究关注了操作层面上购买服务的支付环节以及社会组织与政府部门之间的互动关系。其中社会组织与政府部门之间的互动关系研究多以政府的主体视角出发，还缺乏从行动者的视角对于购买服务双方行动策略的微观分析。此外，现有研究主要集中在对政策执行的讨论，而在政策制定方面，特别是政府购买养老服务的价值选择、政府责任以及政府购买服务的预算管理制度方面仍有一定的研讨空间。

二 国外相关文献述评

政府购买公共服务与 20 世纪 70 年代以后西方国家兴起的民营化运动

---

① 王浦劬、萨拉蒙（Salamon L. M.）：《政府向社会组织购买公共服务研究：中国与全球经验分析 lessons from China abroad》，北京大学出版社 2010 年版，第 30 页。

② 同上书，第 73 页。

③ 同上。

紧密相关。20 世纪七八十年代，西方国家经济陷入萧条，出现了较高的失业率。福利国家政府在社会服务方面的开支日益庞大。而政府机构生产社会服务的效率低下，公众对此失去耐心。这一时期，西方国家政府普遍陷入了财政危机和信任危机。基于财政与信任压力，西方国家开展了福利改革和重塑政府的改革。新公共管理理论是这场改革的主要理论范式。新公共管理改革通过引入市场机制和工商管理领域的工具，来提高行政效率，降低成本，改善公共服务质量。民营化作为一项主要的改革工具，具有明确的目标指向和广泛的改革实践。

民营化运动存在明显的前后分期。前期以国有企业售卖和资产剥离等政府退出行为为主。后期以公私合作为基础的公共服务外部购买为主体。[1] 资产售卖意味着改革剥离了政府原本的职能和责任。与资产售卖不同，公共服务外部购买中政府责任并不缩减，只是改变服务的生产者和直接提供者。公共服务不再由政府人员生产，而由政府向市场和社会组织等购买。政府之所以偏好外部购买，是因为与补贴、凭单、撤资等其他民营化的方式相比，外部购买让政府保留了服务供给中相当程度的控制权，可以在必要时比较容易地修改或解除合同。[2]

民营化的激励机制来自市场和竞争。引入竞争机制，意味着让私人部门和非营利部门参与公共服务的提供。从某种意义上说，政府通过建立与社会的合作机制，主动培育了公共服务供给的竞争性市场。沃尔什和经济合作与发展组织明确指出，公共服务外包（"contracting out" 或 "outsourcing"）是从外部购买产品和服务，而不是在政府机构内部提供这种产品和服务。政府外部购买代表了在公共服务的管理和供应过程中，特别是直接民营化（例如所有权的变更）不可能的时候，模仿市场的努力。其基本原理是强化服务供应商之间的竞争。[3] 在西方国家政府变革浪潮中，也存在对民营化怀疑和保留的公共部门创新方案。萨瓦斯认为质疑民营化的方案在内在逻辑上还是无法摆脱民营化的思路，仍然以建立公民、私营

---

[1]　Minicucci S., Donahue J. D., "A Simple Estimation Method for Aggregate Government Outsourcing", *Journal of Policy Analysis and Management*, Vol. 23, No. 3, July 2004.

[2]　叶托：《超越民营化：多元视角下的政府购买公共服务》，《中国行政管理》2014 年第 4 期。

[3]　王雁红：《公共服务合同外包：一个研究综述》，《天府新论》2012 年第 2 期。

部门、非营利组织三者的伙伴关系为核心要素。①

在新公共管理范式下，西方国家政府购买公共服务已有较成熟的实践经验。养老服务领域，国外主流发达国家中非营利组织已经成为政府的合作伙伴，承担着绝大部分养老服务的直接供给。目前，公共服务供给中政府和企业、非营利组织之间的合作伙伴关系是各国政府改革的主流政策。

多年来，西方学者对于公共服务外部购买的优势和弊端进行了较为充分的论证。考量政府购买公共服务政策执行的效果，其中心问题是向社会组织或企业购买服务能否实现政策制定者预设的"提高质量，降低成本"的目标。国外学术研究中总体认为外部购买仍然是未来公共部门供给服务的改革趋势。支持公共服务外部购买的学术观点认为公共服务外部购买通过私营企业和非营利组织参与服务供给，可以实现服务创新，改进问责。这项改革措施综合了效率导向和顾客导向的要求。改革优势在于通过规模经济效应，降低公共部门人力成本，并通过竞争来克服公共部门的低效率。② 质疑服务外部购买的观点则批评顾客导向的服务将会损害公民权利、公共参与以及平等、公正等民主价值标准。公共服务外部购买所面临的是竞争不充分的市场条件。公共服务的合同绩效难以监控评估。购买服务将增加政府协调成本和公共服务问责的风险，并且可能存在腐败以及受利益相关者的政治偏好影响的问题。③ 此外，购买公共服务政策还涉及政治权衡的问题。在西方国家，为减弱政府削减公共服务开支可能遇到的阻力，公共服务外包政策有时是被作为替代直接削减预算的方案而提出。国外公务员的工会组织作为利益相关者往往强烈反对服务外包。因为政府退出了一些公共服务的直接供给领域，由此带来了政府公共部门裁员的可能。④

总体而言，国外研究者对于购买公共服务制度的反思主要集中在三个

---

① E. S. 萨瓦斯：《民营化与公私部门的伙伴关系》，周志忍等译，中国人民大学出版社2002年版，第10页。

② Brown T. L., Potoski M.: "Contract-management Capacity in Municipal and County Governments", *Public Administration Review*, Vol. 63, No. 2, March 2003.

③ Fernandez S., "What Works Best When Contracting for Services? An Analysis of Contracting Performance at the Local Level in the U. S.", *Public Administration*, Vol. 85, No. 4, December 2007.

④ Brown T. L., Potoski M.: "Contract-management Capacity in Municipal and County Governments", *Public Administration Review*, Vol. 63, No. 2, March 2003.

方面问题。第一,服务外部购买是否真正降低了成本。传统的研究路径借鉴了经济学的概念"市场失灵"和"交易成本"的分析框架来解释。有研究认为,购买服务在实现市场机制的同时产生了高额的交易成本。[①] 购买公共服务之中交易成本首先是政府成为精明买家的成本。而政府是否能够成为一个精明买家,受到两类市场失灵的因素影响。第一类市场失灵是由向政府提供物品和服务的市场自身存在的各种缺陷所导致。市场的竞争性是这一方面的主要影响因素。第二类市场失灵是由于作为买方的政府自身行为缺陷所造成的。政府定义产品或服务需求的准确性以及获取信息的不对称性是此类缺陷的主要问题。[②] 购买公共服务所产生的第二种交易成本指的是,如果政府不开发自己作为精明买主的能力,购买既无效率也无效力的项目所产生的实际负面效应。负面效应包括购买服务不切合受助群体实际需求、流于形式的护理技能培训或者购买并未将服务提供给最需要帮助的群体。负面效应会影响公众对政府的信任和信心。[③] 购买公共服务需要政府来培育市场和服务供给网络。在这一过程中,上述两类交易成本难于测量。因此,在一定程度上购买公共服务未必能够比公共部门直接供给减少成本。

第二,在公共服务供给中引入市场竞争是否提高了公共部门的效率。市场竞争追求的唯一目标就是效率,但效率并不是政府的唯一目标。除了效率之外,政府还会追求平等、公正、效能等其他目标。这些其他目标有时与效率相冲突。公共服务供给市场的竞争性常常相当稀少,大部分社会服务合同都会青睐谈判而不是公开竞标。[④] 有学者研究发现,为社会服务寻找承接组织,特别是合格的非营利组织通常不是一件容易的事。因为竞标需要达到政府规定的各项条件,并完成复杂的行政性程序。一些企业和非营利组织因此缺乏参与竞标的意愿。由于供给主体短缺,政府往往被迫将服务承包给唯一的竞标者。如此同样产生了私人垄断的问题。这些获得

---

① Bredgaard T. , Larsen F. , "Quasi-markets in Employment Policy Do They Deliver on Promises", *Social Policy* , Vol. 3, No. 7, July 2008.

② 凯特尔:《权力共享:公共治理与私人市场》,孙迎春译,北京大学出版社 2009 年版,第 43 页。

③ 同上。

④ 同上。

购买合同的供应商可能也并不总能按照政府的工作要求来提供服务。在另一种情形中，即使存在少数的竞标参与者，但竞标失败后它们很可能退出市场，不再参加日后服务合同的竞标。由于社会服务市场竞争性较差，政府很少有机会通过市场检验的方式来看到底会有什么样的选择。同时为了发挥竞争机制的作用，政府创建并保持竞争的成本非常昂贵。[①] 此外，竞争有时候与政府政策的稳定性相矛盾。对于地方政府而言，竞争和转换承包组织，都可能会影响到项目的连贯性及服务供给网络运行的稳定性。政府与承包方的内部依赖性是相互的。政府有意愿与其了解并信任的供应商建立长期的合作关系。[②] 因此，社会服务属性和供给主体的特点往往削弱了竞争对于公共部门效率改进的作用。

第三，"顾客导向"是否能够提高服务质量。新公共管理认为市场机制对于公共服务质量的改进体现在增加服务个性化和公民的多元选择机会。这种观点的内在假设是，多元主体之间因为竞争会更加注重回应客户的需求，增加更多个性化的服务内容。然而社会服务领域，市场竞争性减弱可能会限制组织顾客导向的实现。大型非营利组织为了获得政府购买服务合同，往往更加注重开发政府支持的内容，而并非是以公民服务需求为导向。此外，一些外部因素也会对公众选择产生影响。比如，养老服务机构之所以受到老年人的选择，并非是因为服务质量更好，而仅可能是因为地理位置离家庭更近便。

国外已有的研究对于我国购买公共服务政策制定具有一定的借鉴意义。值得注意的是，我国购买公共服务与国外公共服务外部购买两个概念并不能等同。国外公共服务外部购买主要是狭义上的合同购买。广义上，政府购买公共服务的方式包括：分类财政补贴、政府拨款补助、外包合同、贷款和贷款担保、消费券、特殊税收规定、实物资助等。[③] 我国政府购买公共服务的形式不只是合同形式，还有多种购买服务的工具性手段。我国政府向社会组织购买公共服务所依赖的制度环境和资源与西方国家也

---

① 凯特尔：《权力共享：公共治理与私人市场》，孙迎春译，北京大学出版社 2009 年版，第 43 页。

② 同上。

③ 王浦劬、萨拉蒙（Salamon L. M.）：《政府向社会组织购买公共服务研究：中国与全球经验分析 lessons from China abroad》，北京大学出版社 2010 年版，第 297 页。

有显著的差异。以养老服务领域为例，政府购买服务的主要目标并不是预算削减或者是降低成本。政府购买服务是以增加公共资金投入作为前提，是以政府公共服务职能建设和社会组织的培育作为政策的宏观目标。我国购买公共服务体现出更多政府主导的特征。目前我国社会组织发育的水平、资源获取能力和政府对社会组织的管理体制等多方面因素也都将对政策执行的效果产生影响。国外购买公共服务更突出强调市场机制的作用，强调财政预算的约束。西方发达国家中社会组织发育较为成熟。政府购买服务时并不需要考虑培育社会服务承接组织所花费的成本。非营利组织可以独立地向社区提供公共服务，也可以接受政府补贴和购买服务合同。非营利组织还会参与社会服务制定和评估。[①] 尽管存在上述差异，国外的研究对于购买服务政策问题定义、公正性的讨论以及政策执行的反思，都将为国内学术界提供更多的分析视角，有助于增加国内对政府购买服务的制度前提、内在机制以及可能风险的理解和认识。国外研究中除购买公共服务基本理论的研究，其他研究还包括具体服务领域的案例研究。教育、就业和养老等服务都具有各自的特点以及相应的制度体系。国外政府购买养老服务领域的研究主要集中在介绍各国政府购买养老服务的制度安排、购买流程和组织间关系。购买养老服务的国别经验研究将在后续研究中详细论述。

第三节　基本概念

一　养老服务

近年来，伴随中国社会人口结构变化和社会养老服务体系的建设，养老服务逐渐成为政策领域和公共服务研究领域广泛关注的主题之一。已有的研究中，养老服务尚未存在统一的学术定义。不同学科在研究中的侧重点不同。较多采用养老服务、老年人服务、为老服务等词汇。总体而言，养老服务是指国家和社会以发扬敬老爱老美德、安定老年人基本生活、维

---

① Feiock R. C., Andrew S. A., "Introduction: Understanding the Relationships Between Nonprofit Organizations and Local Governments", *International Journal of Public Administration*, Vol. 29, No. 10, 2006.

护老年人生理健康、充实老年人精神文化生活为目的而采取的政策措施和提供的设施服务的总称。①

广义上，由政府、社会和家庭所生产的一切有利于保障老年人更好生活的物品和服务都属于养老服务。按照社会支持网络理论，养老服务可以划分为正式照顾系统和非正式照顾系统提供的服务。正式照顾系统包括各层级政府、居民自治组织及社会组织等。非正式照顾系统主要来自老人的亲属、朋友和邻居。按照需求层次理论，养老服务又划分为生存层次、发展层次和享受层次的养老服务。与研究主题相联系，本书采用狭义上的养老服务定义。从内容要素的角度，本书认为"养老服务"是指政府和社会所提供的与老年人日常生活照顾、精神慰藉和健康照护相关联的各种类型的公共产品和公共服务。日常生活照护主要是指对老年人日常生活饮食起居的照护，包括送餐、代办以及家政服务等。精神慰藉包括心理慰藉和临终关怀。健康照护包括建立老年人健康档案、保健宣传、定期常规体检、慢性病的常规治疗、突发疾病的抢救和其他医疗辅助措施等。下文所讨论的养老服务主要是指由正式照顾系统所提供的生存和发展层次的养老服务。

根据养老地点差异，上述养老服务具体划分为社区居家养老和机构养老两个类别。社区居家养老是以社区为依托，以家庭为基础，结合社区养老机构使老年人在家庭居住所在地接受日常照护、精神慰藉和医疗服务的养老形式。家庭和社区的合作使社区居家养老成为可能。社区居家养老的实现需要发挥社区守望相助的社会功能。机构养老是指老年人离开家庭到养老机构中接受养老服务的养老形式。机构养老是当老年人无法在家中养老或家庭无法提供照护时的养老选择。

二 政府购买公共服务

政府购买公共服务是近年来我国公共服务供给模式的改革取向。依据政府颁布的相关文件，政府购买公共服务是指"通过发挥市场机制作用，把政府直接向社会公众提供的一部分公共服务事项，按照一定的方式和程序，交由具备条件的社会力量承担，并由政府根据服务数量和质量向其支

---

① 席恒：《分层分类：提高养老服务目标瞄准率》，《学海》2015 年第 1 期。

付费用"①。政府购买,具有三重含义:其一,政府具有供给某一项公共服务的责任,需要高效地履行服务公众的职责。其二,社会力量替代政府生产以及向公众直接提供公共服务。服务费用由政府财政支付。其三,购买的方式和程序遵循市场机制并通常以契约方式确定。简言之,购买就是政府将一些公共服务事项委托给有资质的机构去做,并为此支付费用。②以往我国政府提供公益性社会服务的机构主要是由政府设立并进行财政拨款的事业单位。绝大部分的事业单位与政府部门之间存在行政的隶属关系。政府向其下属的事业单位购买服务属于服务内部购买。购买公共服务的制度建立之后,政府可以直接向民办机构付费,并由民办机构向公民提供服务。从事社会服务的民办机构与政府之间不存在行政隶属关系,但双方之间存在业务指导关系。本书中,政府购买服务的承接机构主要是社会组织和企业,不包含事业单位。目前我国政府购买的养老服务主要包括社区日托服务、社区居家养老上门服务和机构养老服务。

三　社会组织和社会力量

社会组织是中文语境下的概念。广义的社会组织是指除党政机关、企事业单位以外的社会中介性组织。狭义的社会组织是指由各级民政部门作为登记管理机关,纳入登记管理范围的社会团体、民办非企业单位和基金会这三类社会组织。社会组织既具有西方非营利组织和非政府组织的某些特征,同时又具有中国特点。社会组织基本特征是:不以营利为目的,不同于政府与市场组织,有特定的使命与目标,其行动不是追求剩余利润的分配而是为了完成使命。③

社会力量是政策领域的概念。主要包括两类机构:一是依法在民政部门登记成立或经国务院批准免予登记的社会组织,二是依法在工商管理或行业主管部门登记成立的企业、机构等。

---

① 国务院办公厅:《国务院办公厅关于印发社会养老服务体系建设规划(2011—2015 年)的通知(国办发〔2011〕60 号)》,2011 年 12 月 16 日。

② 王浦劬、萨拉蒙(Salamon L. M.):《政府向社会组织购买公共服务研究:中国与全球经验分析 lessons from China abroad》,北京大学出版社 2010 年版,第 6 页。

③ 同上。

第四节　研究思路与方法

一　研究思路

政府购买公共服务是我国公共服务供给模式的改变。建立服务购买机制后，政府公共服务供给范围和供给手段将进一步拓展。政府购买公共服务涵盖医疗、教育、养老、就业等不同领域。其中每一类公共服务在服务内容、服务对象以及购买服务的支付机制方面差异性较大。政府购买养老服务政策的出台是以我国社会人口老龄化为背景。政府购买养老服务是我国社会养老服务体系建设的重要机制。本书将遵循社会科学研究的基本方法，对养老服务领域中政府购买服务的情况进行基本分析。首先，在公共物品理论和社会福利理论的框架下，分析中国政府供给养老服务的责任和层次。结合中国现实制度和文化环境，进一步分析我国政府购买养老服务的方式和重点。其次，参考"委托—代理"理论的分析框架，分析中国现有制度背景下，购买服务利益相关者的动机和行动策略，以及服务供给网络中政府和社会组织的主体间互动关系。在此基础上，讨论我国购买养老服务政策执行过程中的问题。最后，探讨我国政府购买养老服务的发展趋势以及如何进行公私合作供给养老服务的制度设计。借鉴海外国家和地区政府参与养老服务供给的模式和经验，提出我国购买养老服务政策的路径。

二　研究方法

研究方法是研究中收集和处理资料的程序与手段。本书采用规范分析和实证分析相结合的方法。规范分析主要是通过相关理论或文献资料的梳理，从政府公共服务责任和组织间关系的视角构建分析框架，并有针对性地进行文本和数据材料的收集。实证分析主要是基于参与式观察和访谈，对购买养老服务政策执行展开现实分析。具体使用的研究方法为文献研究法、实地研究法和比较研究法。

（一）文献研究法

文献研究是通过收集和分析现存的，以文字、数字、符号、画面等信息形式出现的文献资料，来探讨和分析各种社会行为、社会关系及其社会现象的研究方法。文献研究法是利用纸质和电子材料进行回顾和评估的定性研究方法。本书首先将对国内外购买养老服务领域的相关学术专著和学术论文进行梳理,对已有研究的基本理论、问题和观点进行综述,找到已有研究中尚未解决的问题并确定本书的问题、研究视角和分析框架。其次,文献分析的对象还包括大众传媒报纸和杂志的报道、网络媒体的文稿、相关政府部门的领导讲话、工作总结和报告、政府购买养老服务的政策文件、社会组织机构的相关报告、总结、项目书、会议记录和各类调查数据等。通过对上述资料的收集,描述和归纳我国政府购买养老服务的基本特征和存在的问题。最后,政府与社会组织合作供给养老服务的国际经验的分析主要来源于对学术文献、学术著作和国外政府相关部门委托研究机构发布的研究报告三类材料的梳理。

(二) 实地研究法

实地研究是一种深入到研究对象的生活背景中,以参与观察和非结构访谈的方法收集资料,并通过对这些资料的定性分析来理解和解释现象的社会研究方法。[①] 本书采用半结构化的深度访谈,收集与研究问题相关的一手数据材料。基于访谈大纲提问,并根据访谈的内容进行追问。由于我国政府购买养老服务还处于政策的初期,相关的统计数据资料较少。与定量分析相比,深度访谈更能够深入详细地收集资料。随着访谈深入,研究者还可以收集到更多与研究主题相关的资料,拓展研究假设。采用深度访谈以及参与观察法可以较为深入了解我国目前政府购买养老服务中的实际运作机制、参与主体的动机、参与主体之间的关系以及存在的问题。本书选取的 A 市政府购买养老服务的实践探索较早,并且获得了民政部、省市民政局和老龄工作部门的肯定,具有一定的典型性。在开展研究过程中,笔者作为项目调研员参与了民办非企业单位 Z 中心的为老服务项目。通过民办非企业单位负责人的介绍,获得了访谈和参与观察的机会。在阅读相关政策文件、新闻报道以及参与座谈会后,本研究针对政府部门工作人员和社会组织 (企业) 工作人员设计了两份半结构式访谈提纲,对 A 市区财政局、民政局社会组织管理、社会福利和购买养老服务相关部门工作人员 (5 人)、街道办事处和居民委员会工作人员 (1 人)、参与竞标并

---

① 风笑天:《社会学研究方法》,中国人民大学出版社 2013 年版,第 238 页。

承接养老服务的社会组织或企业（6人）的工作人员进行实地访谈。

（三）比较研究法

比较研究法主要是根据时间和空间的维度进行研究。比较的目的是找出相似性和差异性，并据此对研究问题做出评价和解释。比较研究在本书中首先被用于我国各省级政府和地方政府购买养老服务政策及项目运行机制之间的比较。其次，比较研究还应用在海外国家和地区政府购买养老服务的经验模式、要素和运行机制的对比。通过比较海外政府购买养老服务的制度差异，为我国购买养老服务的制度设计提供参考和借鉴。

第二章

政府购买养老服务的理论与
分析框架

第一节　政府供给养老服务的理论基础

一　社会福利与老年人福利

社会福利（social welfare）概念最早见于 20 世纪 40 年代的《大西洋宪章》和《联合国宪章》之中。后续研究者基于不同的研究视角，对于社会福利的定义各不相同。《中国大百科全书·社会学》（1991）中将社会福利定义为：国家和社会为增进成员尤其是困难者社会生活的一种社会制度。这一制度旨在通过提供资金和服务，保证社会成员一定的生活水平并尽可能地提高他们的生活质量。广义上，社会福利可以被理解为一种关于公正社会的理念，认为社会具有一定的道德责任通过组织和治理来为其成员提供合理程度的安全，使他们免受物质匮乏和暴力，促进社会公平和公正。① 广义上的社会福利既可以是满足低层次的基本生活需要，也可以满足较高层次的生活享受需要。狭义上，社会福利指当社会成员因年老、疾病、生理或心理缺陷丧失劳动能力而出现生活困难时向其提供的服务措施。按照服务对象划分，社会福利可以分为老年人社会福利、残疾人社会福利、儿童社会福利和妇女社会福利。社会福利水平的确立不仅需要保障社会稳定，同时还需要促进经济发展。社会福利水平需要与国家生产力发展水平以及各方面的承受能力相适应。一般意义上，社会福利水平的测度

---

① 陈银娥：《社会福利》，中国人民大学出版社 2009 年版，第 10 页。

是指一定时期内社会福利支出占 GDP 的比重。适度的社会福利水平才能够既保障公民的基本生活又能够激励公民积极劳动，以推动经济的可持续发展。

社会中每一个人随着生命周期的推移都会逐渐步入老年。老人社会福利覆盖了社会中每一个人及其家庭。世界卫生组织对于老年人的定义是年龄达到或超过一个统一的界限的个体。国际上对于老年人的界定在年龄上主要以 65 岁为标准，65 岁以下为中年人，65—74 岁为青老年人，75—90 岁为正式老年人，90—120 岁为高龄老年人。"老年"的含义一般从生理、心理和社会三方面去理解。当个体转入老年阶段，往往意味着其身体的某些生理功能老化，自控能力下降、免疫抵抗力下降，容易患病。同时不再有工作的社会角色和职业认同，心理上陷入挫折、焦虑甚至抑郁。由于老年人在其年龄段可能出现的生理性和社会性的变化，家庭和社会往往需要对老年人给予支持，帮助其更好地生活和发展。当社会进入老龄化的峰值阶段，老年人福利的支出将成为社会福利制度的重要项目。

广义上，老年人社会福利指国家和社会通过社会化的福利设施和有关福利津贴，以满足老年人的生活服务需要并促使其生活质量不断得到改善的一种社会政策。狭义上，老年人社会福利就是国家和社会为了安定老年人生活、维护老年人健康、充实老年人精神文化生活而采取的政策措施和提供的设施和服务。社会福利中所指的老年人，一般是以国家或政府法律制度规定的享受社会福利或退休金的年龄作为老年的标准。老年人福利将在养老保险制度基础上，进一步满足老年人的物质和精神文化需要，实现"老有所养、老有所医、老有所为、老有所乐"。老年人福利的主要内容包括，经济保障、生活照顾和老年服务，如表 2—1 所示。老年人的经济保障主要通过养老金制度来实现。政府购买养老服务的内容一般都归属于老年人生活照顾及老年服务。老年人生活照顾是指对于因年事已高而在生活中存在困难的老年人进行照顾。生活照顾既包括衣食住行方面，也包括医疗保健方面。老年服务是生活照顾之外的服务，一般包括老年人心理和社会服务、老年人教育服务和老年人再就业服务。

表2—1　　　　　　　　老年人需求和老年人社会福利的内容匹配

	养老需求	社会福利的内容
经济保障需求	经济来源	养老金、社会救助
生活照顾需求	生活照料、住房、健康	家政服务、医疗保健服务、护理院服务
老年服务需求	文化娱乐、自我发展、社会参与	社区老年活动、老年大学、老年协会、老年再就业服务

20世纪80年代,西方国家中福利多元主义兴起,改变了传统福利理论中国家与市场二元主体框架。福利多元主义将原有的由国家单独承担的福利转变成由多部门共同承担的福利,从单一供给走向多元供给。福利多元主义在一定程度上是混合经济的福利制度安排,指的是国家、市场、社区及社会组织、家庭、个人共同承担社会福利责任,是人类需要满足途径多元化、社会福利构成元素多元化和个人福利状况的多元化状态。① 福利多元主义理论体系还衍生出"福利三角"理论。该理论认为社会中的福利来源于三个部门,即家庭、市场和国家。这三者作为福利的提供方,任何一方对于其他两方都有所贡献。将三方提供的福利进行整合,就形成了一个社会的整体福利。② 福利多元主义理论的背景是以国外社会组织相对成熟的条件作为前提。对于我国的现实情况而言,社会力量在福利供给中的实力较弱,社会公众和政府对于社会力量参与福利供给的信任度较低。因此,我国老年人福利的提供主体仍然是家庭和政府。

中国传统社会中老年人福利主要由家庭承担责任。传统社会中主干家庭和联合家庭是最重要的社会照顾单位。家庭养老功能通过孝文化的传统来维系。家庭之外,传统农业社会中统治者从法律上规定了供养老年人的责任。各级政府设立"悲田院""福田院""居养院"等来收养老年贫苦无依者。一些地方政府和当地士绅也会举办敬老活动,为德高望重或者孤老无依的老年人提供物质上的援助。③ 当农业社会向工业化社会过渡后,传统的大家庭逐渐解体。年轻夫妻不再像主干家庭和联合家庭那样与父母

① 刘继同、冯喜良:《转型期多元福利实践与整体性福利理论框架》,《北京大学学报》(哲学社会科学版)2005年第3期。

② 彭华民:《福利三角:一个社会政策分析的范式》,《社会学研究》2006年第4期。

③ 陈银娥:《社会福利》,中国人民大学出版社2009年版,第30页。

生活在一起。老年夫妇空巢家庭和独居的现象越来越多。尽管孝文化的传统在我国社会中仍然居于重要地位，然而家庭照顾已经与传统的家庭照顾含义发生了巨大的变化。现在的家庭照顾更多强调了对老年人经济来源的支持，日常照顾和护理的功能弱化了。

　　新中国成立以来，老年人福利的责任主体在家庭之外，还包括政府和单位。在"强国家—弱社会"的现实框架之下，家庭照顾之外的老年人福利理所当然地被寄予到"全能主义"政府以及作为政府延伸机构的单位身上。一般认为，中国的老年社会福利是指在政府的领导下，在社会各方面力量的参与下，对处在特殊困境下的无劳动能力、无生活来源、无法定赡养人和抚养人的孤寡老人和部分生活不能自理、家庭无力照顾的老年人所提供的供养、医疗、康复、娱乐和教育等方面的服务。[①] 依据经济体制改革前后的特点不同，我国老年人福利发展可以划分为两个阶段。其一，在计划经济体制下，中国整体的福利政治是由国家负责、政府包办的民政福利和单位包办的职工福利等组成的传统福利模式。城市老人的社会福利主要表现在单位包办的职工福利上。在农村，特殊困难的"三无"老人按照五保制度享受国家和集体的供养，其余大部分农村老人主要依靠家庭供养。[②] 在计划经济时代，我国的社会福利制度是在职业福利保障的基础上，以对主流社会漏出的部分脆弱社会成员进行补救性保障为目标，其仅仅是社会救助层次的保障。实际上是一种职业福利为主，民政福利为辅的官办福利模式。[③] 其二，在市场经济体制下，老年人福利逐渐制度化，其社会化程度不断提高。社区老年服务得到较大的发展。社区服务正在部分地替代传统职工福利的功能，来适应单位人向社区人的转变。市场经济体制下的老年社会福利是综合了老年人照护需求、家庭结构变化和社会结构转型而产生的新型社会福利内容。家庭不再能够完全承担养老福利的责任。政府需要更加积极地参与老年人福利提供。随着人口老龄化趋势的发展，政府的社会福利政策将逐渐从兜底的原则向适度普惠过渡。老年

---

　　① 时正新主编：《社会福利黄皮书：中国社会福利与社会进步报告（1999）》，社会科学文献出版社 2000 年版，第 146—147 页。

　　② 陈银娥：《社会福利》，中国人民大学出版社 2009 年版，第 139—140 页。

　　③ 同上书，第 142 页。

福利内容也逐渐进入到政府公共服务范畴之内。

二　公共产品和公共服务

公共产品是由公共部门供给用来满足社会公共需要的产品,由社会成员均等地消费。萨缪尔森作为公共产品理论的奠基人,以其发表的《公共支出的纯理论》和《公共支出理论图解》开启了公共产品的研究。萨缪尔森对纯公共产品进行了定义,即"每个人对这种物品的消费,都不会导致其他人对该物品消费的减少"。这一经典定义被后续的公共经济学者所接受,并进一步从不同角度开展了准公共产品的相关研究。

一般意义上,私人产品的基本特征是在效用上可以分割,消费上具有竞争性且在受益上具有排他性。公共产品区别于私人产品的基本特性是消费的非竞争性和受益的非排他性。公共产品面向社会整体提供,具有共同受益的特点,其消费和受益为全部社会成员所享有,不可能划分为若干单位而归私人独享。纯公共产品需要同时满足效用的不可分性、消费的非竞争性、受益的非排他性三个基本条件。在学术研究中,被广泛使用的方法是以消费的非竞争性和受益的非排他性作为产品公私属性的判别标准。在纯公共产品与私人产品之间还存有一个公私之间过渡性的物品。这类物品部分地满足公共产品的条件。公共经济学中根据公共产品的特性将其定义为准公共产品。准公共产品又划分为俱乐部物品和公共池塘资源物品。公共池塘资源物品满足非排他性但不满足非竞争性条件。这些物品是公共所有,但只满足了非排他性的条件,而在其消费上是竞争性。俱乐部物品具有排他性和消费的非竞争性。这些物品在达到拥挤效应之前,每增加一个消费者消费的边际成本为零。但在出现拥挤效应以后,每增加一个消费者,就会给其他的消费者带来负效应。[①] 公共产品和准公共产品的属性特点决定其受益上有可能带来"搭便车"的问题。"搭便车"的现象使得公共产品生产成本和收益之间的关系不相匹配。依靠市场和私营企业并不能有效地为社会提供公共产品。这就需要政府介入公共产品供给,承担供给责任。政府供给公共产品的方式包括政府直接生产和政府间接生产。

公共服务是与公共产品近似的概念。目前学术研究中,公共服务的概

---

① 黄新华:《公共部门经济学》,上海人民出版社 1996 年版,第 23 页。

念内涵有多种解释的角度。从行政伦理层面，新公共行政学派弗雷德里森等认为，凡是促成民主发展、培养公共精神以及维护社会公正和公共利益的官员行动或政府行为都是公共服务。新公共行政更加关注政府提供的服务是否增进了社会公平。① 从行政执行层面，罗纳德·J. 奥克森认为，公共服务供应是指一系列集体选择行为的总称。它就如下事项做出决定：需要提供什么样的产品和服务；产品和服务的数量和质量标准；需要筹措的收入数和如何筹措；如何约束和规范公共产品和服务消费中的个人行为；以及如何安排产品和服务的生产。② 从行政价值层面，公共服务是指政府为满足社会公共需要而提供的产品与服务的总称。它是由以政府机关为主的公共部门生产的，供全社会所有公民共同消费、平等享受的社会产品。③ 从公共利益角度，政府及其公共部门运用公共权力，通过多种机制和方式的灵活运用，提供各种物质形态或非物质形态的公共物品，以不断回应社会公共需求偏好、维护公共利益的实践活动的总称。④ 通常认为现代社会中的公共服务，是指政府运用公共权力和公共资源向公民提供的各种服务，以使基本人权得到保障。⑤

政府的基本职能之一就是供给公共服务。公共服务是与私人服务相对的一个概念，区别在于供给主体、方式和服务对象范畴不一样。传统上，公共服务的生产者和提供者均为政府。政府是公共服务的责任方，出资方和直接提供者。公共服务是面向全体公民并保证其基本公民权利的服务。私人服务则由私人机构生产并且通过市场机制来进行提供。私人服务面向特定的群体，具有明确的竞争性和排他性。接受服务者需要付费接受相应的服务。

随着社会公共服务需求数量与质量的不断提高，一些公共服务领域需要具有专业性资质的专家和组织来实现。政府在这些服务供给中的专业性

---

① H. 乔治·弗雷德里克森：《新公共行政》，丁煌等译，中国人民大学出版社 2011 年版，第 4 页。

② 罗纳德·J. 奥克森：《治理地方公共经济》，万鹏飞译，北京大学出版社 2005 年版，第 9 页。

③ 陈振明：《公共服务导论》，北京大学出版社 2011 年版，第 9 页。

④ 同上书，第 13 页。

⑤ 王浦劬、萨拉蒙（Salamon L. M.）：《政府向社会组织购买公共服务研究：中国与全球经验分析 lessons from China abroad》，北京大学出版社 2010 年版，第 7 页。

方面存在局限。因此，政府在一些服务提供领域逐步开始与私人机构合作，并向私人机构购买公共服务。在参与公共服务供给的私人机构中，非营利组织具有一定的优势。一些国家中，非营利组织获得了超过半数的政府购买公共服务订单。

公共服务的研究一般依循公共产品理论的研究框架。值得注意的是，公共服务是与公共产品相近但不完全等同的概念。从经济属性上看，公共服务与公共产品在属性上存在一定的相似性。两者都具有非排他性或非竞争性。在产权不明晰的情况下，供给者的私人收益远小于社会收益。公共产品和公共服务也有一定的差异性。首先，两者可以从物理属性上加以区分。公共产品主要是指具有物理实在的有形产出，其价值和质量可以被有效地度量。而公共服务往往是无形的产出，是政府活动的集合体，其价值和质量的标准难以把握。其次，与公共产品由政府供给不同的是，公共服务的生产者和提供者可以分开。部分公共服务往往由市场中的自然垄断企业进行供给。很多国外学者的经验研究表明，在环境复杂、社会差异性需求增多以及政府精力和能力等多重因素考虑下，应该将公共服务的生产过程和供给责任区分开来，政府始终承担服务供给的政治责任。服务生产过程则通过委托、出售、竞争、特许经营和补贴等多种方式交由私人或第三部门生产，并用法规的形式固定下来。[①]

理论研究中通常将公共产品和公共服务作为一个连续体的概念。一些商品和服务处于两个概念的过渡范畴，混合了产品和服务的双重性质。本书所讨论的养老服务本身也具有公共产品和公共服务的双重属性。由于其处于概念过渡范畴中偏向公共服务的一端。因此，本书以养老服务对其进行概括，主要包括为老年人生活提供保障和改善的公共服务，以及为了保障老年人实现社区居家养老和机构养老所必备的基础设施和物品。

第二节　政府购买养老服务研究的理论基础

一　新公共管理理论

新公共管理理论是当代西方国家政府改革的主要理论范式。在政府与

---

① 陈振明:《公共服务导论》，北京大学出版社 2011 年版，第 15 页。

市场的关系上，新公共管理理论强调私人自由和公共权力之间的分界。这一理论承续了新自由主义对市场的崇拜，其对政府弊端的攻击主要来自与市场所进行的各种比较。新公共管理源于一个基本的经济学观点，即政府具有垄断性、高昂的交易成本以及信息不对称等缺陷。这些缺陷在很大程度上导致了政府的无效率。

新公共管理理论推崇管理的自由化和市场化。它倾向于认为公共管理人员是被制度束缚的人。因此，管理过程合理化需要解除规制并进行分权。市场取向的管理有两个基本概念：一是竞争；二是私营部门管理的普遍化。① 新公共管理假设公共管理者在市场压力下可以提高自身绩效水平。因此，市场竞争机制能够纠正政府的种种弊端。市场还能够为公众提供更多的选择和自由度。

唐纳德·凯特尔提出民营化改革浪潮中的"全球公共管理改革"主要集中在六个核心问题。第一，政府怎样才能找到从更小的税基中挤出经费提供更多服务的途径？第二，政府怎样才能利用市场型的激励措施铲除官僚制机构的弊病？怎样才能用市场策略来取代传统官僚体制的"指挥—控制"机制？第三，政府怎样才能利用市场机制为公民提供更多的服务选择？第四，政府怎样才能使项目更具有回应性？政府怎样才能下放职权以便为一线的管理人员提供更强的激励？第五，政府怎样才能改进其设计和追踪政策的能力？政府怎样才能将其作为服务购买者的角色与其在实际提供服务中的角色分离开？第六，政府怎样才能用自下而上的结果驱动型系统来取代自上而下的规则驱动型系统？② 与核心问题呼应，新公共管理理论有以下几个中心观点③：一是在公共部门中实施专业化管理，管理者承担责任；二是实行绩效管理，确立明确的目标，设定绩效测量标准并且进行严格的绩效测量；三是强调产出控制，相对于过程或程序来说，更重视实际成果；四是打破公共部门中的本位主义，对部门进行拆分和重组；五是引入竞争机制；六是强调对私营部门管理方法的吸收和运用；七

---

① 珍妮特·V. 登哈特、罗伯特·B. 登哈特：《新公共服务：服务，而不是掌舵》，丁煌译，中国人民大学出版社 2010 年版，第 2 页。

② 同上书，第 9 页。

③ Hood C.："A Public Management for All Seasons"，*Public Administration*，Vol. 6923，No. 1，March 1991.

是强调资源的有效利用和开发。新公共管理理论将市场的激励机制、竞争机制以及绩效评估等管理手段引入政府公共服务。新公共管理以效率为核心,以降低成本提高质量为目标,构建了公共服务供给的竞争环境。企业和非营利组织作为服务生产者的引入,打破了政府供给服务的垄断,奠定了公共服务多元供给机制的理论基础。

新公共管理理论在 20 世纪后三十年西方国家市场化改革和重塑政府运动中风靡一时。与此同时,一些学者对于新公共管理理论也提出了尖锐的批评,认为其所倡导的公共企业家精神以及新管理主义的价值观很可能会损害到公平、正义和参与等民主和宪政价值。基于对新公共管理理论的反思和对公共企业家精神的批评,美国公共行政学者以公民为中心提出了新公共服务的治理理论。新公共服务理论突出强调政府在供给公共服务中的责任和公共精神。该理论指出政府管理的目标是服务而非掌舵,要重视人而不能只看重生产效率。在公共服务的供给机制上,新公共服务理论提倡政府与公民、社区广泛开展合作,通过对话协商更好地实现公共利益。新公共服务理论更加注重公民权和公共利益,但这一理论更多停留在行政管理的价值层面,在实践中缺乏具体可执行的措施。

传统公共治理模式中,政府为了配置各种公共产品和服务担负了多种角色。现代公共治理则更为细致地分析政府治理手段的经济性,并且讨论将政府的各种角色明确区分开。通过公私合作,政府将公共服务的生产和直接提供的角色交由企业或非营利组织。尽管新公共管理和新公共服务理论存在一定的争论和分歧,但这两个理论都强调公共服务供给中的多元主体的作用,为现代的公共治理模式做出了理论贡献。

二　委托代理理论

委托代理理论研究制度之内个体互动以及个体与制度之间的互动。一项制度中,不同的个体和团体按照相互之间的关系,承担各自角色。个体和团体根据不同的动机,会选择遵从制度规则或偏离制度规则并获取利益。委托代理理论关注的是在信息不对称和利益冲突的环境中,委托人激励代理人完成使命的最优制度安排。

詹森·麦克林将"委托—代理"关系定义为一种契约关系。"在这种契约下,一个人或更多的人聘用另一个人代表他们来履行某些服务,包括把若干决策权托付给代理人"①。代理人通常指拥有信息优势的参与者，而不拥有私人信息的参与者被称为委托人。委托代理关系的基本特点是，信息的不对称性、利益的不对称性和契约的不完全性。

委托代理理论的基本前提假设是有限理性和有限认知。根据理论假设，委托人和代理人之间关系特征首先表现为参与双方信息不对称。新古典经济学的基本假定之一是参与者之间信息是对称的。然而，实际中市场参与者之间的信息往往是不对称的。代理人比委托人更了解自身的成本和外部的经济环境信息。委托代理理论的研究对象就是信息不对称下的代理关系。

有限理性和有限认知的第二个后果是委托人和代理人之间的利益目标不一致。委托人和代理人都是理性经济人，都追求自身利益最大化。这里所指的利益不仅包括经济利益，还包括社会利益等多方面内容。委托人和代理人之间利益最大化的目标往往存在一定的矛盾和冲突。委托人利益最大化的实现依赖于代理人尽可能地投入和努力。为实现委托人的目标，代理人必须付出相应的努力成本。出于自身利益最大化的动机，代理人也会要求尽可能地降低自己付出的成本。上述努力成本正是代理人希望尽可能减少的付出部分。

最后，有限理性和有限认知的前提下，委托人和代理人之间的契约是不完全性的。一般情况下，人们都希望建立一个完全契约，准确地描述交易在未来阶段可能出现的多种可能状态，详细列出每一种可能的情况之下双方的权利、责任以及风险成本分摊的比例，明确契约的履行方式和违约后的处理程序。但是在现实之中，契约订立所面临的是市场的不确定性、参与者的有限理性和代理成本的存在。委托人与代理人之间无法订立一个能够面面俱到地规定代理人权利、义务以及未来可能情况的完全契约。

依据信息不对称发生的时间点不同，"委托—代理"关系模型分为逆向选择模型和道德风险模型。逆向选择模型是指信息不对称的情况发生在契约制定之前。道德风险模型中信息不对称的情况发生在契约制定之后。逆向选择模型说明的是委托人因信息不对称而找不到合适的代理人。由于

① 陈郁、陈昕：《所有权、控制与激励——代理经济学文选》，上海三联书店1998年版，第38页。

在签订合同时委托人对代理人缺乏足够的信息，并不知道代理人的类型，因此无法选择到合适的代理人。劣质代理人会因价格低廉而获得委托人的合同。优质的代理人因成本和收益无法平衡而会选择退出市场。道德风险模型说明的是在契约履行过程之中代理人侵害委托人利益的问题。由于度量代理人的成本昂贵，委托人无法较好地了解、监管和约束代理人。代理人从自身利益最大化出发，会利用信息优势损害委托人的利益。根据道德风险模型，委托人必须要设计出一个有效的激励机制。代理人按照契约行动能够获得最大期望效用，并且委托人能从契约的执行结果上得到最大期望效用。也就是说当信息不对称时，需要选择一种制度安排，使其满足参与人之间的"激励相容"或"自选择"条件，让代理人按照委托人的利益选择行动方案，使代理人的行为能够保证委托人的利益最大化。[①]

委托人对代理人的激励制度可以分为单期和多期两种不同的情境。对于单期契约的研究往往将奖惩制度作为显性的激励机制。而多期的动态的委托代理关系中，时间的变量会产生贴现的作用。随着时间周期的推演，参与者沉没成本和违约的代价呈指数级递增。在多期的委托代理关系中，契约周期具有隐性的激励作用。[②] 多期动态激励模型有两类常见类型。一是声誉模型。另一个是棘轮效应模型。声誉模型认为面临市场竞争时，代理人不需要奖惩机制也会为其在市场上的声誉而努力工作。委托人可以根据代理人过去的声誉来激励未来的努力。同时代理人现在的努力将为下期交易提供信息，影响到未来多期契约的续签。在长期委托代理关系中，契约周期作为隐性激励机制可以达到显性激励机制的效果。另一个多期激励模型——棘轮效应模型，是为解决代理人业绩评价标准问题而提出来的。与声誉模型不同，棘轮效应会减弱契约周期的激励作用。委托人通常依据代理人以往的业绩水平来制定评价标准。然而，代理人越努力，好业绩的可能性越大，导致未来评价的标准就越高。当代理人意识到自己的努力愈加提高了委托人对自己的评价标准时，代理人的努力积极性就会下降，并且会隐瞒自身的业绩水平。

委托代理理论分析了信息不对称环境中委托人对代理人监督所产生的

---

① 过仕明:《信息经济学》，清华大学出版社 2014 年版，第 72 页。

② 张维迎:《博弈论与信息经济学》，上海三联书店 1996 年版，第 46 页。

交易成本。这一理论更侧重于对制度设计的讨论，研究如何设计"激励—约束"机制来保证代理人不偷懒并且要讲真话。在政治学和行政学研究中，委托代理理论也被用来解释民主体制下一连串的委托人和代理人之间的政治过程。公民和政治家之间、政治家和执行代理人之间的契约关系都可以应用委托代理理论解释。委托代理理论还被用来解释20世纪70年代西方国家政府合法性危机中改革官僚机构的行为。由于权威分散和控制弱化，后官僚制时代的政府政策执行将不再交由政府机构，而是采取通过一定的方式移交给私营机构或半公营机构。[①] 公共服务外部购买时，政府和承接服务机构之间形成了较为典型的委托代理关系。政府是委托人，企业或社会组织是代理人。代理人提供公共服务和产品供应给消费者，其目标是组织利益最大化。政府作为代表为消费者购买该服务或产品时，政府的目标是社会效用最大化。政府与承接服务的组织之间的契约关系可以用委托代理理论的模型进行分析，解释其中代理人偏离委托人利益的原因。

三　网络治理理论

治理理论是20世纪90年代开始在社会科学界中兴起。治理理论的初创者之一詹姆斯·N.罗西瑙在国际治理的研究中将治理定义为：由共同的目标所支持的活动。这个目标未必出自合法的以及正式规定的职责，而且它也不一定需要依靠强制力量克服挑战而使别人服从。一般意义上，治理说明的是管理领域的管理机制，用来描述有效的不经正式授权的管理机制。治理是与统治相对的概念。统治是由正式权力和国家强制力所支持的活动，保证政策能够得到有效的执行。治理包括政府机制，同时也包含非正式、非政府的机制。随着治理范围的扩大，各色人等和各类组织得以借助这些机制满足各自的需要，并实现各自的愿望。[②] 由此看来，治理的主体包括政府，也包括政府以外的多元主体。由于治理不依靠国家的强制力来推行，所以治理主体之间的规则只有被多数人接受才会生效。总体而

---

① 桑德拉·凡·蒂尔：《半公营机构：趋势、原因、结果》，汪洋译，社会科学文献出版社2008年版，第7页。

② 詹姆斯·N.罗西瑙：《没有政府的治理》，张胜军等译，江西人民出版社2001年版，第5页。

言,治理理论的研究视角更多关注了多元主体间关系及其互相依存性。格里·斯托克总结了治理理论的五种主要观点。第一,治理意味着一系列来自政府但又不限于政府的社会公共机构及其行为。第二,治理意味着为社会和经济问题寻求解决方案的过程中存在界限和责任方面的模糊性。第三,治理明确肯定了在涉及集体行为的各个社会公共机构之间存在着权力依赖。致力于集体行动的组织需要依靠其他组织。组织之间为达成共同目标进行谈判并互相交换资源。第四,治理意味着参与者最终将形成一个自主的网络,并在构成网络的特定领域拥有发号施令的权威。它与政府进行合作,分担政府的行政管理责任。第五,治理意味着办好事情的能力并不仅限于政府的权力,不限于政府发号施令或运用权威。在公共事务的管理中,政府有责任使用其他管理方法和技术,更好对公共事务进行控制和引导。[①] 治理理论主要针对的是市场机制和政府管理之间的协调问题,提出政府、市场和社会等多元主体共同参与的框架。整体政府供给公共服务模式是治理理论在公共管理领域的政策实践。

"治理既是政治文化的产物,也是制度结构的结果。"[②] 在国内的政治学和行政学研究中,学者使用中文语境对"治理"的含义进行了解释。俞可平认为,治理是指官方的或非官方的公共管理组织在一个既定的范围内运用和制定必要的公共权威、管理规则、治理机制和治理方式来满足公众的需要,以最大限度地增进公共利益。[③] 这一定义中,公民社会既作为政府行为的补充和增进,也作为政府行为的外部制约力量。陈振明从合作网络的角度对于治理进行了界定。他认为治理就是对合作网络的管理,指的是为了实现和增进公共利益,政府和非政府部门(私营部门、第三部门或公民个人)等众多公共行动主体彼此合作,在相互依存的环境中分享公共权力,共同管理公共事务的过程。对政府部门而言,治理就是从统治到掌舵的变化;对非政府部门而言,治理就是从被动排斥到主动参与的

---

① 格里·斯托克:《作为理论的治理:五个论点》,华夏风译,《国际社会科学杂志》(中文版)1999 年第 2 期。

② 杨雪冬:《要注意治理理论在发展中国家的应用问题》,《中国行政管理》2001 年第 9 期。

③ 俞可平:《全球治理引论》,《马克思主义与现实》2002 年第 1 期。

变化。① 这一定义中，治理强调一定公共利益目标下的多元治理主体之间的合作式管理。合作式管理是由非强制力所支配，更加依赖于双方互动之中的信任水平。

网络治理是治理理论的分支。网络治理是指"一种全新的通过公私部门合作，非营利组织、营利组织等多主体广泛参与提供公共服务的治理模式"②。网络治理的人性假定是具有反思理性的复杂人。③ 这一假定认为公共行动者在不确定的社会条件下，不可能获得有关公共问题的所有信息，不可能拥有处理信息的完全能力，也不可能绝对理性地选择。行为主体有着复杂的动机，既有逐利的一面，也有追求社会效用（包括公共利益）的一面。不同行动主体间既有利益分歧，也有共同利益。④ 基于这一假设，参与主体如果想要实现自身的利益，必须通过对话和信息交流来构建合作伙伴关系。各参与主体在合作关系网络中的利益是彼此依存的。因此只有实现利益的均衡，才能克服合作中有限理性的局限和机会主义行为趋向，实现共同的利益。

在网络治理的框架中，治理的含义是政府与社会力量通过面对面的合作方式组成的网状管理系统。⑤ 网络治理理论认为公私部门存在相互依存的关系。私营机构可以作为治理的主体，与公共部门分享权力进而实现合作治理的新型关系。网络治理主要有三方面的特征：第一，由多元治理主体所构成的治理结构。网络治理中政府、私人企业、非营利组织以及普通公民都作为平等主体参与到治理过程中。多元主体间关系呈现网络化。每一个主体都是网络的节点。多元主体间的相互关系为平等的合作关系。第二，多样化的治理手段。既存在政府部门的行政管理手段，同时也引入市场机制，采用合同外包、特许协议和私有化等多种形式的第三方服务递送模式。第三，先进的技术保障。先进的信息技术为组织间合作的形式多样

---

① 陈振明：《公共管理学》，中国人民大学出版社 2006 年版，第 82 页。

② 斯蒂芬·戈德史密斯：《网络化治理：公共部门的新形态》，孙迎春译，北京大学出版社 2008 年版，第 12 页。

③ 陈振明：《公共服务导论》，北京大学出版社 2011 年版，第 83 页。

④ 同上书，第 84 页。

⑤ 唐纳德·凯特尔：《权力分享：公共治理与私人市场》，孙迎春译，北京大学出版社 2009 年版，第 22 页。

化和及时性方面提供了保障。信息技术的应用还用来解决技术变革所带来的公共管理过程中不确定性和复杂性问题。20 世纪末开始,国外公共管理领域已经出现政府利用私人公司和非营利组织来提供公共服务。还有联合若干政府机构和多层级政府共同提供的整体化服务。上述服务模式都作为网络治理的范例。

中文语境中网络治理概念,并不完全等同于西方学术研究中的概念内涵。我国学者提出网络治理是在一定的框架和合约规定之下,地方政府通过行政授权、购买服务等合作方式与其他非政府部门一起为实现公共利益最优化而采取的协同行动。① 国内学界对网络治理的界定主要是从政府管理的操作层面入手。网络治理研究侧重于分析参与治理的多元主体之间分权结构以及互动关系。网络治理理论可以用于复杂社会情境中应对公共问题时构建多部门合作网络。多部门合作网络参与主体之间具有多层次的网络关系,包括不同层级政府间构成的网络,以及政府与市场主体和社会组织所建立的公共事务合作网络。网络治理通过关注主体间网络关系,进而尝试提出政府内部跨部门协同机制,以及通过下放权力、分享资源和签订契约等多种多样的方式实现政府与社会主体的合作型治理。②

合作网络的治理,要求政府具备管理合同和维护合作网络的能力。政府通过管理多元化的合作网络增进公共利益。然而,原有政府的组织、管理和人事制度是等级制政府体制,并不适应网络化政府模式。等级制政府体制与网络化治理方式在实际运行过程中会存在较多的矛盾和冲突。参与主体在利益、目标和行动策略上的冲突会导致合作失败。这就需要政府官员具有一定的创新精神,要以更开放的态度经营公共服务网络的多元主体关系,鼓励各种创新性的试验模式。

根据政府在网络中的角色不同,网络治理分为政府主导型和政府参与型。政府主导型就是政府扮演集成商的角色。在这种情况下,公共部门是

---

① 姚引良、刘波、汪应洛:《地方政府网络治理与和谐社会构建的理论探讨》,《中国行政管理》2009 年第 11 期。

② 刘波、王力立、姚引良:《整体性治理与网络治理的比较研究》,《经济社会体制比较》2011 年第 5 期。

利用其地位权威和公正中立形象将不同的方面集结在一起，协调他们的活动，并处理彼此之间发生的各种争端。① 此种模式延续了传统等级制中政府的权威和公众对政府的信任。政府参与型是指政府指定一个代理人来负责集成网络。政府指定的代理人有两种。第一种代理人是网络中主要的承包商，即由政府雇用专业机构来完成网络集成。专业机构往往是主要的服务承包商。它代表政府机构管理着供应商网络，来提供公共服务。主要的承包商与其所联系的次级承包商构成了联盟和伙伴关系。政府是主要承包商的领导机构。第二种代理人是选择第三方作为集成商。政府雇用某个机构仅仅代表政府管理网络，不直接参与提供服务。第三方管理机构可以由非营利组织，如协会来负责。在政策执行过程中，第三方机构更像一个准政府型母机构。公私合作网络中第三方管理模式的优势在于第三方往往与社区联系密切，或者就生活在社区里。第三方机构在承担网络管理者工作中更加能够贴近社区需求，能比政府更好地融入社区发展各种关系和非正式网络。第三方管理不利方面在于，机构设置本身会在出资方和终极客户之间再添加另一个层级。同时政府可能会更加依赖第三方网络管理人员的技能。这威胁到政府制度知识的稳定性和连续性。②

除了明确的合同规则，网络治理的良好运行还取决于网络成员间的和谐关系。其中信任关系是重要的要素。网络的成功至少会部分地依赖于信任关系。离开信任，网络成员就不愿意共享知识，这样就会影响他们之间的协调。高度信任的关系会降低组织间的交流成本。③ 网络治理为公共服务供给的模式提供了新的研究视角。政府与私营部门，特别是其中的非营利部门合作，成为有效供给公共服务的途径之一。政府直接提供的公共服务比例逐渐减少。其结果就是产生出一种不断发展的共生关系。政府是非营利组织最大的投资方，反过来，非营利组织又代表政府向公众提供了许多公共服务。网络治理对于绩效的解释，更强调政府与市场和社会之间的良性互动关系的作用，更关注主体间的关系管理。

---

① 斯蒂芬·戈德史密斯：《网络化治理：公共部门的新形态》，孙迎春译，北京大学出版社2008年版，第68页。

② 同上书，第76页。

③ 同上书，第110页。

第三节　政府责任与政策执行分析框架

一　购买养老服务的政府责任分析

保障民生是服务型政府建设的基本目标。养老是重要的民生领域。当前我国人口老龄化、家庭结构和功能的变化凸显了民生领域养老服务的需求。老龄化社会中，养老服务既是一种公共产品和服务，同时也是老年人社会福利内容。未来老年人群体将成为社会福利受益的主要年龄集团。在中国人口结构和经济发展方式转变的契机之下，政府应明晰职责，引导社会主体参与养老服务。养老问题的解决不仅关乎经济发展，同时也关系到人民群众的根本利益。

目前中国养老服务供给属于救助性的"兜底"服务。在社会经济发展和地方政府财政能力的条件下，政府应根据"适度普惠"的原则，逐渐扩大供给养老服务的内容及受助对象的范围。购买养老服务是政府选用的政策工具。这一工具的目标在于将有限的公共资源定位到最需要的老年人群体，同时培育社会组织参与供给公共服务。因此，一方面政策目标定位需要根据政府承担养老服务的责任层次，选择购买的内容；另一方面政策目标定位在通过购买服务中的合作，利用公共资金和公共项目培育多元化的社会组织。

与经济体制改革同步，我国老年人福利改革中引入了市场机制。传统的社会福利由政府垄断供给的模式被打破。一些民办的养老服务组织发展起来。购买养老服务政策将进一步推动老年人福利的社会化发展。值得注意的是，我国老年人福利社会化改革与福利多元主义和混合福利有一定的区别。福利多元主义是西方福利国家危机的产物，其强调国家不再垄断福利提供。家庭、市场和志愿组织等多元主体被引入到福利供给。福利可以通过多元主体传递给需要帮助的公民。福利多元主义的理论基础是市场失灵、国家失灵、家庭失灵和志愿失灵。这一理论的基本假设是：私营化能够改进服务效率；地方政府比中央政府更便于了解公民需求、避免了中央政府的官僚程序，更好地为公民服务；草根和社区组织不像地方公共机构那样官僚化，更有效率。福利多元主义本质上是政府责任的转移。该理论对于理性经济人和市场效率较为推崇，也因此受到批评。因为在福利领域，理性人假设和市场效率有可能对福利供给的质量产生负面的影响。福利多元主义理论的贡献在于打破了传统的国家一元供给模式。有学者认为，中国的社会福利社会化与西方的福利多元主义共享某些特征。[①] 不仅表现在二者都强调国家、市场、志愿部门和家庭应该相互合作，共同承担福利供给的责任，而且表现在都采用了市场化的形式和手段。[②] 社会福利社会化是我国福利改革的主导思想。社会化意味着政府鼓励社会力量参与到福利供给中。社会福利由政府、社会和家庭共同承担责任。在社会力量参与养老服务供给的过程中，社会组织也将逐渐承担部分福利供给的责任。在养老服务供给领域，社会化的趋势不容置疑。政府通过政策倡导、政策优惠和扶持来动员社会力量进入养老服务的供给领域。但这并不意味着政府在养老服务方面责任的减弱。相反，在社会化养老服务供给中，政府不断强化自身的责任并将提供更多类型的养老服务以满足老龄化社会的需求。社会化是政府利用市场机制来增加养老服务供给的路径，并非是自身责任的转移。因此，应当注意到福利多元主义理论的制度背景与中国现实制度安排的差异性。福利多元主义的提出更多是在福利国家改革过程中为国家责任做减法。而中国公共服务改革，特别是养老服务供给方面，还需要进一步完善政府公共服务的职能，也就是说要为政府责任做加法。

从社会福利的视角，针对中国政府老年人福利责任，学者提出了"底线公平"和"适度普惠"两个基本原则。底线公平模式与福利国家模式不同。它不以追求福利最大化为目标，而以经济发展与社会福利的均衡为目标。它是一个福利水平适当、机制灵活、责任共担、切实可行、持续性强的福利模式。底线公平为政府与社会福利相关的公共服务供给方面提供了一个明确的界限。底线及其以下部分是政府的责任，同时也是社会要承担的责任。底线以上的部分，可以发挥市场机制的作用。企业负企业的责任，个人和家庭以及非政府组织等各负其责。[③] 适度普惠原则指的是政

---

① 姚建平：《社会福利制度社会化、私有化发展问题研究——以中、美比较研究为视角》，《理论导刊》2007年第7期。

② 胡薇：《国家回归：社会福利责任结构的再平衡过程》，知识产权出版社2012年版，第16页。

③ 景天魁：《大力推进与国情相适应的社会保障制度建设——构建底线公平的福利模式》，《理论前沿》2007年第18期。

府提供福利在一定程度上（而不是充分地）满足福利对象的需要。从资源供给的角度看，适度福利就是基于有限的福利资源而向人们提供有限福利。这是谨慎的"量体裁衣"式的福利。如果从政策发展的角度看，适度福利重于福利项目及水平的积极而谨慎的拓展。这种积极是相对于补缺式福利而言的。福利范围是扩展的，但这种扩展又是有限的或适度的。①在适度普惠福利的制度建立与发展过程中，政府将承担政策倡导、制度设计、资源提供和动员社会力量参与的责任。

从公共政策的视角，政府购买养老服务是一种政策工具，是中国政府构建适度普惠的老年人福利体系的手段和方式。政府在老年人福利体系中的政府责任主要依据公共产品理论进行判别。公共产品性质的养老服务应是对老年人提供的基本养老服务，归属于基本公共服务的范畴。基本的养老服务惠及全部公民。其目的是让每一位公民在老年阶段有所保障，同时也使得老年人的亲属间接地受益。由于这类服务具有正外部性，仅依靠市场无法实现有效地供给，因此需要政府承担供给的责任。与此同时，人口老龄化问题的应对也需要政府强化供给基本养老服务的职能。目前我国政府政策中，基本养老服务包含家庭经济困难或身心障碍的老年人养老服务补贴和地方政府发放的高龄老年人生活补贴和农村五保老人的供养。此外还包括建设专业的特殊老人养护机构和社区日间照料中心、老年人评估以及养老行业服务人员培训等。基本养老服务应该由政府出资，为服务对象提供无偿的服务。

准公共产品性质的养老服务主要是面向老年人群体提供的低偿服务。这类服务一般不属于政府全额出资购买的内容，或部分由政府出资或全部由使用者付费。这类服务的特点是其价格远低于成本。这些服务的对象主要是基本养老服务保障以外的具有一定的政府补贴资格的老年人。此外还包括社区居家养老的公共基础设施和文体活动场地等。这些服务从受益上具有排他性，但在消费上不具有竞争性。上述服务的性质类似于准公共产品中的俱乐部产品。受益人数的增加会在一定程度上触发拥挤效应，降低个人受益体验。

---

① 王思斌:《我国适度普惠型社会福利制度的建构》,《北京大学学报》（哲学社会科学版）2009 年第 3 期。

　　私人产品性质的养老服务通过市场机制提供，由老年人自己支付费用，具有受益的排他性和消费的竞争性。私人产品性质的养老服务范围较大。目前我国养老服务市场上绝大部分的服务都属于这一类别。这类养老服务不仅包括针对自理老人的日常保健、护理、营养餐、老年课堂及心理慰藉等多种多样形式的服务，还包括针对失智失能老人的高端医疗护理服务。

　　本书认为，养老服务中的政府责任应限定在具有公共产品和准公共产品性质的照护服务领域。基本养老服务属于公共产品性质，是政府提供的保障性养老服务。基本养老服务应是无偿的基本照护服务。准公共产品性质的养老服务属于政府提供的发展性养老服务。准公共产品性质的养老服务应是低偿的多元照护服务。此外，政府还应承担养老服务行业人才培养和行业监管的责任。企业和社会组织缺乏动机或者能力，无法依靠自身力量实现国家中护理人才的培育和行业发展的监督。

　　政府在履行上述养老服务责任的时候，均可采用外部购买服务作为政策工具。购买服务的支付手段既包括现金给付，同时也包括实物支持和税费优惠政策。购买服务中的合作对象既包括社会组织，也可以包括企业组织。企业组织的优势在于管理效率较高，而社会组织的优势在于组织宗旨与服务本身的公益属性保持一致。对于供给服务中的合作对象选择，政府一般应考察服务的目标是否与组织目标相一致。比如，一些养老服务内容是以增强老年人独立生活能力，降低老年人对于服务的依赖，并且缩减养老服务的开支为目的。这与企业组织扩大生产规模进而增加利润的目标不相一致。因此这类服务往往只能选择社会组织作为政府的合作对象。总体而言，对于养老服务本身、养老服务行业的标准和规范拟定、老年人照护资格评估服务以及护理技能培训服务，政府都可以根据属性选择适合的第三方主体进行购买。在一些国家中，政府购买养老服务还包括公民个人，一般是老年人的亲属或邻居。政府通过购买护理岗位或提供护理补贴的形式，增加对老年人照顾者的支持。

二　政策执行分析框架的基本内涵

　　新公共管理和网络治理理论都关注公共部门的治理问题。两个理论研究范式在基本前提假定和研究视角方面有一定的差异。前者是基于管理主义，通过市场机制的引入以及新公共管理的管理技术来实现小政府。后者是关注政府、私人和准政府机构的组织间合作伙伴关系,注重政策过程中的协调与合作。新公共管理理论分析框架从契约主义出发,将政府在供给公共产品和服务的角色分解为服务提供者、服务购买者和仲裁者,在公共服务提供过程中引入竞争机制。公共服务可以由政府直接生产,也可以向政府外部进行购买。网络治理更关注不同治理主体互动过程、目标的复杂性和互动之下的行为策略。上述两种理论都是以分权作为制度背景。网络治理更为接近政府治理的理想状态。但在实际中,与理论的假设相反,绝大部分政府并不会将承包合同视为合作关系,而是将其视为需要其他机构帮助完成的任务。新公共管理则实践性较强,对于国外的政府改革影响较为广泛。尽管存在一定的差异,两种理论对于公共服务供给主体拓展和公私合作伙伴关系建立都有一定的贡献。

委托代理理论和网络治理理论可以用来解释公私合作中的主体间关系。委托代理理论更适用于研究公私合作供给公共服务之中的主体间关系。委托代理理论的人性假定是理性经济人假定,认为人性是自私自利的。自利的个体对利益地追逐是其行动的根本动力。委托代理理论中的规则体系是先定的并根据规则构建了激励模型。通过委托人对代理人的控制来解释和讨论经济交换行为,分析机会主义的发生可能性。政府购买公共服务中政府是委托人,承接组织是代理人。政府的代理人受委托进行公共服务的生产及直接供给。委托代理理论的局限在于经济人假设本身。个人是天生自私自利的或合作的严格假设太过简单。因为同一个个体可以同时"自私地"或合作地与其网络中的不同对象进行活动,这一倾向看起来正在成为社会关系和活动者所嵌入的网络结构的特性。[①]

网络治理理论的基本人性假定是具有反思理性的复杂人。基于"复杂人"的假设,网络治理理论假定多元主体之间是互相依赖彼此来达成目标。依赖性决定了成员间彼此达成可持续的关系。依赖关系给予每个成员一定程度的否决权。可持续发展的互动关系能够影响到资源的分配。在互动过程中,形成了被大家所认同的约束和规范各方行为的规则体系。[②]

---

①　徐淑英、张维迎:《管理科学季刊最佳论文集》,北京大学出版社 2005 年版,第 301 页。

②　斯蒂芬·戈德史密斯:《网络化治理:公共部门的新形态》,孙迎春译,北京大学出版社 2008 年版,第 32 页。

网络治理理论被用于在互动层面和网络层面去解释一个政策为什么成功或者失败。[①] 网络治理研究范式的局限之处主要是其过于关注协调和合作而忽视了关系中的冲突以及权力的角色。政府本身具有统治和管理的地位。政府也作为公共利益维护者具有一定的特殊性。在现实中政府无法实现与其他网络合作伙伴的平等关系。

总体而言，新公共管理的分析重点在合同本身的制定和合同执行上，特别关注的是给定合同双方之间委托人对代理人的约束和激励的机制。网络治理的分析重点在于多元主体间的依赖关系。在分析我国政府购买养老服务的问题时，上述两个方面的研究视角都具有一定的借鉴意义。然而，这两种理论的制度环境都建立在多党制和分权制度框架之内，与中国的现实国情和政治制度并不匹配。我国政府购买公共服务是建立在中央集权体制之上，并且主要通过政府的权威来主导。购买公共服务的核心问题表现在政策执行过程中，如何通过利益平衡来有效地应对权威型政府管理与多元合作主体之间相互牵引又相互分离的趋势。我国政府的权威和主导能力与上述两种治理研究范式提出的合同制国家及政府、市场和社会的多元合作共治存在一定的矛盾。因此研究不能够直接用上述理论分析中国购买养老服务的制度安排和主体间相互关系的特点。

本书在研究过程中借鉴了上述理论的研究成果，建立了综合的政策执行分析框架。这一研究框架的基本假定是，购买服务的双方处于信息不对称的环境之中。每一个参与主体都是复杂人，不仅仅追求经济利益的最大化，同时也追求社会效益。在谋求经济和社会效益的过程中，依靠单一主体的力量并不足以满足社会需求。参与主体既有自利的动机，也有合作的动机。参与主体需要维护和经营与其同处公共服务供给网络中的其他参与主体之间的关系。参与者追求满意而不是最大化利润，并且他们将着眼点从当下获得的收益和利用他人的、依赖的狭隘经济理性目标转向培养长期的合作关系。[②] 信任是购买服务的治理结构中重要要素。

购买服务本身的利益相关者主要是政府、政府行政官员、承接服务组

---

① 斯蒂芬·戈德史密斯：《网络化治理：公共部门的新形态》，孙迎春译，北京大学出版社2008年版，第33页。

② 徐淑英、张维迎：《管理科学季刊最佳论文集》，北京大学出版社2005年版，第294页。

织、公民和普通民众。政府与承接服务的组织间既具有管制关系，也具备合作关系。只有当政府缺乏该领域的具体专业知识的时候，才会倾向于用合作的关系去考虑购买服务。社会组织对政府在一定程度上具有管理上的依附关系和资金上的依赖性。社会组织在购买服务过程中更倾向于合作的方法，维护其与政府各部门之间的关系。

依据契约的约束力，购买合同内的行为和购买合同之外的行为存在不同。本书运用"委托—代理"关系来分析政府购买养老服务所涉及的利益相关者之间的合同内部关系。在政府内部，高层级政府与基层政府之间为第一种委托代理关系；在政府和社会组织之间，基层政府与公共服务供给的承接机构之间构成第二种委托代理关系。依据逆向选择模型和道德风险模型，可以分析购买养老服务执行过程中偏离政策目标的可能情况。然而，这种偏离仅从委托人单向对于代理人的行为约束和激励角度来考虑并不完善。网络治理理论的组织间合作关系的视角从另一个角度解读了合同双方的行为激励机制。组织间合作关系视角认为购买服务项目执行过程中，委托人和代理人处在一种彼此依赖但又存在一定利益冲突的张力状态。双方在合同之外，还存在一定的合作关系管理行为，并且会影响购买公共服务的效果。在分析购买养老服务的效果时，本书将对政府购买公共服务政策参与主体间合同内部和外部关系进行综合分析，解释政府购买养老服务的发展趋势和存在的问题及原因，并提出政策建议。

第三章

养老服务的演进与制度环境变迁

第一节　养老服务的演进和制度变化

在中国传统文化之中，养老是由社会中的非正式制度承担。家庭供养是老年人最核心的保障。中华人民共和国成立之后，我国养老服务供给中政府的角色发展变化经历了计划经济体制到市场经济体制的时代变迁。同时伴随经济体制的变革、经济高速的发展和社会人口结构演变，养老服务供给中政府的角色也在不同时期表现为不同的价值取向。在老龄化危机之前，我国政府对于养老服务供给的正式制度途径较少投入资源。近年来，社会福利社会化的改革潮流之下，养老服务逐渐开始转向正式制度和非正式制度共同承担。城市中，家庭在供养老年人的责任方面尽管仍然占据主导地位，但其作用和功能已经部分地由社区邻居互助网络所替代。为应对社会中的人口老龄化危机，国家在养老服务供给中的角色由消极转变为积极。政府对于机构养老和社区居家养老的政策支持和财政投入逐渐增加。养老服务供给中社会力量的参与也日益增长。

一　改革开放前：计划经济时代的城市养老服务

计划经济时代的城市养老服务具有城乡二元的特点。在这一阶段中，养老服务的供给主体是家庭。家庭之外，城市老年人享受的服务主要来自于国家负责、政府包办的民政福利和单位包办的职工福利。[①] 1951 年国务院颁布的《中华人民共和国劳动保险暂行条例》和 1955 年国务院颁布的

---

① 陈银娥：《社会福利》，中国人民大学出版社 2009 年版，第 139 页。

《国家机关人员退休处理暂行办法》分别规定了企业和机关、事业单位的退休养老制度。这一时期,城市老人退休以后的生活、医疗保健、娱乐、服务等全部由原工作单位承担。对于在新中国成立前参加革命工作的离退休老干部,国家实行长期供养、休养等养老服务。此外,为了解决城市中"三无"老人的养老问题,政府提供了少量的公办福利院来实行救济。

在经济体制改革之前,由于生育政策相对宽松,社会中的人口结构较为年轻化。传统多子女家庭结构也分担了供养老年人的责任。在综合这些因素之下,家庭是社会普遍认同的养老责任主体。与家庭作为养老主体相对应,这一时期政府公共资源在养老服务方面的投入相对较少,显示出明显的救济特征。

在这一时期,除了家庭和国家具有养老功能以外,单位作为我国城市社会机构最重要的组成部分,形成了独具特色的单位养老服务模式。单位是公有制经济之下,承担政治动员、社会控制、社会保障和服务等多种功能的国家治理主体,是政府的"非政府延伸"①。单位分担着政府的一部分职能,包括协助立法工作和基层人大代表选举工作,此外,单位向职工和职工的家庭提供基本的民政服务和社会保障,照顾离退休职工的晚年生活。国有企事业单位和党政机关对于本单位离退休老年职工承担提供养老服务的责任。单位为职工养老服务提供财政保障。这些养老服务具有选择性和排他性,主要以本单位离退休职工为主,包括各项文娱活动、卫生健康体检、集体旅游等方面,不向社会老人开放。此外,有些单位还承担入户探望及后事服务。对生病住院老人、经济困难老人及离休老干部、老红军等特殊老人,离退休处的工作人员在重阳节、春节等重大节日上门慰问看望,并定期打电话询问老人的安全情况。一些大的单位仍沿袭"从生到死"、包揽职工一切的"单位办社会"特点,为去世老人提供丧葬服务。② 在计划经济时代各行业普遍实行低工资、高福利的制度。单位制中的个体需要依赖单位对福利的分配来保障个人生活。国家通过单位制度控制了老年人养老服务所需要的经济和社会资源,呈现出垄断性和国家化的基本特征。在全能主义政府的视角中,这一时期的养老服务制度也被认为

---

① 朱光磊:《当代中国政府过程》,天津人民出版社 2008 年版,第 246 页。

② 李学斌:《单位养老服务模式:背景、现状与未来趋势》,《社会工作》2003 年第 3 期。

是父爱主义的家长式国家供给。总体而言，国家一方面在养老服务中扮演的角色是以救济为主导的消极角色。另一方面国家又通过单位积极地向离退休老年人提供除生活照顾之外的物质保障和精神文化服务。

二　20 世纪 80—90 年代末：经济市场化背景下的养老服务

20 世纪 80 年代开始，伴随中国经济体制转轨和计划生育政策的实施，社会中家庭结构和人口流动特点都有了深刻的改变。计划生育政策的推行与社会医疗卫生水平的提高，使我国的人口从"高出生率、高死亡率和高自然增长率"转变为"低出生率、低死亡率和低自然增长率"。与此同时，人口年龄结构中老年人口比例也逐年提高。1990 年中国第四次人口普查的调查结果显示，当时中国 60 岁以上的老年人口为 970 余万人，占全国总人口的 8.59%。按照当时的预计，到 2000 年，中国老年人口将达 1.3 亿人，占全国人口 10%，整体社会步入老年型社会。其中，大城市老龄化危机更为严峻。根据 1990 年第四次人口普查统计，上海、北京、天津人口老龄化进程较早，上海市是全国人口老龄化程度最高的地区。

社会转型的过程中养老服务也得到了一定程度的发展。首先，老年人享受养老服务的制度化水平得到了进一步的提升。民政部分别于 1982 年和 1993 年颁布了《城市社会福利事业单位管理工作试行办法》和《国家级福利院评定标准》，促进了公立养老机构的标准化。1996 年出台的《中华人民共和国老年人权益保障法》集中规定了老年人享有的基本权利，主要是从国家和社会获得物质帮助、享受社会服务和社会优待、参与社会发展和共享发展成果等权利。这些权利大都体现了老年人的特殊要求。围绕老年人合法权益保障工作，各地方政府的民政部门逐步开展了社会福利社会化和社区服务推广工作。

其次，社会力量逐渐参与到养老服务供给之中。这一时期，国家不再垄断社会福利的兴办，转而通过引入市场机制和社会力量，发展了民营养老服务机构。民政部在 1999 年颁布了《社会福利机构管理暂行办法》，其后国务院发布了《关于加快实现社会福利社会化的意见》（国办发〔2000〕19 号），提出了养老服务社会化的目标和要求。该意见提出到 2005 年实现老年人社会福利服务机构的数量有较大增长；城市中各种所有制形式的养老服务机构床位数达到每千名老人十张左右，普遍建立起社区福利服务设施并开展家庭护理等系列服务项目。这一时期，政府通过推进社会福利社会化，来构筑中国特色的老年社会福利体系。一些城市的老人福利院和农村敬老院开始由救济型转向福利型。以公立养老机构为例，原来这类机构只面向有限的特定身份的社会成员。改革后则可以接受自费老年人居住。城镇中，由单位或社区兴办的老人活动站和活动中心等社区养老服务设施在这一时期也得到较快的发展。截至 2000 年年底，全国共有街道 5902 个，已建老年福利设施 4534 个，占总数的 76.82%。①

城市中原有单位体制中的社会服务功能在市场化改革后也有了较大的改变。由于非公有制经济部门的从业人员不断增加，原有单位体制慢慢无法整合全部城市社会成员。随着"政社分开、企社分开、事社分开"的改革，单位所承担的一部分政府的社会职能逐渐剥离，将社会生活服务的功能回归社会。街道逐渐在人们的社区服务中占据主要的角色。社区服务的发展逐渐替代了传统的单位养老功能的实现。计划经济时代的"单位人"开始向"社区人"转变。

在经济市场化的改革背景下，国家在养老服务中的角色仍比较保守，主要集中在救济型消极政策方面。随着企业改制，原有单位制供给的养老服务开始在不同群体之间逐渐差异化。养老服务市场化的发展也开始表现出发展滞后和不均衡性的特征。其一，市场化改革的早期，政府的公共服务供给责任一度被弱化。国家收缩了公共服务的投入，减少了部分养老福利性服务的供给。相对于计划经济时代国家责任的膨胀和福利供给的父爱主义，市场化改革初期政府对于公共服务责任的认识和相关政策结果导致了养老服务资金支持的缺失，进一步使得养老服务的发展滞后于经济社会发展速度。其二，经济体制改革的结果拉大了养老"双轨制"在不同群体老年人所获得养老服务方面的差异。从 20 世纪 90 年代开始，随着市场经济改革深入进行，我国政府实行了企业的养老保险制度，对企业职工实行养老保险社会统筹。企业职工养老不再由国家全额负担。企业专注生产经营，与主营业务关联度不大的社会职能被转移到社会。退休职工的养老金和医疗费不再由企业承担。特别是，20 世纪 90 年代以后，大批国有和

---

① 张桂涵：《民政部启动"星光计划"100 亿建设老年福利设施》，《北京青年报》2001 年 6 月 11 日第 2 版。

集体企业转制破产，单位已无法满足职工的生存需要。在这个过程中大量的下岗工人被转入社区管理和服务岗位。然而养老保险改革只针对企业单位，而国家机关事业单位中公职人员养老依然由国家财政承担。一般而言，企业职工退休后退休金普遍只有退休前工资的60%左右，而公职人员的退休金则有退休前工资的90%。除经济保障的差异外，国家机关事业单位开展的老年文体娱乐教育活动更为丰富。企业单位由于实行社会化管理和服务，较少开展此类老年人教育发展类型的活动。国家机关事业单位的老年人通过原单位所提供的文体娱乐和政治学习活动，社会卷入度较高。而企业退休职工往往与原单位疏离，加之经济收入水平偏低，无法享受平等的养老服务，社会融入较差。

三　20世纪90年代末至今：老龄化危机下的养老服务

20世纪80年代至2000年是我国人口老龄化的前期阶段。这一阶段之中，老年人口比例不断地增加，逐渐接近老年型社会的标准。从2000年开始，我国进入了人口高速老龄化的阶段。预计到2030年，老年人口比重将从2000年的9.84%上升到21.93%。中国人口老龄化由于受到人口控制政策的干预，使得社会老龄化进程超前于经济发展，即所谓的"未富先老"。与人口控制政策相联系，中国人口老龄化还具有"少子化"特征。老年人口比重的上升与人口出生率下降同时出现。这两种变化趋势的效应叠加到社会系统中，加剧了我国社会老龄化的进程。

这一时期，养老需求扩张的首要原因是老龄人口比例和规模不断扩大。2003年全国人口中60岁及以上的人口为14408万人，占总人口的11.03%（其中，65岁及以上的人口为10045万人，占总人口的7.69%）。与第五次全国人口普查相比，0—14岁人口的比重下降了2.62个百分点，60岁及以上人口的比重上升了0.76个百分点（其中，65岁及以上人口比重上升了0.73个百分点）。[①] 2010年全国人口普查数据显示，60岁及以上人口为177648705人，占13.26%，其中65岁及以上人口为118831709人，占8.87%。同2000年第五次全国人口普查相比，0—14岁人口的比重下降6.29个百分点，60岁及以上人口的比重上升2.93个百分点，65

---

① 国家统计局：《2005年全国1%人口抽样调查主要数据公报》，2006年3月16日。

岁及以上人口的比重上升 1.91 个百分点。① "十二五" 时期,随着第一个老年人口增长高峰到来,我国人口老龄化进程进一步加快。从 2011 年到 2015 年,全国 60 岁以上老年人将由 1.78 亿人增加到 2.21 亿人,平均每年增加老年人 860 万人;老年人口比重将由 13.3% 增加到 16%,平均每年递增 0.54 个百分点。不断增长的数字令养老问题成为关乎每一个公民切身利益的重大社会问题和新时期公共服务诉求。特别是大城市中,人口老龄化的问题更加复杂,更为严峻。从政府公共服务职能出发,政府不得不面对和回应社会中养老服务的需求。政府通过与社会组织进行合作,实现老年人基本的养老服务供给,对于居家养老进行社会化的服务支持。这是经济转型期缓解养老负担与家庭小型化、空巢化之间矛盾的政策选择。

养老服务需求扩张还与人口平均年龄的增长以及高龄老人规模的增长密切相关。根据 2010 年第六次全国人口普查详细汇总资料计算,我国人口平均预期寿命达到 74.83 岁,比 2000 年的 71.40 岁提高 3.43 岁。从性别看,男性为 72.38 岁,比 2000 年提高 2.75 岁;女性为 77.37 岁,比 2000 年提高 4.04 岁。随着社会经济的快速发展,人民生活水平的不断提高以及医疗卫生保障体系的逐步完善,我国人口平均预期寿命将会继续延长。国民整体健康水平呈大幅提高的发展趋势。然而,人口寿命提高的同时也带来了高龄老人照护的经济保障和服务需求的大幅增加。调查研究显示,老龄化过程中,高龄老人比重增加,"空巢家庭"增多,近半数老人身体状况欠佳。② 需要照料的失能、半失能老人数量剧增。原有的单位制所承载的养老服务功能并不能满足老年人生活照顾和护理的要求。家庭方面,由于现代社会竞争激烈和生活节奏加快,中青年一代正面临着工作和生活的双重压力,照护失能、半失能老年人力不从心。家庭不仅要面临沉重的经济负担,甚至需要家庭成员放弃工作照料卧床的老年人。城市中家庭养老的负担以及老龄人口特别是高龄人口的身心健康特征决定了现阶段我国养老服务需求的内容、层次和紧迫性。低收入、高龄老人和独居老人的养老服务需求开始逐步被纳入政府公共服务政策之中。

---

① 国家统计局:《2010 年第六次全国人口普查主要数据公报》,2011 年 4 月 28 日。
② 黄黎若莲、张时飞、唐钧:《中国人口老龄化进程与老年服务需求》,《学习与实践》2006 年第 12 期。

基于应对人口老龄化的压力，我国政府开始逐渐以积极的政策参与养老服务供给。从资金方面，政府财政性资金投入包括公共财政支出和福利彩票公益金。其中公共财政支出是养老服务体系建设的重要资金来源。公共财政资金主要被用于养老床位的建设补贴、日间照料中心的建设补助、基本养老服务补贴等。养老服务方面的公共财政支出在公共财政整体中所占的比例非常低。福利彩票公益金在中央和地方之间按照1∶1的比例分配，是专向用于社会福利、体育等社会公益事业的公共资金，并按政府性基金管理办法纳入预算，专款专用。彩票公益金按照一定的比例被分配给民政部门用于专门的养老服务项目，但这个比例往往也比较小。这部分彩票公益金由民政部支配可以用于资助老年人群服务设施建设和受助对象直接受益的项目。[①] 2001年6月，"全国社区老年福利服务星光计划"正式启动，民政部门利用发行全国福利彩票的基金，投资100亿元，用于建设大批社区老年人福利服务设施、活动场所，以健全社区老年人福利服务体系。2009年，民政部投入彩票公益金5.7亿元，用于省市综合性养老机构示范工程建设，投入彩票公益金1亿元用于县区社会福利中心建设。2010年，民政部将彩票公益金首次用于政府向社会组织购买养老服务，用于购买养老护理员的培训项目。截至2010年年底，全国各类收养性养老机构已达4万个，养老床位达314.9万张。社区养老服务设施进一步改善，社区日间照料服务逐步拓展，已建成含日间照料功能的综合性社区服务中心1.2万个，留宿照料床位1.2万张，日间照料床位4.7万张。以保障"三无""五保"、高龄、独居、空巢、失能和低收入老人为重点，借助专业化养老服务组织，提供生活照料、家政服务、康复护理、医疗保健等服务的居家养老服务网络初步形成。[②]

从制度方面，围绕养老服务体系的构建，政府相关部门颁布了一系列的法律法规和政策意见。2006年，国务院在《关于加快发展养老服务业的意见》（国办发〔2006〕6号）提出"逐步建立和完善以居家养老为基础、社区服务为依托、机构养老为补充的服务体系"。这一意见的颁布，

---

① 胡祖铨：《我国养老服务业的财政性资金投入规模研究》，2015年6月30日。

② 国务院办公厅：《国务院办公厅关于印发社会养老服务体系建设规划（2011—2015年）的通知（国办发〔2011〕60号）》，2011年12月16日。

意味着政府在养老政策中的角色由消极转向积极。政府将在整个养老服务体系建设中承担起主导性的角色,将"老有所养"作为全面建设小康社会和构建社会主义和谐社会的重要战略目标。政府主导式区别于之前政府包揽式的福利供给。政府主导从内容和方式上都侧重强调社会力量的参与和公私合作。地方政府要切实履行基本公共服务职能和支出责任,通过购买服务引导支持社会力量兴办各类养老服务设施。2011年以后,养老服务的相关政策文件不断颁布,推动了养老服务的社会化发展。新修订的《中华人民共和国老年人权益保障法》于2013年7月1日起正式施行。内容由原6章50条扩展到9章85条。新增条款多数属社会服务、社会优待和宜居环境等方面的内容。老年人权益保障法律的修订将积极应对人口老龄化上升为国家的一项长期战略任务。修订后的法律对家庭养老进行了重新定位,增加了社会优待和宜居环境建设等内容,并且对老年人合法权益、社会优待、失智老年人监护制度及老年人享受补贴等都做了明确的规定。

老龄化危机的来临促使我国政府老年人福利政策模式转型。2011年,《中国老龄事业"十二五"规划》中提出发展适度普惠型的老年社会福利事业,替换了原有的剩余福利模式。同年,国务院颁布了《社会养老服务体系建设规划(2011—2015年)》提出社会养老服务体系的含义和建设目标。社会养老服务体系是与经济社会发展水平相适应,以满足老年人养老服务需求、提升老年人生活质量为目标,面向所有老年人,提供生活照料、康复护理、精神慰藉、紧急救援和社会参与等方面的服务。社会养老服务体系是由养老服务设施、组织、人才和技术要素形成的网络。此外还包括配套的服务标准、运行机制和监管制度。孤老优抚对象及低收入的高龄、独居、失能失智等困难老年人的服务需求优先。全体老年人养老服务需要同时得到兼顾。上述规划文件主要从公共服务的角度确定了政府供给养老服务的对象以及内容层次由兜底型转向普惠型。

与福利模式改变相适应,我国政府供给养老服务的方式也有相应的转型。从发展脉络上,2005年以前政府仍然是以行政手段,通过集中拨款或政府补贴的方式提供养老服务。民政部门主要来进行养老服务设施建设和服务。此后,从2006年开始,政府逐渐采用市场化手段来引导社会力量进入养老服务供给领域。地方政府开始主动向社会组织来购买服务或试行公建民营。在发展适度普惠型养老服务的过程中，原有政府补贴模式逐渐显示出其在改进养老服务质量方面的弊端。政府购买服务成为政府补贴方式的替代选择，是政府供给养老服务的重要手段。购买服务后，社会组织的地位和作用逐渐凸显。社会组织通过购买服务参与到社区居家养老服务这一类家庭养老支持型社会服务。原有政府补助的形式基本由政府购买养老服务所取代。在机构养老服务方面，政府提出的战略是与社会组织合作供给公共服务。

第二节 政府购买养老服务的动因和类型

一 政府购买养老服务的动因

政府购买养老服务兴起的宏观背景是我国政府职能转变和老龄化危机中社会养老服务体系的构建。政府之所以采用购买的方式提供养老服务，主要动因在于转变公共服务的提供方式，培育和增加公共服务的供给主体。

政府职能转变的要求一方面使得政府需要增加公共服务的投入，增加公共服务的内容和数量；另一方面使得政府需要通过转变供给方式来改进公共服务的质量。老龄化危机之下，政府在养老服务供给方面的责任逐渐成为公共政策领域的重要议题。随着政策定位由对部分老年弱势群体的救助型服务转向让整体老年人受益的普惠型服务，政府养老服务供给的责任内容和对象明确扩大。原有政府公办的养老服务由于资金投入不均衡、管理方式落后以及人员编制制约，不仅无法从数量上满足社会老年人需求，同时在服务质量上也呈现出两极化的态势。政府提供的社区养老服务也与老年人需求相差较远。在养老服务供给方面，原有政府包办的模式在人力、财力和专业知识方面存在不足，服务供给的效率较低。根据我国国情，发展老年福利和养老服务单独依靠政府肯定无法完成庞大的责任目标。因此养老服务体系建设需要寻求一种政府主导的多元主体参与供给的合作框架。多元主体包括企业、社会组织、社区、家庭等各方力量。多元主体通过购买服务的制度参与服务供给。进入老年型社会后，养老的责任主体由原有的家庭扩展为家庭、社区和政府多元主体。目前，政府购买养老服务主要面向低收入和高龄老年人群体，具体的对象范围根据不同地区的情况有所差异。在单位制养老功能弱化以后，政府购买养老服务将在适度普惠的社会化养老服务体系建设中发挥重要的作用。购买养老服务将成为面向全社会老年人的正式制度安排，成为非正式制度养老功能的支持以及其失效后的保障制度。

购买养老服务不仅是政府职能履行方式的转换，而且还是政府主动培育社会服务多元供给主体的途径。购买服务后，政府承担委托授权人和出资人的角色。一般情况下，具有专业技术资质的为老服务民办非企业单位是政府的代理人。值得注意的是，在我国政府购买服务的过程中，政府作为委托人还需要承担孵化代理人的角色。某种程度上，政府与社会组织之间的委托代理关系也带有一定的父爱主义。在政府孵化的组织外，也存在一些草根性质的社会组织。这些组织秉持一定的志愿精神和社会服务精神，通过公民个人、邻里朋友以及社区组织三者自组织共同形成社区内的养老服务供给方案，对于特殊老人提供养老服务。①

二　政府购买养老服务的类型

中国老龄事业"十二五"规划中首次将购买养老服务写入政府文件。政府购买养老服务作为社会多元主体参与养老服务供给的创新形式，是新时期构建养老服务体系的重要支撑。根据各地的经济发展水平和人口老龄化的差异程度，不同地区政府购买养老服务的相关政策进展和内容并不同步。国内最早开展政府购买养老服务的城市是上海。上海市政府购买养老服务始于 2000 年。近年来，政府购买养老服务在经济发达地区的地方城市中都有所实践。南京、北京、青岛、大连、苏州等地都进行政府购买养老服务试点。基于开展时间和可获取的公开信息和资料两方面条件，以下主要依据上海市和北京市政府购买养老服务的相关政策文件来分析政府购买养老服务的发展脉络和基本类型。

我国政府购买养老服务主要分为补贴制、项目制和公私合作制三种类型。在初期，政府购买服务主要是采用发放居家养老服务券的政府补贴制度。养老服务补贴额度依据申请补贴的老年人的经济困难程度、年龄、身

---

① 蒋娟:《谊景村社区建立助老服务新模式让老人温暖过冬》,《今晚报》2012 年 12 月 16 日第 5 版。

体健康状况、生活自理能力而分不同梯度。政府指定专业的评估机构对申请人的资格进行综合评估。养老服务补贴以非现金的"服务券（卡）"形式，用于兑换社区或机构提供的各类养老服务。养老服务补贴所需资金纳入财政预算，由市、区两级社会福利彩票公益金出资承担一定额度，其余由市、区县两级财政按1∶1比例承担。在政策试点阶段，上海市政府所发放养老服务券主要针对困难老人。服务内容包括社区日托和上门服务。其后，购买服务的项目又增加了社区老年人助餐服务及精神慰藉服务。截至2007年年底，上海市以服务券的形式为经济与生活自理困难老人提供服务补贴资金累计达3亿元。与资金投入逐渐递增的趋势相联系，政府购买养老服务的受益对象范围也不断地细化和扩展。

政府补贴面向的老年人群体主要是生活自理困难的特殊群体。上海市政府购买养老服务政策的发展有三方面特征。首先，年龄的细分。最初政府仅将70岁作为年龄的划分门槛。其后对于享受政府购买养老服务的对象进行60岁、80岁以及90岁不同年龄层次的划分，注重高龄老年人的照护服务需求。同时结合不同年龄阶段老年人的收入水平和失智失能程度提供服务。其次，享受政府购买养老服务的老年人群范围的拓展。从最初的"三无"老人逐渐拓展到具有一定家庭经济收入水平的高龄、失能（失智）、无子女等老年人群。这三部分群体的养老被纳入政府责任范围。在经济困难的衡量标准方面逐渐由以个人为单位转变到以家庭为单位衡量。在低保制度基础上，老年人生活困难程度的评估标准还逐渐采纳了月平均养老金的标准，将高龄且养老金较低的老年人群体纳入了购买养老服务的范围。最后，依托老年评估制度的完善，政府不断细化受助对象的补贴等级，体现出一定的照护需求导向。根据老年人基本评估结果中所需照顾的轻、中、重度等级及经济困难程度，政府提供一定金额或一定时间的养老服务，维护老年人的基本权益。与上海的做法相似，北京市购买养老服务也采用了发放养老服务券的补贴形式。街道作为基层政府，在养老服务券的管理和执行过程中承担较为重要的角色。养老服务券一般由街道和区二级行政层级管理。养老服务补贴申请人首先要向街道居家养老服务中心提交申请和证明材料。此后，街道居家养老服务中心根据养老服务需求评估员上门评估结果对是否准予补贴做出初审意见，并报区居家养老管理服务中心核准。根据审批的补贴额度，街道将具体核定服务券能够用于的服务内容,并交由服务机构依据核定的服务内容向老年人提供服务。①

随着购买公共服务的探索,政府购买养老服务在补贴形式外开始采用了项目申请制。政府补贴采用的是自上而下的行政管理手段。服务对象的具体需求主要由政府部门按照统一的标准制定并实施。与政府补贴相比较,项目申请制更为灵活,其主要由个人或社会组织根据特定的为老服务需求提出项目申请,经由政府部门审批并提供专项资金用于服务提供。流程上,一般是由致力于养老服务的个人及社会组织提出为老服务的具体项目申请,编写申报文件并按照申报要求和流程进行申报。政府根据项目的内容和资金需求予以审批,并提供专款购买相应的养老服务。政府将会在项目执行过程中和项目结束后,对项目的进展进行过程监控、评估并对资金使用情况进行审计。项目申请制的优势主要表现在对于养老服务需求的敏感性和回应性。一般情况中,提出为老服务项目申请的个人或组织往往都是依托于某一特定的社区,对于本社区老年人情况比较了解,能够更好地针对老年人的养老服务需求给予相应的高质量服务。但是由于资金的限制,受益对象的人数以及服务项目的类型受到较大的局限。

在项目制购买养老服务中,政府的角色重在审批和监管。限于人力和物力,在操作层面上政府有时还需要一个中介属性的机构来替代政府进行项目申请的组织和管理。非营利性的协会组织一般承担了项目申请制中的中介角色。这类协会承担着组织项目申报以及协调项目申报者与政府之间的沟通工作。这类组织,既有由街道中热心社区公共服务的个人及社会组织共同成立的基层公共服务组织,也有大型的公益社会组织孵化器参与。扎根特定社区的公共服务协会业务主管部门一般为街道办事处,其作用表现在提醒并帮助社区主体提出申请、为社区主体提供与申请流程相关的一系列服务。公共服务协会是连接并协调社区服务组织与政府部门二者间关系的枢纽。②

① 《静安区关于调整社区居家养老服务相关政策的实施细则》,2014 年 4 月 21 日。
② 王浦劬、萨拉蒙(Salamon L. M.):《政府向社会组织购买公共服务研究:中国与全球经验分析 lessons from China abroad》,北京大学出版社 2010 年版,第 50 页。

社区项目申请制外，由民政社团管理部门组织的"公益创投"也是项目制购买服务的类型。公益创投，也被称为"公益风险投资"，不以营利为目的。公益创投目的在于增强被支持组织的可持续提供公共服务、解决社会问题的能力。我国公益创投实践始于 2006 年非营利组织"新公益伙伴"以及 2007 年联想集团的公益创投计划。之后在 2009 年上海民政局联合恩派公益组织发展中心举办了第一届上海社区公益创投大赛。① 上海市民政局于 2009 年 5 月正式启动"上海社区公益创投大赛"项目，并委托上海浦东非营利组织发展中心（NPI，也称"恩派"）承办。在上海地区面向全社会征集社区服务的创意服务项目策划和操作方案。上海市民政局出资 1000 万福利彩票公益金来支持公益创投项目，并委托恩派公益组织发展中心来管理。创投项目的申请主体是在本市依法登记的社会团体和民办非企业单位。上海社区公益创投项目资助领域，主要包括为老服务、助残服务、青少年服务（助孤）、济困服务和其他事关民生的有利于弘扬社会主义精神文明的社区公益服务项目。公益创投项目的实施周期一般不超过一年，项目资金一般不超过 20 万元。获得资助的为老服务项目主要是为老人提供免费信息、咨询和健康服务；为老人医疗保健工作者组织培训课程；组织中老年人为当地社区排演戏剧；雇用残疾工人与制造商合作开发高质量、低成本的老年人日用品；培训志愿者、医护人员和病人亲属为病人提供临终关怀。② 恩派公益组织发展中心作为中介属性的机构，不仅成为社会组织和政府部门之间信息交流的枢纽，同时更有意义的是其成为政府孵化培育社会组织参与供给公共服务的一种创新模式，属于政府领导下的社会创新。公益创投是政府购买服务的创新模式，这方面上海市的经验也被推广到其他地区。其他省市也开展了公益创投项目的申报工作。天津市民政局社会团体管理局公益创投项目，138 个公益项目中首批 35 个公益创投项目得到政府扶持，获得政府福彩公益金的专项资助。其中政府优先支持的项目中的一半都属于为老服务。获得 3A 以上评估等级的社

---

① 李学会：《公益创投：政府购买社会组织公共服务的实践与探索》，《社会工作》2013 年第 3 期。

② 敬乂嘉、公婷：《政府领导的社会创新：以上海市政府发起的公益创投为例》，《公共管理与政策评论》2015 年第 2 期。

会组织，曾经承接或组织实施过公益服务项目的社会组织具有优先资格；枢纽型社会组织，特别是街道乡镇社区社会组织联合会参与公益创投，以上条件可适当放宽。项目评选引进专家评审环节。市民政局将聘请本市高等院校、社科研究机构、公益组织，以及审计、法律等专业机构的学者和专家组成项目评审委员会。项目负责人和执行者将在南开大学培训如何设计、管理、运作公益项目。项目立项签订协议后，政府支持资金立即拨付50%，项目中期考核获得通过后拨付40%，项目完成全面验收审计合格后拨付剩余10%。[①]

　　政府在购买机构养老服务与社区居家养老服务有一定方法上的差别。政府向社会组织购买机构养老服务的形式包括三类：床位费补贴、开办费补贴和运营费补贴。[②] 此外政府针对养老服务机构专业人员提供补贴，对于有一定资质的护理人员、专业技术人员、专业医护人员按照不同的梯度给予岗位补贴。[③] 除了上海市财政对养老机构进行补贴之外，各区政府也需要以不低于1∶1的比例进行配套补贴。补贴之外，公建民营也是购买养老服务的手段。早在1998年，上海市政府就出台了《上海市养老机构管理办法》鼓励社会力量举办养老机构。经过十几年的发展，部分养老机构的运营机制也开始由公建公营向公建民营转换。公建民营指政府通过承包、委托、联合经营等方式，将政府拥有所有权但尚未投入运营的新建养老设施运营权交由企业、社会组织或个人的运营模式。2013年年底，民政部下发了《关于开展公办养老机构改革试点工作的通知》，要求公办养老机构特别是新建机构应当逐步通过公建民营等方式，鼓励社会力量运营。简而言之，公建民营的养老机构性质仍属于国有，只是在运营环节上加入社会力量。公建民营养老机构主要接收社会上的失能和高龄老人。公建民营的模式一方面弥补了原有公立养老机构由于编制限制带来的资源开发不足。另一方面在机构养老服务中引入了专业性的

---

① 于天泽:《津城35项公益创投将在南大起步 获政府重点支持》,《今晚报》2015年4月5日第1版。

② 章晓懿:《政府购买养老服务模式研究:基于与民间组织合作的视角》,《中国行政管理》2012年第12期。

③ 国务院办公厅:《国务院办公厅关于印发社会养老服务体系建设规划（2011—2015年）的通知（国办发〔2011〕60号）》,2011年12月16日。

社会组织，弥补了传统的公办养老机构在照顾高龄失能老人方面的能力不足。对于社会组织而言，通过公建民营的方式享受了政府的扶持政策，降低了运营成本，可以运用专业性为更多老年人服务，打造养老机构品牌。公建民营的养老机构保留公益职能，承担社会公共服务职能。政府购买机构养老服务嵌套在公建民营的公益职能履行当中。获得公建民营资格的机构在享受政府扶持政策条件同时，作为交换需要留有一定比例的床位，以政府购买服务的形式，无偿提供一定数量的养老机构床位给基本养老服务保障对象，包括城乡"三无"老人、低收入老人以及优抚老人。公建民营养老机构为基本养老服务保障对象提供的基本养老服务收费项目由政府出资购买，具体标准由养老机构所有权归属的层级政府与运营方协议确定。[①]

第三节　政府购买养老服务的制度环境分析

一　政府购买养老服务的正式制度体系

回顾典型城市养老服务供给改革的发展脉络，可以发现政府在购买过程中对于"是否应该买""买什么""买的标准""服务分配的次序"的答案越发清晰。为了保证政府购买养老服务能够惠及最需要的群体，政府需要建立预算、过程管理、绩效考评和监管的相关制度，以保障资金使用的效率和公平。制度是购买养老服务的参与者的基本行为规范。制度环境直接或间接影响了参与主体基本行为逻辑和策略。影响购买养老服务的正式制度可分解为若干要素，通过对这些制度的分析，可以认识制度环境对于购买服务的作用和购买服务中的现实问题。

（一）预算制度

制度保障体系中最为重要的是预算制度。政府公共预算是指国家以政治权力和社会经济管理者身份取得的收入和用于维持政府公共活动、保障国家安全和社会秩序、发展各项社会公益事业支出的预算。公共预算是为

---

① 北京市民政局、北京市发展和改革委员会、北京市财政局：《北京市民政局等部门关于印发〈北京市养老机构公建民营实施办法〉的通知（京民福发〔2015〕268 号）》，2015 年 7 月 22 日。

满足公共需要而提供公共品的财政预测。[①] 政府购买公共服务的起点是合理的公共预算。地方政府要依据社会基本养老需求量和当地财政支付能力来确定用于购买养老服务的资金规模。也就是说,在购买养老服务的起始阶段,政府购买哪些服务项目、受助对象的范围以及优先次序、服务标准以及定价等方面都受到预算的约束。购买服务的资金取决于地方政府对于资源的分配。

政府购买养老服务中既包含基本保障型养老服务,也包括发展型养老服务。为了实现购买公共服务低成本高质量的目标,政府制订预算方案时首先要对各种服务项目进行合理的定价。定价既要符合市场规律,同时也要对社会组织发展形成激励。定价的准确与否影响到每一个参与供给养老服务的社会组织的预期和行动策略。购买服务时,政府与社会组织形成委托代理关系。预算制度对于双方的关系具有约束和激励的作用。如果项目价格远低于其成本,即使社会组织以低价申请到购买服务的项目,也没有足够的资源保障服务的质量,进一步造成了资金的浪费和低效。而当定价远高于其成本时,就会有可能出现购买服务项目中标组织虚报成本的投机行为。预算环节的精细化管理直接关乎项目执行的效果以及绩效考评的效率。

(二) 社会组织双重管理体制和分类管理制度

与购买服务相关的制度还包括针对社会组织的双重行政管理体制。双重管理制度决定了我国政府和社会组织之间的关系,并且影响到购买服务的政策执行。我国政府对社会组织的管理实行由登记管理机关和业务主管单位双重负责的管理体制。该管理体制的基本目标是控制社会组织发展,防范社会管理风险。也就是要求民政部门和业务主管部门对于社会组织进入门槛同时把关。民政部门在登记、备案、年检、监督、评估等方面具有对社会组织的监管责任。与此同时,社会组织必须挂靠在某一政府业务主管单位下才可以登记注册。行政审批改革后,政府部门对于社会组织的登记管理也实行了简政放权。民政部门开始采用社会组织直接登记的制度。对于工商经济类行业协会 (商会)、科技类社会团体、公益慈善类组织、

---

① 丛树海:《中国预算体制重构:理论分析与制度设计》,上海财经大学出版社 2000 年版,第 6 页。

社会福利类组织、社区服务类组织，统一由民政部门直接登记，不再经由业务主管单位审查和管理。① 直接登记的社会组织要主动接受政府相关部门的业务指导和监管。

随着双重管理体制的改革，"枢纽型"社会组织的制度应现实政府管理需求而出现。政府部门只管登记注册赋予组织合法性，具体组织业务由"枢纽型"组织来管理。枢纽型社会组织对于其下属社会组织的管理区别于政府直接管理，更类似社会自我管理，并且能够发挥枢纽型组织在所属领域的专业性，更好地监督社会组织提供公共服务。枢纽型社会组织由政府认可，允许其履行原先政府承担的社会管理和服务职能。并且同时被授予政府转让出来的部分权力，具有垄断性和行政化的特点。一般而言，政府以"整体打包"的形式通过其向社会其他社会组织购买公共服务。枢纽型社会组织在政府购买公共服务中，特别是在项目制购买方式的运行方面，与政府合作并承担重要角色。② 此外，购买服务过程中对于社会组织的培育孵化工作也有一部分由枢纽型社会组织开展。

与双重管理体制的目标相联系，政府对社会组织实行分类管理制度。分类管理实质是：先区分社会组织是否能够提供各类经济和社会服务，协助国家政府进行管理，或者社会组织是否具有集体行动的能力，从而对社会稳定造成威胁。政府根据上述信息来判定社会组织的属性，并依据"经济和社会服务属性"和"对社会稳定的潜在威胁属性"来分别采取不同的管控方式。对社会稳定潜在威胁低、对经济和社会服务高的社会组织会获得大量的政府资源以鼓励其组织发展。③ 养老服务领域的社会组织一般属于前者，属于政府鼓励和积极培育的社会组织类型。

（三）政府采购制度

政府采购制度是目前政府购买公共服务的基本法律框架。《关于政府向社会力量购买服务的指导意见》（国办发〔2013〕96 号）中对于政府

---

① 国务院办公厅：《国务院办公厅关于实施〈国务院机构改革和职能转变方案〉任务分工的通知（国办发〔2013〕22 号）》，2013 年 3 月 28 日。

② 郭道久、董碧莹：《法团主义视角下"枢纽型"社会组织解析》，《天津行政学院学报》2014 年第 1 期。

③ 王斌、张冬、张娜：《现实与公共政策的探索：具有活力的中国社会组织》，中国农业出版社 2014 年版，第 98 页。

购买服务的界定和购买程序、方式以及合同管理要求也主要依据政府采购法的具体条款执行。《政府购买服务管理办法（暂行）》进一步对政府购买服务进行了界定。政府购买服务，是指通过发挥市场机制作用，把政府直接提供的一部分公共服务事项以及政府履职所需服务事项，按照一定的方式和程序，交由具备条件的社会力量和事业单位承担，并由政府根据合同约定向其支付费用。在确定承接主体时，依据《政府采购法》采用公开招标、邀请招标、竞争性谈判、单一来源采购等方式。按规定程序确定承接主体后，购买主体应当与承接主体签订合同，并可根据服务项目的需求特点，采取购买、委托、租赁、特许经营、战略合作等形式。

（四）评估和资格制度

养老服务的评估制度是政府购买养老服务的质量保障制度。政府购买养老服务评估制度涉及针对项目的评估和针对老人基本情况的评估。从评估主体上划分，一般分为政府部门操作和第三方操作两种评估体系。针对购买项目的评估往往主要由政府主体来进行。针对老人的评估，在政府主导的评估之外，社会组织作为第三方已经参与到评估服务之中。第三方评估是由独立于政府及其部门之外的第三方组织实施的评价，也可以称为外部评价。针对老年人基本情况的评估具有一定的专业性，也可以被作为政府购买养老服务的一部分内容。

此外，与购买养老服务相联系的制度还包括"低保"制度和户籍制度。在确定养老服务供给的对象时，绝大多数省市政府将"低保"的资格作为获得政府购买养老服务的条件。户籍制度是确认政府购买养老服务资格条件的另一门槛。一些地方政府购买养老服务政策规定受助对象需要具备该地的户籍。

二　政府购买养老服务的正式制度约束分析

政府购买养老服务的相关制度体系尚不完善。以制度环境的主要因素分析，首先，在预算制度方面，政府购买养老服务的资金尚未列入政府财政预算。政府购买养老服务资金一部分是财政性资金；另一部分资金来源是福利彩票公益金。由于相关预算制度不健全，资金来源的可持续性和资金分配的科学性都受到一定的影响。此外，我国政府购买公共服务预算制定时尚未将非营利组织的生存和发展成本纳入成本核算。购买养老服务项目的资金使用方向严格限制组织的行政性开支。由于我国社会组织自身筹款能力较弱导致组织生存发展的资源需求比较强烈。如果政府购买服务预算安排未考虑到社会组织本身的条件和培育成本，将会影响到社会组织参与购买服务的积极性以及在服务供给中的执行能力。

其次，在社会组织管理制度方面，登记管理和过程监管制度存在不完善。一是，在登记管理制度方面，社会组织如果想获得政府购买养老服务的订单，需要满足组织合法性和专业资质方面的门槛条件。政府业务主管部门限于有限的机构编制，在审批要挂靠在其部门之下的社会组织时，既要考虑到监管任务的工作量，同时也要考虑承担责任的风险，缺乏担当社会组织业务主管部门的积极性。而登记管理机关仅为民政部门中的具体职能部门，其人力和物力都无法完成登记审核之后的管理工作，造成了"重登记审查，轻行为监管"局面。① 双重管理制度的弊端在于对已登记注册社会组织运营监管薄弱，同时社会中还有大量不具有合法性的组织缺乏政府监管。一方面，政府需要大量的社会组织承接社会服务。另一方面，政府管理过程对于各专业领域数量巨大的社会组织并不能进行有效专业性监管。此外，资金、人数、场所条件等准入门槛设置太高导致大量社会组织无法实现合法登记。如果门槛过高，会限制一些致力于为老服务的组织无法进入竞争之中，导致承接组织的数量少和市场竞争度低的问题。直接登记制度改革后，双重管理体制的既有法律条文并未进一步修正或部分废置。对于已成立的四类社会组织，仍保留原有的管理模式，其与原有的业务主管单位脱钩还需要逐步过渡完成。二是，在过程监管制度方面，现有的社会组织相关法律法规体系中并未对于组织活动的公益性出台精细化的明晰的认定规则，并未对于社会组织所从事的商业性质活动和公益的非营利性质活动做出明确的区分。社会组织享受政府税费优惠政策的资格也只与组织登记的属性相关，而并不依据对组织实际中的运营活动属性来判定。总体而言，现有的社会组织管理制度更为注重登记环节，对于社会组织运营过程中的公益属性和非营利性缺乏相关的监管制度。

---

① 马庆钰、廖鸿：《中国社会组织发展战略》，社会科学文献出版社 2015 年版，第 176 页。

　　再次，在政府购买服务制度方面，养老服务的特点决定原有的《政府采购法》相关规定并不完全能够适用于购买养老服务。《政府采购法》在最初制定时主要针对的是政府集中采购的货物、工程及相关后勤管理服务。这一类采购的物品和服务主要供政府部门本身使用，并且标准化程度相对较高。政府购买养老服务与上述物品和服务采购有明显的差异性。政府购买养老服务的使用者是老年人。因此本身就存在政府如何感知老年人需求和回应性的问题。养老服务又属于软服务，标准化的程度低。购买养老服务效果涉及服务对象的主观感受。政府往往只能对服务的硬指标进行评估，并且偏重于财务审计。大部分的服务内容涉及主观感受。通常情况下老年人在表达自己的需求和不满的时候缺乏机会和资源。因此，受服务对象自身条件和外部因素影响，政府购买养老服务的不确定性较大。评价项目效果和服务提供者的绩效难度也比较大。承接服务的组织对于服务的成本和服务过程本身有较大的自由裁量空间。购买养老服务中，《政府采购法》的应用还存在一定的局限性。此外，其他政府购买养老服务的行政法规和文件往往也较为强调竞争性方式。然而有研究认为，养老服务这类针对公民个体提供的服务，往往不存在竞争性较高的市场条件。服务供给体系中比较重要的是政府需要协调、整合并且与众多的服务机构保持合作。政府购买养老服务通常不是一次性买卖，也可能不那么严格地遵守招投标的程序。通常情况下这类服务的合同并非是以竞标方式订立，而是以谈判方式签订。合同承接方和政府之间的关系非常重要。相比较竞争机制而言，合作机制对于此类服务供给路径更为合适。[1]

　　最后，在购买养老服务的资格制度方面，城市中养老服务发展需要面对因经济发展和家庭结构变化而出现的人口跨地区流动增加的问题。年轻人因为求学和就业的选择离开家乡，空巢家庭开始逐渐增多。在大城市定居的年轻人，这其中很多人属于独生子女。其父母为了方便照顾孙辈或者子女为了便于照顾老人，往往是老年父母投奔到子女所在的城市，形成子女流动引致的老人流动。这些老年人无法享受原单位或户籍所在地街道提

---

　　[1]　Salamon L. M. , Elliott O. V. , *The Tools of Government: A Guide to the New Governance*, New York: Oxford University Press, 2002, p. 325.

供的服务，也无法享受居住生活的社区提供的养老服务。① 户籍制度本身在购买服务中便于政府进行管理，但也应该认识到存在因户籍制度限制无法享受政府购买养老服务的老年人照护需求。

三　购买养老服务的非正式制度约束分析

我国养老服务的福利模式具有东亚发展型国家的共同特点。东亚社会福利模式最显著的特点在于，政府的发展策略中社会福利的发展服从于经济发展，经济发展优先于社会福利发展。政府对于社会福利的投入相对谨慎和保守，将稀缺资源主要投入到与经济发展相关联的项目。儒家文化中对于信任、关系网络和对家庭养老责任的强调，是东亚地区福利制度的模式形成的原因。② 社会文化和心理基础是影响到社会老年人对于政府购买服务参与程度的重要制度条件。中国传统文化和习俗中，年长者主要依靠子女实行家庭养老。《孝经·圣治》载"父母生之，续莫焉"。《论语》记"父母在，不远游，游必有方"。在传统社会中，子女不尽孝道将会受到法律和道德的严厉惩罚。同时中国传统社会又是一个依血缘关系网络构建的宗族社会。宗族养老是传统宗族福利的重要内容。除了血缘关系在养老责任方面的认同，地缘关系也成为互助性养老的基础。邻里间的互助养老主要体现在对于老年人的生活照料及精神慰藉两方面，包括日常生活的照顾、陪老人聊天以及丧葬仪式上的互助。③ 相邻而居的人们虽然没有血缘关系，但彼此间基于地域优势转化为一种"朋亲关系"，成为邻里间尊老敬老的礼仪习俗。伴随家庭结构和居住方式的变化，现代社区不再呈现出传统熟人社会或单位社区的关系网络。由于社区中人们彼此间并不熟悉，因此社区在照顾老年人方面的功能减弱。老年人受家庭养老习惯的影响，在一般情况下出于怕麻烦他人的心态并不会求助于社区，很少利用社区的养老服务设施。同时入住民办养老院往往也只是大部分社会老年人在万不得已时最后的选择。这也意味着目前尽管传统的家庭养老照顾功能弱

---

① 张梦月：《老人居住地和户籍地分离谁来提供养老服务》，《每日商报》2013年11月14日第4版。

② 霍慧芬：《澳门福利政策转型中的政府角色》，《新视野》2011年第3期。

③ 高和荣、张爱敏：《中国传统民间互助养老形式及其时代价值——基于闽南地区的调查》，《山东社会科学》2014年第4期。

化得到认同,但是社会公众也并没有充分接纳和信任其他可辅助或替代家庭照顾的养老服务供给模式。

　　集体主义文化背景和社会组织发育情况是社会老年人对于社会力量提供养老服务模式缺乏信任的重要原因。一方面,公众延续了传统文化与计划经济时代的组织记忆,对于"公办"和政府具有较高的信任度。在中国的传统文化观念中,地方政府官员被认为是父母官。他们不仅是正义、权威的象征,同时也为百姓安居乐业提供保障。与西方自由主义传统对于政府所持的怀疑态度不同,中国儒家传统文化中对于政府给予了较高的信任和期望。加之,新中国成立后计划经济体制将个人的社会服务需求高度地整合到单位体制之中。浓厚的集体主义文化环境进一步强化了国民对"公办"的依赖与信任。另一方面,市场经济发展过程中,制度规范空白地带的逐利行为在某种程度上造成了社会上的道德和信任危机。公办意味着政府为服务提供了法律、人力、财力和物力多方面的质量保障。而私营机构本身就带有某种逐利的原罪。我国社会组织发育尚不成熟,大部分组织并未通过明确的愿景和宣言让社会公众认同其从事的公益事业。社会公众对于由社会组织提供的养老服务本能地怀疑其目的和动机,认为这些活动总是出于营利的目的。在调查研究中发现,居家养老服务员上门经常吃闭门羹。在提供服务中,部分老人总认为服务员有什么其他企图。[①] 社会组织的服务只有依靠居民委员会的介绍才能够比较顺利地进入社区和老年人家中。受文化背景和社会组织发育水平的影响,我国社会公众心理上仍然普遍认同"大政府"的公共服务提供模式。当社会危机发生之时,政府才是解决社会问题的方案、能力来源和问责主体。"大政府"模式中的资源动员动力更被作为政府能力的象征和公民的政治信任来源。社会组织在社会问题解决和公共服务供给中的公信力水平偏低。"大政府"模式下,政府职能转变的路径在于基于新的治理条件,主动调整与社会之间的关系,在"大政府"外形成基于"大社会"模式的社会多元主体参与服务供给机制。然而目前社会主体参与公共服务供给的社会心理基础较为薄弱,是购买服务机制构建的制约条件。

---

　　① 王浦劬、萨拉蒙(Salamon L. M.):《政府向社会组织购买公共服务研究:中国与全球经验分析 lessons from China abroad》,北京大学出版社 2010 年版,第 94 页。

　　我国政府购买养老服务的制度环境以及约束条件是多元参与主体博弈的规则框架。正式制度体系的不完善以及社会文化和心理基础的约束使得部分参与主体的预期发生变异，表现为既具有合作的动机，也具有自利的偏离合作目标的动机。购买养老服务中，参与主体的行动逻辑和博弈关系将最终决定政策执行的效果和发展趋势。

第 四 章

购买养老服务参与主体行动策略的
微观分析

　　购买养老服务是政府应对人口老龄化的政策工具。政府购买养老服务中的参与主体包括政府、从事养老服务的组织和接受养老服务的老年人。从事养老服务的组织主要以民办非企业单位属性的社会组织为主。政府承担供给养老服务的责任。政府提供的购买服务订单和资金是为老服务组织得以发展的重要条件。社会组织在提供养老服务过程中具有较大的自由裁量权。在实际的购买服务过程中，政府与社会组织间实际上分享了一部分治理的权力。政府购买养老服务的活动在一个由政府、社会组织和老年人等利益相关者构成的网络中进行。政府向社会组织购买服务的过程中不仅要考虑老年人的利益要求、公共资金利用的效率和质量，而且还要考虑社会组织发展的切身需求。在由利益相关者构成的网络结构中，每一个主体的行动都要考虑其他各方的利益。行动者的组织目标、行为策略和决策都受到多元主体互动关系的作用。参与养老服务供给的政府主体既可以从横向上划分为具体的不同业务部门，也可以从纵向上划分为不同层级的政府。不同层级政府和不同的政府业务部门在政府购买养老服务过程中的利益诉求、角色和作用各有不同，也由此产生不同的行为动机和策略。在政府主导的购买服务过程之中，社会组织也是一个积极的行动主体。社会组织在现有的制度框架内也具有自身的利益诉求和具体的行动策略。与政府和社会组织相比较，受助的老年人群体在利益诉求表达方面的自主性水平较低，处于被动的地位。购买养老服务制度改变了原有养老服务参与主体之间的地位、资源和权利。政府与社会组织之间的关系和行为互动构成了购买养老服务政策执行的现实逻辑并影响到政策效果。

第一节　政府购买养老服务的利益相关者

一　养老服务的购买者

政府公共服务的职能决定其承担着养老服务"供给者"的角色。与此同时，政府还需要承担"规制者"的角色。我国政府针对老龄事业发展成立了全国老龄工作委员会，负责老龄工作的宏观规划、领导与协调。地方政府也成立了相应的部门与组织，如地方老龄工作委员会、老龄工作委员会办公室、老干部局、老龄协会、退休职工管理委员会。其中老龄工作委员会的主任和副主任一般由对应层级的民政部门主要领导兼任。目前，各级老龄工作委员会办公室的行政级别相对偏低。在大多数省市和县区政府中老龄办仅为民政部门的内设机构之一，没有相应的职权，在行政协调和资源方面能力有限。① 以 A 市 B 区的民政局下设的老龄办公室为例，其主要职能为："积极推广'六个老有'，宣传贯彻老年法规，协调有关部门搞好为老年人服务。"老龄工作部门的权力和资源都十分有限。因此老龄办只能够完成检查、协调、宣传、服务等一般性事务，在购买养老服务过程中的作用较为有限。

目前，购买养老服务的行政主体是各级政府的民政部门。其中社会团体管理部门和社会福利部门与养老服务工作关联最为紧密。社会团体管理部门是负责社会团体和民办非企业单位登记管理的行政机构。社会福利部门则负责拟定老年人社会福利事业发展规划和养老服务政策并组织实施；指导养老机构管理；组织开展养老服务业的信息化建设；负责与涉老部门的工作联系，推动养老服务体系建设。社会组织在行政管理和项目申报、审批和审计方面与社团管理和社会福利部门之间密切联系。

民政部门的工作责任是购买养老服务的政策拟定、审批以及监督等宏观工作。根据行政体制的纵向垂直特点和行政事务逐级向下落实的机制，街道办事处作为政府派出机构，承担了市区政府下移的各项具体事务。街

---

① 张旭升：《政府购买居家养老服务参与主体的行动逻辑研究——以 M 市 Y 区为例》，博士学位论文，南京大学，2011 年，第 101 页。

道办事处在政府购买养老服务过程中是具体的政策执行者,并且作为社区工作的行政指导单位,在政策落实过程中具有一定的影响力。街道办事处主要对于老年人是否具有享受政府购买的养老服务资格进行审核。老年人在申请政府购买养老服务的资格时,首先需要向所在社区的养老服务站提出申请,由社区居委会向街道报送材料。街道办事处是老年人享受养老服务补贴的初审单位。它对老年人经济收入水平、是否为低保、低收入等条件进行审核,并派评估员对其养老服务需求进行评估,确定其享受服务的等级。街道的初审名单提交到所在区民政部门。民政部门出具核准意见后,养老服务券的发放也由街道办事处直接负责。①

居民委员会在社区公共服务的供给中也承担着一定的责任,包括关心社区弱势群体,服务特殊人群(如孤寡老弱病残人员),协助政府维护社区卫生、优抚救济等工作。为老服务是居民委员会的工作内容之一。居民委员会由于本身嵌入在所在社区,因此比较了解本社区的居民情况和服务需求,更适合提供本社区的公共服务。目前,在现实的工作中居民委员会需要应对大量政府交办的行政事务。在养老服务方面,居民委员会的角色主要是依据街道的政策,由居委会干部对于符合政策的对象进行摸排。同时也会在社区组织志愿为老服务的品牌活动,承担一部分养老服务直接供给的角色。

> 我们(居委会)主要是听街里的。政策(补贴)这些都是由街里出,比如符合哪些条件之类的,我们按照里面的条件负责报名单。(HX001)

居民委员会虽然是一个社区居民自治组织,但其"官方"色彩较浓。传统的社区管理依托于街道办事处和居委会,但是行政部门能量有限,既没有足够的人来管理,且管理效率低,效果差。居委会的工作是以稳定为目标管理,而并非是以服务社区为目的。② 社区居委会在老年服务项目的

---

① 《静安区关于调整社区居家养老服务相关政策的实施细则》,2014 年 5 月 29 日。
② 王名、乐园:《中国民间组织参与公共服务购买的模式分析》,《中共浙江省委党校学报》2008 年第 4 期。

规划、立项与资金支持，以及项目管理的运行都高度依赖上级组织。社区举办的老年服务机构和老年服务品牌项目实质上仍然是政府行政事务附属的属性。① 社区居委会的服务项目往往是由上级政府部门规定的任务和目标。其自身一方面缺乏足够的人手；另一方面也缺乏主动性和自主性。还有一些社区居委会并没有对于以公共资金建设的社区老年服务设施进行有效的管理，甚至挪用牟利。截至2014年，民政系统用于老年福利类项目的福利彩票公益金达到474.57亿元。然而，新闻调查发现，2001年以"星光计划"为名，花费上百亿资金建成的老年活动室，如今大部分难觅踪影，很多"面目全非"。有的变身小旅馆，有的只在地图软件上存在，有的成了社区办公楼。仅仅十多年，"星光计划"在不少城市就已无疾而终。原民政部老龄司副司长阎青春估算，大体上"星光计划"有三分之二甚至四分之三都流失了。这一项目执行了三年后就停下了，阻碍因素是居委会出租、挪用老年之家。在基层，老年活动室计划与原本的初衷越来越远。②

二　养老服务的直接提供者

承接政府购买订单的组织分为社区居家养老服务类和机构养老服务类两种类型。不同的服务类型和内容决定两者在合作供给机制方面的不同。

社区居家养老服务的提供者包括多元主体，涵盖公益性公司、民办非企业单位、志愿者组织、社区医院等多种服务主体。社区居家养老服务一般具有一定地域范围。一般是由街道办事处或居委会与承接主体签订协议。社会组织和企业等承接主体负责社区日间照料中心的日常运营，并以中心为依托对行动不便、高龄、独居等困难老人提供上门生活照料、送配餐、生活日用品代购送货、应急呼叫和家政基本服务。除此之外，还包括日托和医疗护理等拓展服务。区域内具有一定规模和专业水平的民办养老机构也会承接政府购买居家养老服务的订单。以机构为依托，派出专业的人员向周边的社区开展居家养老服务，提供服务类型包括助餐、助洁、助浴、助医、助行、助急等服务，同时兼顾老年人多种需求，提供文化娱乐、学习教育、聊天、心理咨询等服务。

---

① 田北海：《香港与武汉：老年福利服务模式比较》，《学习与实践》2007年第12期。

② 《福彩公益金去向成谜　星光计划花百亿无影》，《京华时报》2015年9月16日第5版。

老年人都有一定的医疗照护服务方面的需求。社区医院也可以作为购买服务的承接主体，用来提供社区老年人养老护理、医疗保健、健康查体、健康讲座、免费义诊和用药指导等服务。老年人使用政府发放的养老服务券向提供服务的组织支付费用，兑换相应的服务。

社会组织在提供居家养老服务的项目中仅仅依靠自身的人员，往往并不能够满足人力的需求。因此，社会组织在承接政府购买服务的项目中往往还需要寻找志愿者团队并与其共同向受助的老年人提供服务。这些志愿者可以由社区的居委会招募并管理，也可以由社会组织根据不同的项目进行招募。

机构养老服务方面，政府购买服务的承接主体主要是民办非企业单位属性的民办养老服务机构。民办养老机构可以分为公建民营属性和纯民营属性。公建民营是目前政府与社会组织在机构养老服务中合作的主要形式。公建民营的养老机构一般由区县政府和街道办事处出资兴建，并与民办非企业单位签订运营合作协议。这类机构在享受政府相关政策补贴的同时，作为互惠条件需要与政府签订相应的协议，在养老床位中留有一定比例给政府购买服务的对象。

民办非企业单位，是利用非国有资产举办，源自社会，并且从事非营利性社会服务的组织。其组织目标同政府相似，都是要提供有效的社会服务。同时也要接受来自公众的监督。民办非企业单位的运作、管理与公司类似，其内部治理结构包含了组织机构设置以及运行规范。随着我国政府行政改革和社会服务体制的改革，作为社会服务提供者的民办非企业单位在承接政府职能转移、多元化满足社会服务需求、推动政府改革和事业单位改革方面具有重要作用。民办非企业单位是近年来发展最为迅速的社会组织类型，也是养老服务领域最为活跃的社会主体。

民办非企业单位参与养老服务供给可以享受不同程度的税费优惠。这些优惠扶持政策作为间接的政府补贴，是民办非企业单位发展的条件。近年来，民办非企业单位逐渐成为社会资源与公共资源配置的主体之一。民办非企业单位在社会资源配置机制中有三种角色：一是资源的整合者。民办非企业单位通过提供收费服务、获取购买服务合同、接受企业和个人捐赠等方式把社会服务资源有效整合起来。二是资源的占有者。民办非企业单位主要是提供社会服务。这种服务在一定意义上建立在组织整合社会资源基础上。无论是服务收入、政府购买服务收入，还是企业和个人捐赠，这些资源一旦进入民办非企业单位就作为组织资源、公益资源而存在，由民办非企业单位进行支配和使用。三是资源的使用者。在整合占有资源基础上，根据组织使命和服务对象的需求，民办非企业单位在不同的用途选择中做出判断，进而提供最有效、更能满足需求的社会服务。[①]

三　养老服务的接受者

享受政府购买养老服务的老年人分为全额补贴、配额补贴以及自费老年人。全额补贴和配额补贴的老年人群体，一般都需要满足民政部门社会救助的相关制度中所限定的经济困难条件，并且在生活自理能力受到功能限制。这部分老年人在政府购买的服务过程中较为被动，往往缺乏服务需求的表达机会，也不具有较强的服务质量反馈能力。购买服务项目运行中，这部分老年人的需求主要由社区和街道办事处进行整合，并且通过街道老年人协会、居委会、楼门长等多种网络方式作为信息和监督网络，及时反馈老年人的意见。

> 项目选择市内六区的独居老人，通过社区、养老机构及相关人士沟通、推荐联系到老人。入户需要和老人所在机构、社区居委会以及老年人家属（不同住但有赡养责任）联系沟通，并征求老人本人同意。老人反馈非常好，对我们项目都非常认可，感受到了慰藉和陪伴。养老机构、老人家属也对志愿者很满意。有的老年人舍不得志愿者走，中午还要留吃饭，问志愿者下次还来不来。老人就特别想找人说话。老人会去了解项目本身，跟老人说明清楚项目目的后都比较愿意参加。（HP007）

四　养老服务的其他参与者

养老服务的投递者是直接面向老年人提供服务的护理员和服务员。目前，由于民办养老行业的价格竞争，养老服务行业护理人员的工资水平普遍偏低。社会组织运营中也面临较大的工资和保险压力。政府可以通过购

---

① 王名：《社会组织与社会治理》，社会科学文献出版社2014年版，第246页。

买养老服务为这些服务投递者提供护理岗位补贴。其他国家和地区经验中，政府购买养老服务包括向专业组织中的护理人员购买护理服务，也包括向老年人的家属、社区志愿者购买养老服务。其中，政府针对护理岗位的补贴是较为通行的做法。为亲属以及邻里志愿者提供护理岗位补贴仅在少数国家中实行。政府提供的护理补贴在一定程度上降低了承接养老服务组织的运营成本，对于社会组织中护理人员的稳定性以及护理人员总量不足的问题具有积极作用。

第二节　情境理性下的多元主体利益诉求和动机

在政府购买公共服务之前，公共资金完全掌握在政府手里。只有政府有权力使用公共资金提供服务。然而，随着公共服务需求总量的增加和需求结构的多元化，社会组织参与社会治理的功能日益凸显。政府垄断公共服务供给已经难以满足公众多样化和个性化需要。从社会治理层面看，政府购买服务首先是政府主导的政策过程，是社会服务改革和社会治理机制创新。其次政府购买服务也是政府、市场和社会各方资源的统合，是以社会福祉为目标的多方主体互动行为。通过购买服务，政府将公用资金使用权交给社会力量。公用资金因此流向民间。这在一定程度上意味着民间开始行使一部分公权力。社会组织逐渐由被管理过渡到主动治理，成为社会治理主体。[①]

政府、社会组织和企业是购买养老服务情境中的行动者。从"委托—代理"框架分析，政府是委托人，社会组织和企业是代理人。政府和社会组织以及企业在政策过程之中具有不同的动机和行动选择。在政府购买养老服务过程中，具有主动行动能力的参与主体是各层级政府和作为承接方的企业和社会组织。合同双方之间的利益诉求和动机，以及依据制度和资源的条件的行动选择是购买养老服务的质量和可持续性的影响因素。

一　委托方的合作动机和利益诉求
政府部门施行购买养老服务政策的动机一方面来自政府应对人口老

---

① 王名:《社会组织与社会治理》，社会科学文献出版社 2014 年版，第 322 页。

龄化危机的压力；另一方面来自政府职能转变的要求。具体而言，第一，政府期望通过外部购买解决资金和人手不够的问题。目前我国养老服务的财政投入比例很低，这与地方政府的财政能力有较大的关系。购买服务中，政府拿出一部分公共资金，同时通过社会组织的引入增加一部分社会资本。公共资金和社会资本加总后能够改进养老服务供给水平。

> 就以目前财政现状，能保证政府的基本运转，完成上级有关公共服务项目的资金配套要求就已经很不错了，对于其他公共服务有些力不从心。（JX002）

> 我们基本上都是一种"被动性的预算安排"，自主性非常小。地市及以下的基层政府受财力所限调控能力很弱，基本上全靠上面的政策倾斜。政策倾向于哪，哪部分的公共服务投入和增长情况就较好。政策往往有地方配套方面的要求，但是地方财力有限往往"配不起来"。（JX003）

各级政府中从事养老服务工作的人员编制有限。仅依靠公办养老机构的编制内人员远不能满足社会中不断增长的养老服务需求。社会组织或企业的服务人员用人机制灵活，不存在编制的限制。政府从原有的供养事业单位人员提供社会服务转变为向社会组织购买服务项目，可以降低财政成本。此外，购买养老服务后，政府与专业性养老服务团队的长期合作也提高了养老服务供给的专业性。

> （民政）局里办公现在就是用我们老年公寓的房子。原来我们是有几个编制的，现在一部分人员编制也没有。编制紧张，都被局里拿走了。各方面的补贴我们也没有，就是自负盈亏。（HX004）

第二，政府期望购买服务可以改善养老服务的数量和质量。政府民政部门由于人员和资金的有限，希望社会组织或企业的参与可以增加服务供给的数量，拓展受助老年人群体的保障范围，并且让最需要政府补贴的老年人获得服务。根据我国"9073"的社会养老体系建设规划，未来老年人中97%的老人将在社区居家养老。因此，这一规划目标决定政府对于养老服务的财政投入应向社区居家养老服务倾斜。一方面，享受政府购买服务的对象将可以通过服务券兑换社区居家养老服务。另一方面，确有入住机构养老的需要，可以享有公建民营的养老机构床位。养老机构每张床位的建设成本较高。通过购买服务，政府期望将建设养老机构的资金投入分散到居家养老服务之中，实现为更多的老年人群体供给服务。从公共服务质量上，原有针对困难老年人的现金补贴形式单一。现金补贴往往被老年人用来购买生活用品，并不能实现服务的目标。政府期望通过养老服务券形式为老年人购买服务，改变补贴的作用效果，使老年人享受到服务而不仅是货币或者生活用品。

第三，政府期望通过购买服务的资金孵化社会组织。目前我国社会中社会组织的发展程度相对滞后。养老服务供给需要更多的承接组织。因此，政府积极地扶持和孵化社会服务组织，为社会组织提供资金、办公场所、培训等支持，帮助社会组织提高管理水平和专业能力。政府购买养老服务的合同可以为成长中的社会组织提供资金支持。借助政府项目，社会组织更容易深入社区开展服务工作，并且也更容易获得公众的信任。

第四，购买养老服务是政府创新和完成绩效目标的方式。随着老龄化的发展，我国政府养老服务规划以及相关考核方面都有明确的投入和产出增量指标。在纵向行政管理体制中，上一级政府对下一级政府的养老服务考核往往根据投入的配套资金数、增加的床位数和补贴人数等方面进行。下级政府在开展购买养老服务工作时是以绩效考核指标作为导向。购买服务是政府积累民生政绩的途径，同时也是政府完成绩效考核指标的手段。

这些公共服务事项由省委统筹决策、自上而下贯彻执行，并以项目方式推行，每个项目都有相应的具体政策。在考核标准的设定方面，主要由以下几方面构成：（1）国家法定比例，中央层面硬性规定的增长指标；（2）省政府针对部分项目提出的具体标准，考核指标主要是针对下级政府在相应项目上的支出情况，如是否达到政策要求的配套比例；（3）基层政府根据当地情况的自我考量，体现在各

级政府的预算安排中。（JX003）

二　代理方的合作动机和利益诉求

作为代理方，社会组织和企业都有公益性动机。养老服务行业目前属于微利行业。参与承接养老服务的企业一般都具有一定公益性目标。尽管如此，作为企业，降低成本和增加营利仍是企业的基本动机。比较企业而言，与政府合作的社会组织不仅具有一定的经济效益的动机，此外还具有社会效益的动机。对于社会组织的发展而言，一定程度的营利也是保障其服务质量和可持续发展的前提。而社会组织之所以区别于企业，在于其明确的公益宗旨和收入分配的限制。

我始终认为，养老院一定要盈利。这样才能有激励，才能把这个事办好。我们新建的这个养老院预计三年能够收回成本，开始营利。（HD005）

社会组织参与养老服务供给的动机可以从以下几方面进行分析。第一，具有一定成就的人士以此作为社会公益情怀的实践。养老行业的社会组织创办者一般都具有一定的专业性或者具有一定的社会责任感，怀着社会理想参与服务提供，带有志愿精神和利他主义的色彩。养老服务行业的从业者面对的群体较为特殊，需要有爱心的、有社会责任感的人员才能从事这一行业。

我们是把老人当作自己的父母来伺候，替儿女尽孝。最开始几年，我怕养老院里有事，我几乎天天都住在院里。（HD005）
我们院长，她特别敬业认真，她原来就是民政部门的退休干部，管低保工作的，她对这一块有一种感情。她对院里每一位老人的情况都特别了解，每天都在外面跑给院里各种手续，大部分时间都在院里住，一个月只回两趟家。（NK009）

第二，为组织寻求资金和项目，争取获得政府补贴，降低运营成本。承接养老服务的社会组织主要为民办非企业单位。养老行业前期投入资金规模大,并且场地租金高昂,再加之护理人员的工资和保险等人力成本,这些原因都促使社会组织更加希望获得政府的补贴和扶持政策,降低运营的成本压力。

> 15%的国营养老机构太肥了,全额拨款。我们民营只有补贴,而且缺少社会关注,也没有捐赠。都认为我们办这个挣钱,其实不挣。要是政府对我们的护理人员有护理补贴就太好了,要不我们这块儿压力很大。(HD005)

第三,树立和维护声誉。目前,我国社会组织处于快速发展阶段。但公众对于社会组织的认同和信任仍没有完全建立起来。社会组织通过政府购买养老服务的过程,依托政府项目能够扩大自身的知名度,形成一定的社会效益。由于政府项目的扶持,社会组织在进入社区开展养老服务过程中也有相应的便利条件,容易被社区工作人员和老年人所接受。

> 我们这个(机构)在 A 市,都是做得最好的!之所以能选我们(中标),我想也就是靠我们这么多年积累的口碑。我们管理上随时开放探访。我们特别希望家属能够多来看看老人,另外家属都可以来监督我们的服务,让社会监督。我们也就是靠长期以来的信誉、口碑才做到现在这个规模。(HD005)

第四,与政府建立长期合作伙伴关系。政府合同是社会组织重要的资金来源。社会组织更希望通过承接购买服务项目,能够发展与政府部门的长期合作关系,以获取项目实施过程中政府部门的支持。与政府维持良好的关系意味着社会组织更有机会获得垄断性或优势的合同项目。对于规模较大的社会组织和发展初期的社会组织,考虑组织的长期发展需要,获取政府的支持并与政府保持密切的联系尤为重要。这些组织更加注重管理与政府职能部门之间的业务合作关系。预期良好的合作关系将会为组织的发展提供潜在的各种机会,并且便于协调政府各部门之间的办事手续。

> 我们中心有个创投项目,最近要开始做。所以得和民政局搞好关

系，向他们宣传一下我们中心。现在给民政局做这个调研项目没有
钱，他们会介绍一些调研的对象，给联系访谈的机构。（HP007）

创投项目首期的效果非常好，我们还会继续申请下一届公益创投
项目。项目设计本身很重要，要有实效性和创新性。（HP007）

社会组织中的护理人员参与购买养老服务项目的动机主要来自两方
面。其一，取得经济收入，养家糊口。参与养老服务的服务人员往往都
是农民工到城市打工，稳定的收入是其参与这项工作的基本的生存
动机。

我们这儿的服务人员都是外地来的，基本没有本地的。咱们 A
市的养老都是人家外地人在给咱们做。（HD008）

其二，对于政府项目以及社会组织的信任。由于政府购买养老服务的
项目带有"公办"的色彩，因此这些人员更加认同工作的稳定性。特别
是在声誉较好的社会组织中担任护理员，相关保险等福利保障也较为齐
全。社会组织成为这些服务人员可以信赖的单位，工作的荣誉感和幸福感
较强。

我们这个保险都给交。相比外面，工作强度低、工资水平高。护
理人员流动不大。（NK009）

我们现在给护理老师的待遇真的不高，一说护理人员，社会上都
看不起。我们这儿首先就得尊重这些护理人员，为什么呢，她们是帮
你子女尽孝。我们这儿都叫护理老师，现在理发员都可以叫老师，她
们为什么不能呢，要尊重她们。工资低，管理上就得靠情第一。外边
最近都在说要提高（护理人员）工资，让我们承担起来太重。……
我们首先就是尊重她们，然后给她们一些提升的机会，比如你在这做
几年，你可以成为小组长，你就可以管理其他几个护理人员。我们这
些组长都是很厉害的。（HD005）

综合而言，依据具体的制度环境和组织的利益诉求，购买养老服务中

的委托方和代理方都有合作的动机和自利的动机。其中影响到购买服务政策执行效果的动机主要是获取资源的动机、谋求自身组织发展的动机,以及维持多期动态合作关系的动机。

三 参与主体偏离合作的动机

政府和社会组织在购买服务过程中由于资源交换关系产生了合作的动机,对于购买服务的质量具有积极效应。与此同时,双方在购买服务过程中也都存在偏离预期合作目标的动机。

首先,政府具有资源内部化的动机。这方面的动机主要来源于政府垄断地位的路径依赖。传统政府管理体制之下,政府部门对于公共产品和服务的供给具有垄断地位。这也形成了部分单位和干部群体中的思维定式和既得利益。购买服务意味着政府需要让出一部分资源分配的权力。公共资金不能够再交由政府部门下属的事业单位,而是投向社会组织。购买服务的合同和资金某种程度上意味着政府资源分配的权力。政府部门更愿意由其下属单位内部使用。

> 这其中有项目资金的分配问题。我们一般就是内部购买。也就是交给下属的中心、事业单位来做。那种和外面社会组织合作的很少。(BH006)

其次,政府具有"重指标数字、轻服务质量"的动机。政府购买养老服务尚处于起步探索阶段。地方政府和职能部门出于创新和利益、激励驱动,有时会仓促成立民间组织实现购买服务。这并不能有效利用项目的资金和提供高质量的服务。[①]

最后,政府具有向与其关系良好的组织优先分配资源的动机。政府在选择项目的承接机构时,关系因素对于竞标结果的影响较大。

> 在推行一个项目时,政府在选择支持哪一个机构时也不是凭借其

---

① 郑卫东:《城市社区建设中的政府购买公共服务探讨——以上海市为例》,《广东行政学院学报》2011 年第 1 期。

市场优势，还是由关系决定，这其间也存在着财政资源的浪费。（JX003）

　　社会组织会主动和政府搞好关系，以能够更好地获得项目资源。同时社会组织会安排专门工作人员负责申请项目。部分社会组织有专人负责申报政府购买社会服务项目，他们不是把提高服务水平作为重要目标，而是把申报项目作为重要工作。[①]

在代理人方面，社会组织和企业也有一些偏离合作的动机。第一，信息不对称条件下的机会主义。由于老年人在购买服务过程中对于服务质量的反馈能力较差，这就使得政府作为出资方难以获知具体项目的绩效水平。养老服务行业属于劳动密集型行业。企业和社会组织对于养老服务过程中的成本具有充分信息。政府很难掌握代理方的成本、收益水平以及服务对象的满意度。为了降低成本或者获取更多的资金和项目，社会组织和企业具有隐瞒信息并夸大成绩的动机，这将使得政府购买服务的质量和效率受到影响。

　　第二，信息不对称条件下的棘轮效应。政府对于项目的绩效考核主要依据预算进行项目审计。作为社会组织本身，为了避免政府提出更高的标准和要求，将可能会在平衡业绩要求和自身实际能力后选择隐藏部分信息。作为街道政府，为了避免上一级政府提出更高的指标要求，也有隐瞒自身服务提供能力的动机。

　　第三，社会组织有回避政府规制和监管的动机。目前我国政府对于养老服务行业的监管还存在一些空白。政府购买养老服务的过程中通过项目管理将会强化政府对于养老服务行业的监管。地方政府购买服务的门槛往往与组织的资质挂钩。很多从事为老服务的组织并不具有合法地位和专业资质，但却热心于为老服务的公益工作。即使具有合法地位的组织，往往专业资质方面也存在局限，并不希望政府提高准入门槛。政府本身希望通过组织资质的把关提高专业服务水平。但是在社会组织发育不充分的情况之下，尚难以与社会组织之间达成共识。

---

① 李春霞、巩在暖、吴长青：《体制嵌入、组织回应与公共服务的内卷化——对北京市政府购买社会组织服务的经验研究》，《贵州社会科学》2012 年第 12 期。

我比较反对搞评估，提高这个那个的门槛。非得有学历啊，证书啊，才可以做。这些有时不能解决问题。越是提高这些门槛，有些人就越做不了这个事儿了。做这一行首先得对老人有爱心。（HD005）

如果购买服务的制度设计不完善，老年人也会有变通的自利动机。政府购买服务区别于政府采购。政府采购是为行政部门自身采购必要的货品和物资及后勤服务。政府购买养老服务的受益人不是政府本身，而是老年人。老年人作为受益对象，最为主要的动机来源于获取物美价廉的服务。如果政府购买服务的抵用券所指定服务承接机构的价格不合理或服务质量差，老年人并没有申诉的渠道和精力。因此受助老人可能隐瞒接受服务的信息，采取变通的方式，折价转卖服务券而获取现金。

第三节　情境理性下主体的行动策略分析

一　政府购买养老服务的情境条件

购买养老服务的参与主体是复杂人，既有自利的动机，也有公益的动机。因此在行动中体现出情境理性的特点。参与主体的行动受到制度环境和现实条件的双重影响。参与主体不仅考虑成本收益的标准，还需要考虑社会效益以及交易过程中双方合作关系的建立与长期维护。

每一个参与主体本身的行动是在一定价值标准下的基本动机、制度和资源环境以及关系管理的条件催化下选择的具体行动策略。政府购买养老服务的情境中，包含了多重的"委托—代理"关系。每一重"委托—代理"关系中双方的策略选择都是依据情境中的复杂因素做出。这种选择与经济利益最大化的理性选择不相一致。购买养老服务情境中制度、资源及主体间关系的基本特点是行动者决策选择的基本要素，可以从五个方面加以分析。

（一）权责不匹配

政府购买养老服务中体现了我国不同层级政府间权责不匹配的基本情况和结构特点。购买服务政策要求地方政府提供一定比例的配套资金。以居家养老服务补贴所需资金为例，一般规定市和区县两级财政各负担50%。区县政府事权和财权的不匹配的问题最为突出。政府购买养老服务的项目经费和补贴能否落实、区县政府是否能够完成购买养老服务的工作要求还取决于地方政府本身的财政能力。

> 从中央到地方的财力充裕度层层递减，而管理的事务却是层层递增的。国家"一刀切"的公共服务发展思路与各地经济发展水平差异较大的现状不符。经济水平相对落后的地区，政府预算内财政仅够供应政府自身的基本运转，用于公共事业发展方面的资金很少，相对于那些要求更高的公共服务事项，诸如医疗等方面更基本的保障还没有完全做到、做好，但是国家对于这些最基本的公共服务事项并没有给予足够的重视，就"一刀切"的提出更高、更有效率的目标是不现实的。(JX003)

（二）信息不对称

关于购买服务的成本和质量信息，代理方和委托方之间是信息不对称的状态。承接服务的组织较为了解为老年人服务过程中的成本投入、实际服务人数和情况、质量好坏等信息。政府仅仅只能依据组织呈报的报告来了解项目运行情况，其所获得信息并不充分。目前购买养老服务的项目信息公开制度尚未建立，社会公众以及老年人对于养老服务项目的监督受到信息不透明的制约。

（三）利益诉求不对称

政府购买养老服务的政策价值基点是保证底线公平。政府期望购买服务的受助对象是低收入困难且失智失能的群体。在满足特殊群体的养老服务需求后，政府也期望让更多社会老年人享受准公共服务性质的养老服务。由于养老服务价格竞争激烈，政府的扶持政策和项目成为组织需要争取的资源。在现实的制度条件下，一些社会组织参与养老服务的动机比较复杂，并不完全是公益目标。购买服务合同中组织能够取得的收益并不高。代理方在完成政府购买服务合同任务的同时，还具有借托政府扶持政策扩展高端服务来增加组织盈利的利益诉求。代理方在项目本身的效益之外，仍然期待着高附加值的商业效益。

（四）运行机制和管理体制的不匹配

在西方国家中，社会组织与政府之间的关系具有独立性。社会组织发育的成熟度较高。当服务外包以后,社会组织可以很快作为独立主体替代政府供给服务。国外政府购买服务合同中,更加注重向社会主体分权以及合同双方平等地位的参与式管理。社会组织与政府结成平等的合作伙伴关系,共同协商解决服务外包之中遇到的问题。与西方国家不同,我国政府对于社会组织实行双重管理制度。社会组织对于政府部门存在一定程度上的依附关系。社会组织发展尚不成熟且与政府部门的依附关系,使其在服务过程受政府部门行政命令干预情况较多。特别是社区居家养老服务项目的开展需要依赖于基层政府和社区管理者的协助和配合。也就是说,政府掌握着社会组织项目运行的资源。基于管理体制和管理方式的惯性,政府对社会组织承接项目的内部运行仍然视为自身职能范围。

> XNK 养老服务中心(公建民营方式运营)还有这个 HX 区老年公寓,这都是咱们自己的。别的养老院那是人家的了,咱们主要负责登记和年度报告,但人财物之类的都人家自己管,咱们干涉不了。(MZ011)

政府仍然保留着集权体制的权威和官僚体制的管理方式,难以实现向社会组织分权。市场化的运行机制与传统的“管控”模式仍在磨合。

(五)动员模式与合同管理之间的不匹配

政府购买养老服务的政策执行过程具有国家动员特征。目前开展的社区居家养老服务计划,主要采用项目制方式。通过政府购买服务注入一定的财政资源和行政资源来支持和推动社区居家养老服务的发展。政策经过小范围试点后,迅速向全国推广形成政策扩散。短时间内,全国大部分省市不论经济发展水平高低或者社会组织发育成熟好坏都开展了政府购买养老服务的项目。这种做法带有明显的传统政治动员体制的特点,属于运动式的管理。动员模式具有行动迅速、初期效果明显、操作较为简单的优势。但也与购买服务所需的合同精细化管理的要求相背离,进而产生“重项目审批,轻过程管理”的绩效管理问题。动员模式下,政策的可持续性与当地政府部门领导人的工作能力和思路具有密切的联系,容易产生行政运作的主观性。一旦政府部门人事变动,工作重心和思路发生变化,或者财政供给发生困难,政府补贴就无法发放到位。整个购买服务项目的运行就会停摆，造成项目虎头蛇尾，达不到预期目标的不利后果。[①]

二　情境理性下"委托—代理"关系及行动策略

（一）不同层级政府间的"委托—代理"关系

在购买养老服务中，高层级政府与低层级政府之间构成了第一重"委托—代理"关系，如图4—1所示。基于行政体制的权力结构，高层级政府将购买养老服务的工作交派基层政府部门。购买服务工作的下派是在不同层级政府间权责不匹配的情境中发生。基层政府在财政约束下的行动策略往往会使政策效果偏离预期目标。由于条块分割，中央政府将财权上移，而责权下移。基层政府的权力和财政资源与其所担负的行政责任和职能之间出现严重的失衡。购买养老服务的资金在一些城市中多采用市、区财政按1∶1的比例分担。同时镇乡（街道）按不低于市级标准50%的比例给予资金配套。地方政府的财政能力决定了养老服务补贴能否及时到位。区政府和街道的财政能力是政府购买养老服务实现的重要保障。城市的老城区人口密度大，老龄化程度高。老城区的政府在公共服务方面承担着较大的财政压力。

作为委托方，上一级政府对基层政府的约束和激励主要依赖于年度考核制度。年度考核按照一系列的评价指标进行打分和排名。基层政府往往忙于应对上级政府的检查和考核，使得基层的公共服务工作往往得不到加强。[②]基层政府如果不能有效完成上级交派的指标，其在政治晋升锦标赛中就处于劣势，甚至有可能被一票否决。在压力型和对上负责的科层体制之中，基层政府的行动策略往往要尽可能地去寻求资源，打造品牌项目。在选择购买服务项目时，政府更可能选择有显示度、低风险并见效快的项目。这种行动策略主要以对上负责的逻辑占据主导，而与政府购买公共服务本身应具有的服务导向和公民需求回应相背离。

购买服务中，不同层级政府间的"委托—代理"关系呈现新的态势。一方面，根据"委托—代理"理论的分析范式出现了代理人侵吞委托人

---

①　钱宁：《中国社区居家养老政策分析》，《学海》2015年第1期。

②　容志：《基层政府公共服务供给的问题与对策：基于上海的研究》，《上海行政学院学报》2011年第6期。

利益的现象。根据"委托—代理"理论的分析范式,由于代理人掌握着信息优势,因此会根据自身的利益偏好采用瞒报、虚报等方式来损害和侵吞委托人的利益。在报送购买养老服务对象名单的过程中,社区工作人员了解和掌握社区情况,具有较大的信息优势。社区在遴选符合政策资格的对象时具有一定的选择权。街道办事处的工作人员由于对每一个服务对象并不能入户了解,因此无法逐一进行资格核对。社区工作人员可能会将一些经济状况很好的老年人或者其亲属等不符合资格的人员报上去,甚至还可能虚报一定数量的人员以套出补贴服务券牟利。北京市某社区服务中心工作人员利用自身负责居家养老工作的职务便利,在领取发放养老券过程中,虚报冒领养老券,套取财政资金 92.4 万元并据为己有。街道养老服务指导科及街道社区服务中心相关负责人员因监管不力,受到行政处分。① 另一方面,在权责不匹配的压力型体制之下,"委托—代理"关系中也会出现逆向的委托人侵吞代理人利益的问题。这方面的主要表现是,高层级政府将有助于自身利益的权限和事务上收,棘手和包袱下移。

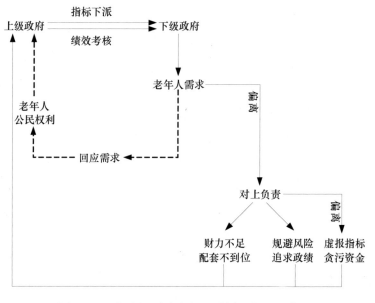

图 4—1　不同层级政府间的"委托—代理"关系

①　王子薇:《安贞街道 92 万养老券被冒领》,《法制晚报》2015 年 12 月 2 日第 4 版。

（二）政府与社会组织间的"委托—代理"关系

1. 政府与机构养老服务组织之间的"委托—代理"关系

政府与社会组织通过订立承接养老服务的契约，双方间形成了第二重"委托—代理"关系，如图4—2所示。目前，我国政府购买机构养老服务的途径主要是通过"公建民营"的方式向社会组织购买一定数量的服务名额、床位和服务内容。购买服务部分有时被作为组织运营公建民营养老机构的交换条件。

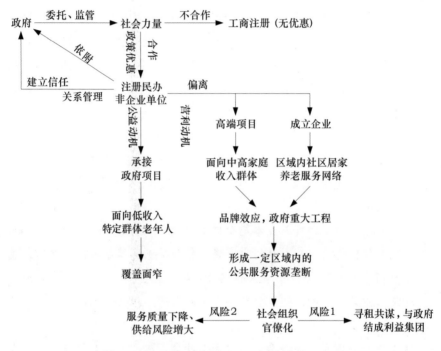

图4—2　政府与社会组织间"委托—代理"关系

目前，我国社会力量兴办的民办养老服务机构可以有两种性质，即公益性和商业性。商业性的养老机构在工商部门登记注册。公益性的养老机构在民政部门申请以"民办非企业单位"登记注册。养老行业的特点在于项目前期房屋等基础设施的租赁、装修以及设备购置成本较大，成本回收期长。加之养老服务属于劳动密集型服务行业，组织在后期运营过程中还需要承担较大的人员工资和社会保险支出压力。政府的扶持优惠政策是养老服务机构降低成本，取得市场竞争力的保障。我国政府针对养老行业的扶持政策包括无偿或低偿提供场地、税费减免、水电价格优惠及政府床位补贴等。但这些扶持政策都是只适用于民办非企业单位性质的养老服务机构。民办非企业单位的身份还是参与政府购买服务项目的准入资格。社会力量投资创办养老机构，并且希望获得政府对于养老行业的优惠政策，就需要以"民办非企业单位"登记注册。以"民办非企业单位"属性成立的组织需要接受投资资产转变为社会公益资产、不再归个人所有并且利润不能用于分红等规定性条件。社会力量往往既希望营利，又不得不权衡扶持政策的优惠条件。一些基于利益分析而采用民办非企业单位性质登记注册的养老机构在实际运营过程中仍然保留投资的动机。甚至也有一些民办非企业单位的创办者并没有意识到创办行为是一个捐赠行为。相反，创办者认为自己是在投资创办一个企业，只不过这个企业叫民办非企业。①

刚开始我们就是三个人，合伙，每个人拿点钱就成立了。都认为我们赚钱，其实不赚。我们这个楼一年的租金和工资都得我们自己挣。（HD005）

一张床位前期投入成本至少要 10 万元，如果一个老人收费 2000多元，仅仅能负担每个月的水电费、护理员工资等基本运营费用，成本收回来都难。政府每个床位给 10 万元的投入，后面入住率达到80% 就能盈亏平衡，初步营利得三年时间吧。（WQ010）

从委托人的角度，政府希望通过吸引社会资本投入养老服务行业，来满足社会中老年人持续增长的养老服务需求。为此政府向进入社会服务领域的社会组织提供了优惠政策和购买服务项目，作为其组织发展的资源。从代理人的角度，组织如果不愿与政府进行合作供给服务，可以选择从事商业性的养老服务，并在工商部门登记注册。然而，养老服务行业的投入成本、税费负担、社区支持以及回报周期等诸多特征都决定这一产业归属

---

① 金锦萍、刘培峰：《转型社会中的民办非企业单位》，社会科学文献出版社 2012 年版，第 37 页。

于薄利长线产业。政府的扶持政策以及与政府部门的长期合作对于大部分参与养老服务领域的组织的初创以及可持续发展显得较为重要。因此大部分组织会选择合作主义逻辑，即以非营利的组织属性进行服务供给，并与政府部门积极合作。如上所述，养老行业本身的基本特点限制了组织追求短期回报最大化的机会主义行为。代理人非常希望与政府部门保持长期合作关系，往往会在合作的初期主动性地提供无偿、低偿的服务来维护双方的信任和合作关系。

在政府与社会组织的合作框架中，政府作为委托人，由于从体制上掌握了社会组织发展的制度资源，塑造了一种依附型的"委托—代理"关系。依附关系和代理人对长期合作关系的预期约束了其自身道德风险发生的可能性。这使得代理人在多轮博弈过程中更加注重声誉，积极履行对委托人的合约承诺。

在依附型的"委托—代理"关系框架中，代理人道德风险发生的概率被抑制，保证了委托方的利益。但与此同时产生的另一个问题是，依附关系中委托方过于强势，往往会侵害代理人的利益。倘若政府无法履约支付购买服务项目的报酬，就有可能侵占代理人的利益。政府购买服务的相关政策在自上而下执行过程中，由于不同地区的区（县）以及街道（镇）一级政府财政能力差异，有些地区的政府并不能按照与承接组织签订的合同给予足额配套资金或者没有资金配套。代理人在这种情况之下，限于依附型的关系和长期合作预期，一般只能先垫付资金或获得很少的报酬并继续提供政府购买的养老服务。

> 我们这儿政府拨付的床位补贴落实得不好。（FY012）
> 我们接收政府的优抚对象和"三无"老人，还有经济困难的老人。我认为这是特别应该的，因为咱们这个本身具有公益性，就得为这些人提供服务。……这些人占的比例大概10%吧。政府也按床位给补贴，但那非常少了，和咱们的服务收费标准相比差多了。（WQ010）

与政府达成合作关系之后，民办非企业单位类别的社会组织行动表现为营利和非营利的混合逻辑。这类社会组织在选择非营利属性进行登记注册后，仍然保留营利的经营模式。正因为混合逻辑中暗含目标间的冲突，因此组织在承接服务的行动过程中表现为复合的行为策略集。民办非企业单位的行动策略主要是以下四方面。

策略一:竞标政府购买养老服务合同项目,提供基本养老服务,服务公益。获取政府的扶持政策,降低成本。

策略二:借助与政府的合作项目,在低成本之下发展高端养老服务,回收前期资本投入并营利。

策略三:依托与政府合作的养老服务项目和专业团队,成立养老服务企业向周边社区提供有偿的社区居家养老服务。

策略四:发展"医养结合"养老模式。以养老服务组织的服务对象和服务半径范围中的社区医疗需求为依托,申请成立民办医院,并进一步申请医保定点医院资格。依托养老机构成立的一级医院,既方便养老机构内老年人看病取药,同时也对周边社区提供基础医疗卫生服务。

> THY医院是民非,非营利的,利润空间不大。我们建这个医院是医养结合的目的,希望民政部门领导和卫生部门领导给我们特事特办,尽快获得定点医保的资格。没有定点医保,老年人看病取药都没法利用咱们这个就近的医院。以后成为医保定点医院,能报销,老人看病就方便多了。我们这个医院才能运转起来。(HD005)

在与政府合作中,社会组织的策略本身带有一定的营利化特征。组织的某些行动策略的营利取向,可能会导致政府的优惠政策和政府补贴偏离公共利益的方向。

首先,社会组织在策略二中的行为本身,很可能出现对于服务对象的选择性偏好,造成养老服务的等级化。服务对象的选择性表现在两个方面。一方面,组织在发展高端服务时,提供更丰富的饮食及精神文化活动,并且提高收费标准来筛选服务对象。另一方面,组织提高老年人接受服务的资格门槛,比如选择低风险的介住和自理老人作为服务对象,不对介护等级的老年人开放。从公共服务合作供给的本质考量,享受政府补贴的公建民营养老机构本应优先考虑社会中照护需求最为迫切的中低收入的失智失能老年人,应以社会服务平均收费标准来满足社会中长期照护养老服务需求。然而,这些组织对于服务对象筛选的标准却偏离了社会公共利益。虽然这些民办非企业单位登记注册为社会组织，但其实际的运营更近似企业组织。这些社会资本投入到养老服务行业后，并没有去衡量政府补贴的公正性以及如何回应社会中的弱势老人养老需求。社会资本更加注重如何获取更大的营利，并且规避经营过程中的风险。公建民营的养老服务组织享受政府为其提供的资金、场地、税费优惠政策的交换条件是，以政府购买养老服务的形式仅提供 10% 的床位给政府补贴对象入住。其余绝大部分入住对象都按照市场价格收费。因此，政府在购买机构养老服务过程中存在公共资金使用的效率和公正性问题。政府购买到的机构养老服务数量和质量是否能够实现资金利用的效益最大化值得进一步考量。

A 市 B 区养老中心是公建民营的养老机构，是列入政府年度民心工程的项目。在政府公开的信息中，这一机构采取"公建国办、市场化运营"的新模式，定位中高端，突出"医养结合"的特色。运营该机构的社会组织工作人员并不愿意用"高端"的词汇描述他们的机构，更愿意使用"更高生活质量、提高生活品质"等类似词汇。

> 我们收费比市养老院高。因为公立养老院成本少，他们的设施和编制人员工资都是由财政拨款的，我们是市场化的运作模式。租金、装修、工资、基地建设支出自己消化。……我们是政府办的养老机构，护理人员的工资收入中等偏上，五险都给交。……政府对"养老工程"示范项目有扶持政策。区里老年大学的分校址也在我们这儿。我们主要做高品质的服务，希望老年人有一种伙伴式的生活方式。我们收费标准高一些，挡了一部分低收入的群体，更加希望不仅满足老年人基本的服务需求，更能够提高老年人的生活质量。……目前入住的老年人中教师、离休人员、公务员比较多，还有一些家庭中子女收入比较高的老年人。……文化程度高的老年人需求也不一样，要求也高。……目前不收完全失能失智的老年人。以后随着养老院发展，现在入住的这些老年人年龄再大一些，很可能慢慢就转变为卧床了，那样就可能变为一对一的护理。（NK009）

策略三中，民办非企业单位和企业结成合作的服务团队后，公立养老服务机构的非营利属性也有营利化的趋势。民办非企业单位和企业相当于

"两个牌子,一套人马"。作为政府示范项目的养老服务中心为企业的养老服务经营提供了专业人才、与政府部门的密切关系、良好的声誉等便利条件。在此基础之上,企业借助政府部门的协调和养老中心的专业技术人员更容易获得社区养老服务的准入资格,更容易申请到政府相关项目资金支持。政府项目的支持成为企业的品牌,让企业可以获得较高的社会认可度,并有利于企业业务覆盖区域的扩展。

[案例1] A市某科技发展有限公司注册资金1000万元,是一家由三家股东合力打造的专业的居家养老服务的公司。根据公司网站的介绍,该公司通过科技手段,自主研发实现了1个平台(居家养老电子商务服务平台),完善了1个中心(居家养老服务中心)。平台中可以实现生活照料、健康护理及精神慰藉三个领域的服务,涵盖了16项服务内容。在生活照料领域中,服务包括如配送、代购、代缴费和家政服务。公司在一定地理半径内,建立居家养老服务站,备有日常用品。公司有专供的蔬菜基地。公司配置的"全民付"服务设备可以完成水电煤气等日常消费的缴纳,并能订购飞机票、火车票和缴罚款、缴电话费等项目。另外配备家政服务,由家政专职工作人员提供专业的上门服务。在健康护理领域中服务包括安装居家安防系统、健康管理、健康咨询、健康监控等服务。在精神慰藉领域服务包括远程教育、文娱类活动、旅游服务、主动关怀服务。该公司依托 B区养老中心的专业力量,申请"A市B区助老养老科技惠民综合示范项目",并已获得国家部委、市科委、市民政局和区政府的资金支持和协助。该项目拟以社区为单位,建立覆盖全市规模的社区服务站和配送体系。未来预期通过加盟建站的形式逐步发展扩大。项目平台将基于"OTT""三网联合"等模式进行运行。老人及其子女通过电话、互联网或数字电视,把自身的需求服务上传到公司平台,平台即会为用户提供的服务内容进行分配。具体的服务提供则由 B区养老中心作为合作方共同完成。实际上,这一公司依托养老服务中心的项目,通过信息技术建立了虚拟的社区居家养老服务网络。①

① 根据该组织网站资料编写。

　　由于公司采用企业运营模式，有一定的营利目标。企业在与民办非企业单位的合作中尚难以明确区分哪些活动属于营利性活动，哪些活动具有社会公益属性。其收益所依赖的公共资金和资源与企业资本之间难以清晰区分。购买服务项目的公益性和企业营利性之间存在一定的冲突。

　　策略四中，民办养老机构和依托养老机构的民办医院在实际发展中仍要依赖于政府的政策和资源。以民办非企业单位登记注册的医院，既容易得到社会的认可，同时也更容易获得政府税费减免、基础医疗定点医院评审、等级医院评定、医务人员职称等方面的关乎医院发展的重要政策。即使在非营利性属性下，组织也可以通过变通的方式发放劳务代替分红。民办非企业单位，在运营过程中的行动游走在营利和非营利模式的模糊地带。既按照营利模式操作，又选择非营利的帽子来获得政策的支持。

　　2. 政府与社区居家养老服务组织之间的"委托—代理"关系

　　政府购买社区居家养老服务的方式主要是补贴制和项目制。在补贴制模式中，政府和社会组织之间表现为不充分市场竞争条件下的"委托—代理"关系特征。不充分的市场竞争条件主要是指市场中能够参与提供这类养老服务的各种规模的社会组织或下游服务企业数量不足。政府购买社区居家养老服务是将一定金额的补贴发放到老年人手中。地方政府一般采用养老服务券（卡）的模式替代现金。养老服务券（卡）可以为具有购买养老服务受益资格的老年人支付家政服务、康复护理及餐饮等居家养老服务费用。

　　政府补贴政策的执行需要依托生产养老服务的组织网络。政府对于服务组织实行准入制，需要逐级审批才能成为政府指定服务机构。目前，市场中尚缺乏充足数量的养老服务组织。为了鼓励更多社会组织和企业参与养老服务，有的地区政府降低门槛并简化审批程序，规定只要具有法人身份的服务商承诺为老年人、残疾人提供更多更便捷的服务即可成为政府购买服务的指定服务机构。为了实现服务供给网络的构建，政府需要积极主动地拓展和维护其与代理人之间的合作关系网络。特别是基层政府和社区工作人员负有开发一定区域内养老服务组织的责任。尽管较大型的连锁超市、食品和便利店有积极意愿参加养老服务的提供，但这些企业大多仅仅只是能够提供日常物品或食品采购。助餐和居家护理两大类核心养老服务往往更加需要由社区周边的小商户来提供,包括餐饮、洗衣、家政等。购买养老服务的行政手续烦琐或支付刷卡设备成本较高使一些小微企业不愿参与或退出合作。在这样的情况下,一方面,服务供给小于需求。另一方面,购买服务的选择权掌握在老年人手中,降低了社会组织对于政府的资源依赖关系程度。作为委托方,政府对代理方的控制力减弱。基层工作人员在开发新的养老服务商以及维护已有服务商的工作中难度较大。为了保证购买服务的种类和质量,政府在合作之中更为主动地维护供给网络的关系,为社会组织和企业参与服务创造条件,并且不会侵占代理人的利益。

政府购买服务的项目制与补贴制有两方面差异。其一,项目制参与主体根据政府相关规定主要是社会组织。补贴制参与主体既可以是社会组织也可以是企业组织。其二,项目制中社会组织对于政府的资源依赖程度高于补贴制购买。

在项目制合作中,政府与社会组织之间表现为资源稀缺条件下的"委托—代理"关系。在项目形式购买关系中,政府作为委托方仍然掌握着资源分配的权力。政府往往倾向于与拥有一定的声誉、行业从业经验和资质高的社会养老服务组织合作。在政府购买服务合同招投标过程中,一定地域中声誉较好的优质社会组织将更容易中标。这些优质的社会组织本身也与政府部门有密切的联系。有的社会组织本身就是在政府的主导下成立,有的社会组织发展过程中具有一定的政府和专家资源,吸纳了政府退休人员。政府退休人员凭借他们在政府的资源以及高度的热情和专业的技术,成为社会组织中的关键人物。政府退休人员不仅可以利用自己的人际关系找到一批人才,还可以利用自己以往的政府关系和人脉资源获得办公地点,使组织通过审批得到注册。①在资源稀缺条件下的"委托—代理"关系中,社会组织需要凭借自身的资源优势争取购买服务的项目,并且保障服务项目的执行。社会组织通过与政府订立委托合同,获取公共资金并提供养老服务。参与购买服务项目不仅能够获得公共部门资金的支持,同时还能够获得与政府合作所带来的其他资源。承接组织在项目执行过程中,不仅要依赖于政府部门提供的资源,同时还需要依赖于社会资源。这

---

①　李春霞、巩在暖、吴长青:《体制嵌入、组织回应与公共服务的内卷化——对北京市政府购买社会组织服务的经验研究》,《贵州社会科学》2012 年第 12 期。

一类专业性的社会组织成为政府项目的承接机构后，更多采取一种合作网络的关系管理，将政府、企业、高校专家和志愿者作为其服务支撑网络的主体，积极与各类主体建立起信任和合作关系，以整合资金、人力和物力提供养老服务，并逐渐拓展组织的服务范围和组织规模。

项目制合作中，一类是源于社区的项目合作。基层政府一般与地域范围内的知名社会组织签订委托协议，由其运行社区的日间托老机构以及为社区符合一定资格的老年人提供养老服务。这方面的合作中，区域内声誉好的机构养老组织往往与政府以往的合作经验和联系较多。这类组织在争取社区购买养老服务项目中具有较大的优势。另一类是非源于社区的项目。社会组织申请政府公益创投项目，并参与竞标。专家委员会对于申请的项目进行评审，并确定中标的项目及社会组织。从以往的数据看，能够获得第一类社区养老服务项目的社会组织中标市级公益创投项目的概率更大。

［案例2］在A市老城区H区，参与社区老年服务提供的主体为区域内最为优质的社会组织或依托社会组织成立的企业。GN养老机构是位居行业前列的品牌养老机构。它是由民间发起的社会组织，理事会是其最高决策机构，理事长为A市原老龄委主任，副理事长为知名学者，A市民政、劳动、卫生等系统的多名退休官员都在GN理事会任职。A市GN老人护理职业培训学校是一家民办非企业单位，由GN养老机构开办，其所获得的政府购买服务项目内容多是为养老护理者提供培训服务。在A市民政部门举办的首届公益创投大赛中，GN中标公益创投项目"对失能失智老年人居家照护者技术示范指导项目"。该项目得到了A市H区政府、H区民政局、H区XYL社区居委会的支持。项目针对广大居家高龄、失能失智老年人照护人员水平较低的现状，在市区民政、老龄等相关部门的支持配合下，通过由GN老人护理职业培训学校专家讲师组成的项目执行团队走进失能、失智和贫困、孤寡老年人的家庭，对老人照护者提供面对面、一对一的示范指导。通过为每名照护者赠送《养老护理基础知识与初级技能》教材、防止老人夜间跌伤的荧光标识、生活护理用品等，使每一名照护者都能够有机会学习到先进、科学专业的照顾理念、知识、

技能与方法，达到保障老人居家安全的目的。该项目实施地点是 A 市智慧社区和居家养老试点的 XYL 社区。

[案例3] A 市老城区 H 区的 GK 助老福祉中心是 2009 年登记注册的民办非企业单位。该组织是由建于 1997 年的民办养老院"GK 护养院"参与筹备的社会组织，主管单位为 H 区老龄办。在建院十余年中，GK 护养院在为老服务中走出了一条"帮天下儿女尽孝、替世上父母解难、为党和政府分忧的路子"，成为 A 市 H 区民办养老的重点单位，也成为中国老年事业发展基金会所推动的"爱心护理"工程全国示范单位。2012 年，公建民营属性的 H 区 GK 托老所正式运营。国家部委有关领导、H 区委书记以及相关负责领导出席仪式。2012 年至 2014 年，GK 助老福祉中心"社区虚拟养老院"示范项目连续三年被列为"中央财政支持社会组织参与社会服务"试点项目，享受专项资金的支持。虚拟养老院延伸进社区作为一项创新的社会福利模式，通过整合养老机构的专业护理、基本医疗、社区食堂、社区义工及志愿者等多方面的资源优势，从物质、照料、医护、精神四个层面把优质为老服务引入社区家庭。"虚拟养老院"采用政府购买服务，针对 H 区失能、半失能、困难以及空巢老人提供养老服务。H 区财政每年会对虚拟养老院项目给予配套资金。养老机构每服务一位老人每月将获得 300 元的财政补贴。项目受益范围是 H 区 4000 多享受政府养老补贴的各类老人，辐射 H 区六个街道社区居家养老的老年人。GK 助老福祉中心在 H 区符合购买服务资格的老年人中展开评估，优先选择生活困难、失能、半失能、高龄空巢老人与虚拟养老院确立服务关系。GK 护养院此前已经陆续为 100 多位无子女的经济困难老人提供了免费的扶助项目，包括免费的两餐、护理人员和医生入户进行护理和检查、志愿者定期探访的心灵关爱服务。得到中央财政项目支持后，组织扩大了服务对象人数规模。每年平均约 180 户老人接受该组织提供的社区居家养老服务。2014 年，GK 助老福祉中心又中标 H 区政府购买社区日间照料服务试点项目。GK 护养院、GK 助老福祉中心与街道签订协议，承担 WDS 街社区老年日间照料中心的运营工作。政府对于中心的运营给予每月一万元的资金补贴。GK 助老福祉中心在养老服务中开发了以助老志愿者为主体的社会资源网

络。A 市多所高校均成立助老志愿者队伍，经中心专业人员培训后，按照要求成立小组，固定服务于养老机构和社区。2015 年，GK 助老福祉中心所申报的"'1 + 3'模式培育发展新型老年日间照料服务中心"项目中标 A 市首届公益创投项目。

根据相关法律和政策规定，购买养老服务项目限定以社会组织作为承接方主体。购买养老服务的一级承包组织以民办非企业单位为主。从案例中可以看到，比较优质的民办非企业单位在组织成立和发展过程中，本身就与民政部门和老龄办等相关部门的业务联系较多。这些组织在创办之初就受到政府相关部门的重视和支持。在组织后续的发展过程中，此前的项目经验和组织与政府部门间的信任关系成为这些优质社会组织中标政府购买公共服务项目的社会资本。上述民办非企业单位往往可以同时获得国家级和市级政府购买服务项目的资助。在政府购买服务项目的支持下，组织将养老服务范围延伸到不同社区，进而形成服务网络，获得品牌效应和规模效应。政府项目的公共资金可以很显著地缓解组织运营的经济成本压力。政府项目不仅为机构提供日常运营的补贴，同时也为机构的日间照料护理人员提供相应的社会保险补贴和培训补贴。

除了政府项目的支持外，社会组织供给养老服务时是处于一个由多元主体构成的合作网络之中。政府部门是合作网络中具有主导作用的主体。此外多元主体还包括企业和志愿者等社会力量主体。从事养老服务的社会组织在运营社区日托中心的过程中，需要建立二级或下游的供应商关系网络。这些供应商包括配餐送餐、代购、家政服务等服务类型的企业。同时，志愿者和志愿精神是社会组织供给服务的合作网络中重要组成部分。政府购买服务的项目资金平均到每一个具体的老年人身上的金额较小，仅仅能够支付其最基本的生活需求。为了提升服务水平，社会组织往往要再去寻求更多的资金和人员。招募、开发和维护组织的志愿者团队是社会组织的重要工作。专家学者也是社会组织发展中的重要人力资本。购买养老服务项目执行中需要依赖于志愿服务和专业性支持来改善养老服务的水平。社会组织聘请高校的专家学者作为理事或顾问，为其服务提供专业性的支持。同时，专家学者的人脉资源也成为社会组织竞标政府项目时评审过程中的优势。

　　一般而言，为了保障服务质量，养老服务供给中往往需要服务提供者与接受者之间服务关系稳定。养老服务提供往往还是一个长时期的过程，需要服务项目有一定的延续性。社会组织中标政府购买养老服务项目以后，还会继续申请或续签购买服务合同。长期或多期的项目合作既是这些社会组织服务质量的保障，同时也是对组织发生机会主义行为的约束和限制。社会组织在与政府合作供给养老服务时需要有效地管理其与其他参与生产和提供养老服务主体间的关系。主体间的关系是基于信任的长期互赖关系。因此，在实际中受政府委托的社会组织往往是一定区域内养老服务社会资源的整合者，并且协助完成政府公共服务供给。

第 五 章

政府购买养老服务的政策效果及反思

第一节 政府购买养老服务的政策效果

国外政府购买公共服务一般首先要明晰购买意义和原因，再做出是否购买的决策。衡量一项服务是否应该实行政府购买政策的标准主要有"政府职能重要性标准"和"民生标准"等标尺。"政府职能重要性标准"用来评判该项服务是否为政府的本质性职能。"民生标准"主要依据公共服务与民生密切程度来判定是否购买。① 在人口老龄化的社会中，与民生问题紧密相连的养老服务逐渐进入政府公共服务职能的范畴。政府购买养老服务的初衷在于引入社会资本，以向社会组织购买的方式来为一部分特殊群体中的老年人提供养老服务，缓解社会家庭结构和人口结构变迁过程中养老服务供给与需求的矛盾。政府购买养老服务政策本身需要遵从公平和效率双重价值标准。购买服务的受益对象只能是经评估确需政府给予养老服务支援的符合一定资格条件的老年人。一般而言，这类老年人是处于一定的经济方面和行为方面不利地位的老年人群体。为此类老年人提供更多数量和更好质量的基本养老服务是政府制定购买养老服务政策的主要意图。值得注意的是，提供公共服务是政府购买养老服务的主要目标，但并非唯一目标。除了公共服务供给外，向社会组织购买服务的政策中嵌入了引入社会资本和培育社会力量承接公共服务等多方面的社会目标。向社会组织购买养老服务的同时，政府也在吸纳社会资本进入养老服务领域。购买服务的资金也客观上起到了培育和孵化社会服务类社会组织的作

---

① 项显生：《我国政府购买公共服务边界问题研究》，《中国行政管理》2015 年第 6 期。

用。购买服务是政府治理的政策工具，是我国社会化养老服务体系构建的
路径。

一　政策的功效分析

政策的功效主要关注政策本身是否实现了政策最为主要的符合全部社
会成员偏好的目标。评价政策是否符合社会偏好，首先，就要确定政府供
给养老服务的边界，并且对这一边界的社会公正性进行考量。其次，还要
考察政策中政府的能力，也就是对政府的公共政策产出进行评价。换言
之，政府通过外部购买服务是否实现了在有限的财政资源下提供更多更好
服务的预期目标。

购买养老服务政策的功效总体上分为经济性和社会性两类。购买养老
服务政策的经济性功效主要表现在政策实施前后服务本身数量和质量的提
升。这包括无偿或低偿的养老服务受益面的拓展、养老服务内容和类型的
增加、服务质量的提升以及政府对老年人需求回应的改进。购买养老服务
政策的社会性功效主要表现在对于社会组织参与公共服务供给意愿的激励
以及专业能力的孵化。购买服务的过程中，政府向社会放权，形成了与社
会组织合作供给公共服务的创新性机制，并且为政府公共服务职能建设提
供支撑。

在养老服务供给领域，政府责任最初定位在补缺和剩余保障的角色。
政府在养老服务中承担的责任较小。购买养老服务是政府责任的增持，是
政府在一定的财政能力之下，根据社会发展和人口结构变化而采取的新型
公共政策和福利模式。从政策实践中可以看出，我国政府在购买服务的过
程中逐年提高了养老服务支出在公共财政支出中的比重，扩展了政府供给
养老服务的受益范围。在政策制定的过程中，政府意在平衡不同年龄、不
同护理等级以及不同经济收入层次老年人养老服务需求的必要性和迫切
性，从而利用有限的公用资源回应社会中最为迫切的养老服务需求。这方
面政府制定政策的选择符合社会公平的价值导向。

根据实地调研、政府文件以及统计数据的分析，可以发现我国城市中
政府购买养老服务政策的经济性功效较为显著。追踪近十几年来政府养老
服务补贴对象的范围变化可以发现，受助老年群体的范围从早期的单一年
龄和经济困难的标准，逐步过渡到综合不同层次年龄、收入水平和身体健

康程度等多方面条件而形成的多层次目标群体模型。还有的地方政府逐渐开始采用专业评估方法来确定老年人接受补贴的资格和享受补贴的水平。上述转变体现了我国政府公共服务职能建设过程中的公民需求导向。政府公共财政在老年人福利领域的投入限定在公共物品和准公共物品的属性范围内。这就避免了因福利过渡而造成的财政危机，同时也在一定程度范围内改进了老年人以及相关社会成员的所享受的公共服务水平，符合政府公共服务职能和政府保障基本民生的责任基本要求。

通过补贴制和项目制购买，社区居家养老的服务类型不断拓展。原有社区中针对老年人的服务主要是老年活动室的文体活动以及社区工作人员对孤寡老人等特殊老年人群体的日常照顾和慰问。购买服务前，由于社区和居委会工作人员的工作重心在于承接上级政府交办的各类事项，因此他们往往对于社区养老服务疏于管理。社区中的养老设施并没有被充分利用来回应老年人的照护需求。采用购买服务的机制后，社区引入了一些优质的社会组织提供专业性服务，将原有的社区养老服务设施和志愿者资源整合起来。社区居家养老服务类型扩展到医疗、护理、精神慰藉、助餐助浴等专业照护性的服务，同时还包括助行、代办、代购、家政等多种类型的生活辅助性服务。

社会组织在供给服务时发挥了自身组织结构和专业性的优势。与政府管理的科层制结构相比，社会组织的行政结构较为扁平。一线的服务人员和管理者之间的信息反馈更为便利。政府部门工作人员偏重于宏观管理，往往并不参与服务的直接提供，存在养老服务领域经验和技能的短缺。社会组织的管理人员多数具有老年人护理专业的知识、技能和从业经验，更加注重在服务过程中以老年人的服务需求导向不断地创新和开发新的服务类型。通过项目制购买服务，社会组织发挥了自身的创新性。公益创投项目中，社会组织结合自身的专业性优势，有选择性的面向一部分特定的老年人群体开展服务创新，例如面向养老院中的"三无"、经济困难老年人的服务项目、针对养老行业护理人员的专业性技能培训以及针对高龄老年人的精神关怀项目。公益创投是社会组织创新的载体，满足了一部分发展型养老服务的需求，拓展了政府养老服务的受益群体。在机构养老服务方面，地方政府通过公建民营形式，引入专业的养老服务组织运营公办的养老院。不仅增加了社会中养老床位数，缓解了养老床位严重不足的压力。

同时，通过公私合作中的交换，政府以低偿购买形式增加了享受政府补贴老年人可入住的养老机构床位和服务机会。

总体而言，在经济性功效方面，购买养老服务政策增加了政府在养老服务中的公共资金投入，回应了社会中高龄、空巢、失智失能、经济困难的老年人群体养老服务需求。尽管不同地区的政府购买养老服务受益面因其经济发展水平和地方政府财政能力而有所差异。但通过与社会组织的合作，社会养老服务方面的人力、财力和物力都显著增加，服务对象的范围和服务类型方面都有一定的扩展。购买公共服务的政策，使无力享受市场化养老服务的老年人享受到基本的养老服务，为更多老年人提供了多元化的发展型养老服务，保证了全体老年人的权利。购买养老服务政策是政府主动承担并增持老年福利和养老服务责任，符合社会公平正义的价值标准，也意味着养老服务正逐渐向适度普惠型福利制度过渡。在社会性功效方面，主要是培育社会组织并吸纳社会组织成为公共服务供给主体。从案例和实地调研中，可以发现政府依靠自身的权威和掌握的资源，将各类养老服务领域的社会组织和企业集结到一起，形成了政府主导的公共服务供给合作网络。政府和社会组织双方都存在合作的动机，并且通过资源交换和沟通来促进合作信任关系，保障了服务供给的质量。

二　政策的效率分析

政策的效率分析主要围绕政策过程中政府部门的工作人员是否实现了资源的经济性利用。政府与社会组织合作过程中，作为出资人，主要提供的资源包括资金和实物（场地）。政府在资金的投入同时还为参与养老服务的社会组织提供办公场地和养老机构的用房及基础设施。资金和实物都作为政府与社会组织合作中提供的资源，在合作关系中具有交换价值。

基于案例资料和实地调研的结果可以发现在一定的行政区域范围内，地方政府一般选择与极少数的有一定声誉的优质社会组织进行长期合作。这类组织在成立早期即得到政府相关部门的扶持，或直接由政府部门退休的干部组织成立，在承接项目的过程中具备普通社会组织并不具有的社会资本和网络资源。由于政府购买养老服务采用自上而下的模式，申报各类政府购买项目需要经过组织登记和主管部门审批，并逐级上报材料。因此得到地方政府的认可和信任的社会组织，在申报过程中的评比排序占有优势，更加有助于其获得中央和省级政府向社会组织购买服务的项目，并且往往被作为政府此类工程的样本和示范项目。由于资金和场地扶持力度较大，这一类组织的运营成本压力和生存压力处于较低的水平。出于组织声誉和政府之间长期合作关系的维护，这一类组织往往都能遵循合同规定，按照政府部门给定的标准保证养老服务的质量，很少出现骗取政府公共资金或服务质量打折扣的机会主义现象。这一类组织往往较为熟悉区域的老年人服务需求，与周围的社区之间也能够维持良好的关系。因此，在提供服务过程中，机构以所在地为依托向多个邻近的社区延伸，提供分散的居家养老服务，形成规模效应，进一步降低了服务供给的成本。在这个意义上，政府与优质社会组织的合作更加有利于公共资金发挥规模效益，提高资金使用效率。

然而，从购买养老服务市场的竞争度方面分析，政府与少数社会组织的长期合作模式也可能存在资源过度集中和垄断的发展趋势。以 A 市 H 区的案例分析，JS 社会组织连续多年获得中央、省级、市级的政府购买服务项目资金支持。通过承接政府示范项目，该组织更加容易在区域内不同街道和社区中开展服务的延伸。与此同时，该组织还中标 H 区公建民营的托老所项目，获得了区政府提供的机构场地支持，免去房屋租金的巨大成本开支。通过不同层级政府项目资金和实物等资源的集中，该组织在其所在行政区域内，形成了品牌和连锁的养老服务机构，占据了区域内养老服务市场的绝对优势地位。

目前，养老服务市场的从业门槛较低，行业标准尚待完善，在一定行政区域范围内发育成熟且资质较好的社会组织数量较少。一部分养老机构采用价格竞争，以低价来赢取市场。长此以往就可能造成市场中发生逆向选择的情况，将一些提供优质服务的组织挤出市场。低价格往往只能够提供低质量的服务，此类养老机构无法实现可持续性的发展。最后，这一类低层次的养老机构也面临经营困境而退出市场。同时，低价竞争策略也为优质的养老服务组织增加了价格压力，使这类养老服务组织不得不降低成本和服务质量与之竞争，或因成本不足以保持优质服务而退出市场。最终，能够在市场中生存的只有依靠政府扶持政策而降低了成本的极少数品牌社会组织。垄断后的市场中，社会组织获得了更多的竞争优势和选择权力。由于市场竞争不充分，已经与政府形成长期合作的社会组织可能发生选择相对容易的服务对象的这类"取精"现象,减低资金使用效率,违背社会公正的价值标准。与此同时,由于缺乏竞争对手,这类组织在成为品牌组织后,经过多轮合作,较政府委托方掌握了与服务供给相关更多的信息优势,也更加可以利用占有的信息优势偷懒。一方面,组织努力的积极性减退;另一方面,由于监管制度的不完善,组织产生营利性的动机。这些问题有可能最终使得社会组织降低供给服务的质量,影响到公共资金的使用效率。

从购买养老服务的资金和补贴受益方向上来看,政府使用公共资金对社会组织的扶持保持了资金使用的公益属性,但也可能存在偏离公共利益和公益属性的趋势。在补贴制购买养老服务中,享受政府补贴的人员依据评估和补贴标准由民政部门和基层政府严格审批。一般而言,几百元的补贴金额只能为低收入和高龄的介护、介住不同层级的弱势老人提供最为基本的服务,并不足以支持老年人全部的养老需求。补贴制中资金使用的效率最重要的环节在受助人资格的审定。其中基层政府和社区工作人员的自由裁量权较大。如果监管制度出现缺位,很容易发生渎职和腐败现象。而社会组织在补贴制过程中收益空间很小。组织利用公共资金来营利的动机较弱。与获取收入相比,组织更重视通过参与公益性服务来实现组织声誉的提升,并且和政府建立合作关系。公益创投项目由于项目资助的金额多在10万元至15万元。因此,公益创投项目受益的名额有限。组织在开展项目过程中也需要得到基层政府的协助,很难对政府部门隐藏信息。加之,项目的资金使用管理制度严格限制,降低了资金被挪用的风险。在实地调研过程中可以发现,社会组织基本遵循民政部门提供的"三无"、困难、行动不便的高龄老人名单,选择服务对象。由于公益创投的财务制度严格限制行政性的开支,这较大程度地保持了公益的基本属性。

购买养老服务的公共资金偏离公共利益且效率低下最可能的情况主要存在于购买机构养老服务中。政府购买机构养老服务主要采用资源交换的方式,向运营养老机构的社会组织以低偿的形式为"三无""五保"等享受政府保障的老年人提供机构养老床位。政府在公建民营养老机构项目的前期资金和实物等资源的投入较大,并且在公建民营养老机构的运营过程中还会资助运营补贴。公共资源的投入是否符合选择服务对象的公益性原则值得考量。

　　[案例4] A 市开展养老机构公建民营改革的政策规定，公建民营的养老机构中由政府投资新建或购置建设，每张床位给予一次性建设补贴 3 万元；由政府投资改扩建的新增养老机构床位，给予每张床位 1.2 万元一次性建设补贴。政府对于养老机构的运营补贴实行差别化的补贴制度，对收养生活自理老年人的养老机构床位，给予每年补贴 1050 元/床；对收养生活不能自理（介护）和半自理（介助）老年人的养老机构床位，给予每年补贴 2250 元/床。对收养政府重点保障的困难老年人，给予全额或部分住养资金补贴。政府按照实际入住老人数和每张床 150 元/年（以实际金额为准）的标准，为养老机构投保综合责任险。以民办非企业单位 CHT 运营的 WQE 这所位于 A市郊区的公建民营养老机构为例，该养老院占地 40 余亩，建筑面积 2 万平方米，可提供 600 张床位，是全市首家公建民营的养老院。该养老院由 W 区 XGT 街道主持建设，2013 年建成后由民办非企业单位 CHT 进行管理。这一项目由当时的街道一把手主持规划兴建并组织社会组织竞聘。区政府无偿划拨 40 余亩地作为养老院建院的用地，并在其他方面也给予大力支持。建设养老院的资金来源既包含国家和市、区政府的补贴资金，也有街道办事处多方筹集的资金。养老院地上建筑总投资 7000 多万元，包括了房屋建设及室内装修配套改造资金。政府并不向运营的社会组织收取房租，只象征性地收取少量的管理费。同时区民政局和街道协助社会组织与有关部门进行协调，将原来的商业收费全部变成了按照民用标准收费，进一步降低了运营成本。CHT 作为运营方，还在养老院中创办了设有中医理疗科等 10 多个科室的一级医院。床位收费普通标准间全自理的老人每人每月 1680 元左右、半自理的老人每人每月 2100 元左右、需要全护理的老人每人每月 2600 元以上。这个收费标准要比同等条件的民办养老院便宜 200 元到 300 元。

　　B 区养老中心是公建民营养老机构，采用政府和社会资本合作（PPP）的建设模式，2014 年建成运营。中心占地面积近 30 亩，建筑面积 2 万多平方米，共有床位 1200 张。中心内部装饰是按照星级酒店标准，设视听室、棋牌室等多功能活动空间及开放式阳光休闲活动区，院内有运动场地和绿色蔬菜大棚，并配套建有老年康复医院，实现医养结合。该中心的运营由民办非企业单位 JL 负责，其中房屋租金、配套装修改造资金、员工工资和基地建设支出都需要承接机构来承担。收费标准是每个床位 3200 元或 2500 元床位费。除床位费以外，自理老人的服务费 420 元每月、介助老人根据不同的等级分别为 600 元和 900 元。餐费每月是 720 元。自理老人一个月全部费用在 4000 元左右。目前养老中心尚不接受介护的老年人入住。

衡量购买养老服务中公用资金和资源的使用效率需要考量是否使用有限的投入最大化地回应了最为迫切的需求，以维护社会公平和公正。首先分析人口老龄化社会中最为迫切的养老需求。按照福利保障属性、需求层次和迫切程度优先级排序，养老服务需求的迫切程度应从两方面标准做出判断。一是老年人的身心健康和自理情况；二是老年人的经济收入水平。综合起来，我国社会应优先回应的养老需求主要是低收入群体的养老需求和因不能自理且家庭无力照顾而必须入住养老机构者的一部分需求。

　　像失能老人，一般民营养老院为了便于管理、避免担责，都不愿意接收，本着公建养老院的原则，我们预留了一栋楼作为大量失能老人的专属房间。
　　养老院最重要的就是接收失智失能的老年人，自理老年人如果都在住养老院，那是浪费社会资源。(HD005)

对于养老机构而言，经济或身心特殊困难的老年人集中养老是公立养老机构的首要任务。因此，公用资金首先应回应上述若干类型的养老服务需求。当满足上述需求之后，政府再行考虑将公用资金用于发展型的养老服务方向，满足更多社会老年人的养老服务需求。如若颠倒顺序，可以认为这部分公用资金的利用效率并不高。其次分析公用资金和资源的使用是否通过控制和降低成本，为更多的对象提供了更好品质的服务。这方面需要通过较为科学和精细化的预算管理来实现合同效率。依据相关统计资料，与公建民营养老机构建设同期，2013 年 A 市政府共计为 2.56 万名困难老人购买居家养老服务。购买居家养老服务方面市、区两级财政年投入共计 6197 万元。受益老人以服务券的形式兑换服务。[①] 而政府建立一所公建民营养老机构的基础设施投资就达到 7000 多万元。WQE 养老机构的入住比例中,"三无""五保"等困难老人所占比例为 10% 左右,其余的部分按照市场化方式向社会中的老年人开放。目前该机构入住的 100 多名老人中,失智、失能老人占了 50% 以上,半自理的老人也占到了 20% 左右。该项目中大部分公共资源的使用方向较好地回应了社会中较为迫切的失智、失能老年人的机构养老需求以及政府保障对象的机构养老需求。而位于 A 市中心城区的 B 区养老中心价格较高,这使得低收入的群体被阻挡在入院门槛之外。根据实地调研情况,该养老机构已入住群体主要为养老金较高的老年人群体,多为教师、公务员以及子女收入较高的老年人。同时该养老机构并不接收介助的老人,降低了经营的风险和成本。

　　比较起来,政府在购买居家养老服务方面的资金总额远低于在机构养老建设的基础设施资金总投入。案例中区域内公建民营养老机构是在地区民政部门和基层政府的大力支持下建成和运营,集聚了较大的公共资金和资源。但这部分集聚的公共资金和资源在不同的项目中回应社会基本养老需求的程度有所不同。在个别项目中这些公共资金和资源被用于社会中的高端发展型养老需求。除了统计数字上大幅增加的床位数外,从受益对象方面,公共资金和资源实际上并没有被完全用于回应社会最迫切的养老需求。在公建民营的管理模式中,由于政府基础设施投资大,社会组织的成本压力相对小一些,并且管理服务水平也较高。很多能够自理老人、经济条件较好的老人希望入住此类养老机构。在这种情况之下,民办非企业单位就存在通过门槛筛选,降低组织风险而获取更高利润的趋向。总体而言该类养老机构定位在高端养老服务,属于发展型的养老服务,更接近于私人产品和服务的属性,与公立属性有一定的矛盾。政府对养老机构的建设和运用投入的公用资金和补贴并没有落实在最需要补贴的困难老年人,而是相当于使一部分经济条件较好且照护需求低的群体受益。政府的公共资金投入反而拉大了老年人享受养老服务时的贫富等级差距。老年人在获得公共服务时并不公平。因此,上述购买服务政策执行并没有有效平衡社会中的私人服务需求和少数弱势群体的需求。

---

　　① 参考 A 市民政工作报告,2014 年。

第二节 政府购买养老服务政策悖论剖析

理性的公共政策制定一般包括确定目标、确定可供选择的实现目标的行动过程、预测每一种选择的可能后果、对每一种选择的可能后果加以评估、确定可以在最大限度上实现目标的行动选择。政策在实施阶段常常会出现偏离。这往往与政策制定者的利益偏好相关。政策制定者本身确定的目标集合中不同目标之间很可能存在界限模糊不清或者是彼此冲突的可能。在政策制定和实施过程中往往都存在一定程度的悖论。

一 政府与社会合作中的多元化与垄断

政府购买养老服务的本质上是政府主动承担公共服务责任,转变公共服务职能实现的方式。购买服务的政策本身一定程度上意味着政府主动向社会分权,激发社会主体活力,参与公共服务网络供给。根据福利社会化和社会组织发育的基本理论,服务供给网络的基本特点是多元化以及小微型组织的发展。多元社会主体通过竞争提高整体社会服务水平。然而,养老服务本身是劳动密集型服务行业。加之我国目前行业工资水平、职业声望和社会认可度相对不高,养老服务行业人力资本的水平偏低。社区中从事养老服务的小型组织由于人财物条件缺乏,往往聘用不起专业的管理人员和社工。小型组织一般无法完成政府项目投标文书写作,达不到政府合同所要求的各项财务管理和项目评估要求以及行政管理能力等方面的资质条件。这类组织一般难以达到与政府合作的门槛要求。另外,出于管理便利性、管理风险和成果显示度的考虑,政府选择服务供给组织作为合作者的时候,更加注重树立品牌,发展大型组织,并与之达成长期合作关系。在社会组织的生态环境中,与政府关系密切的、规模较大的且较为成熟的组织将凭借社会资本在网络中占据优势地位,小微型的组织处于弱势地位。公用资金和资源沿着社会网络关系的强弱方向聚集,将会形成社会组织发展过程中的马太效应。资金雄厚并且资源丰富的组织更容易获得更多的政府扶持政策和资金,而其他的组织则入不敷出,勉强维持提供服务,最终退出服务领域。这种趋势下,市场中将逐渐减少服务供给网络中品牌组织的替代主体和竞争对手。缺乏竞争的条件下,逐渐居于垄断地位的品牌组织将缺乏创新改善服务的动力。

政府部门采用向第三方机构购买服务的机制，其目的在于打破政府作为公共服务一元供给主体的状态，增加多元的服务供给主体。但是随着政策中多期合作的趋势推演，政策的后果最终将转变为与政府关系较好的品牌社会组织垄断政府购买服务的合同，降低政府项目招投标之中竞争度和公平性。此外，从服务供给的风险角度看，垄断后的品牌组织不仅垄断了市场合同，同时也垄断了行业知识和信息。品牌组织一旦发生管理问题，将导致政府养老服务供给出现大规模的风险。

二　政府与社会合作中的去官僚化和再官僚化

与政府合作之前，社会组织内部的人财物管理相对具有独立性。而当这些社会组织开始与政府进行项目合作供给服务后，由于使用了公共资金，政府将对社会组织的财务、人事以及日常管理各个方面开展行政性的监督检查。社会组织需要定期通过文书、总结和报告等方式在项目进展的不同阶段向政府部门汇报，应付政府部门的日常检查等活动。总体而言，社会组织与政府合作供给服务的时候，需要接受传统的行政命令方式的自上而下的管理。

社会组织在承接养老服务项目过程中，还需要与政府民政部门和基层政府以及社区工作人员之间沟通和协调后，才能够进入社区遴选服务对象或者选择入住机构的补贴对象。政府由于占据资源的优势，因此掌握了对于社会组织资源分配的权力。已经与政府建立合作关系的社会组织在平时还需要积极管理和维护与政府部门间的信任关系，以期获得更多政府分配的资源和开展工作的便利。目前，我国政府相关部门对于社会组织的管理思路仍然受到以往组织记忆的影响，保留了官本位的逻辑。政府对于社会组织的能力和动机缺乏制度性的信任，仍然将承接项目的社会组织作为下级单位实行严格管理和控制。政府对社会组织的控制既包括技术控制，也包括官僚控制。传统的管理思路之下，尽管供给服务的表面形式变化，但实质上政府与社会组织的地位仍然是官僚制中的等级化管理。政府部门并非如一些治理理论的前提假设那样将社会组织作为平等的合作者。如此形成的政府主导供给合作网络仍然是以等级制作为核心特征。与此同时，由于来自社会其他途径的社会资源较为缺乏，少数的大型社会组织缺少与政府平等对话的资源和权力,缺乏独立性。由此双方形成了由对政府资源依赖的程度而决定的依附关系。基于购买服务的制度和组织结构特点,社会组织需要采用官僚制沟通方式,以此向政府部门争取项目并协调各方面的问题。某种程度上,这些大型的品牌社会组织相当于在政府动员社会资本的过程中,被动性地被吸纳入政府的公共服务供给体系,成为政府公共服务在社会中的机构延伸。因此,政策本身预期的市场化改革方向并没有最终推动官办社会组织的去行政化,反而使得购买服务过程中与政府合作的社会组织更加依附于官方背景,被官僚体制吸纳,出现再官僚化的趋势。

购买服务政策在回应民生需求和改进服务质量目标之外,还有一个重要的社会效益目标是培育和推动社会组织的发展。西方发达国家中社会组织的发育较为成熟,社会中自下而上的草根力量较强,在组织规模、数量、地区分布和独立性方面具有较好的承接社会服务的条件。社会组织的成熟和能力往往对于自上而下的模型形成一定的抗衡。社会组织的独立性保障了组织在与政府签订合同过程中的平等地位和谈判权利。我国购买养老服务政策本身的推行采用的是自上而下的模型。政策的动因本身并非因为财政压力需要减少政府开支,反而是政府回应公共服务需求并且在供给服务方面增加财政投入。这部分增加的公共资金是目前我国社会组织发展的重要资源。目前,政府购买养老服务政策的执行处于社会组织发育不成熟的社会生态环境之下。在这样的前提之下,政府以官僚制的管理模式来培育志愿精神导向的社会组织并推动其社会化发展,这种执行逻辑本身就构成了政策的执行过程中模式与目标之间的不匹配。社会组织的再官僚化和垄断的发展趋势,最终仍不能够诱发社会参与公共服务的积极性。这种趋势一定程度上也背离了政策制定者意图吸引社会资本和社会力量作为政府供给公共服务的替代性主体的初衷。不仅如此,社会组织基于体制资源的依附,其在承接公共服务中的动机和策略还可能会产生资本逐利的偏离。

三　社会组织非营利属性下的营利性运营

在我国现行福利制度下,养老服务在不同层次上具有不同的属性。从竞争性和排他性的维度划分,养老服务既包括面向一部分经济条件较好老年人的私人属性服务,也包括定位在全体老年人的公共物品属性的服务和准公共物品属性的服务,还包括面向特殊老年弱势群体的公共物品属性的服务。目前我国养老服务行业属于微利且劳动密集型行业。养老服务的企业和组织进入行业的成本以及运营中的煤气水电和用工成本较高，其中一些民办的养老服务机构和组织运营过程中的成本压力很大。在购买服务以前，政府对养老服务机构的财政补贴支持资金额度较为有限。养老机构多数靠服务收费来维持机构运转，体现了较多的市场化特点，福利性相对不足。

　　政府购买养老服务的项目资金和优惠条件为这些养老服务组织发展提供了契机。为了保障公共资金的公益属性，政府对于承接合同的组织性质有明确的规定，主要限定在民办非企业单位属性的社会组织范围。按照我国法律规定，民办非企业单位属于非营利性质的社会服务型组织。民办非企业单位举办者的出资行为视为捐赠。举办者对于投入的资产不再拥有财产权和处置权。民办非企业单位的资产转化为社会公益资产，其组织的剩余收入和利润不能够用于分配或分红，只能用于组织开展的社会活动以及自身发展。社会资本如果想要投资创办养老服务机构，并且希望获得政府税收、水电优惠等国家对养老产业的优惠政策，以及在未来可以承接政府购买养老服务的项目，那么该组织必须在民政部门以"民办非企业"单位的属性注册。"民非"的属性意味着组织的私人投资资产归社会所有，变为公益属性，而且组织的利润不能用于分红。在从事养老服务的众多"民办非企业单位"之中，既有因志愿精神和利他动机而成立的社会服务组织，同时也有一部分被优惠政策吸引而登记的社会组织。后一部分组织存在营利性的动机，并且在经营过程中采用企业营利性方式。这类民非组织的非营利身份具有一定的模糊性，所谓"假公济私"。

　　以案例和调研资料分析，在补贴制和项目制的政府购买养老服务项目中，一些组织存在依托公共项目而变通的营利策略和营利动机。在社区居家养老服务方面，民办非企业单位往往在最初倾向于提供志愿性公益服务，建立与政府部门之间的信任关系。当组织发展和规模扩大以后，这些组织也需要从生存和发展的层面考虑如何增加组织收入。还有一部分民办非企业单位在承接政府购买服务项目的同时，成立企业组织。通过非营利和营利双重的身份，借助政府扶持平台和项目资源，开展营利性的养老服务。在这个过程中，组织的民办非企业单位属性具有一种工具价值，其组织运行也处于非营利和营利两者间的模糊地带。在机构养老服务方面，以政府补贴资金的对象分析,可见尽管有一小部分比例的床位无偿或低偿地提供给政府补贴资金的对象,但其中很大一部分公共资金补贴流向了私人物品属性的养老服务。

在目前中国经济和社会发展阶段中,完全依靠社会慈善捐赠来实现养老服务项目前期的大额成本投入,且完全依靠志愿精神和利他主义供给养老服务并不现实。社会中私人投资的基本动机应该是追求回报的,趋利的。因此,回应老龄化带来的养老服务需求必须使用政府干预的方式。我国政府部门对于社会组织管理模式相对粗放,往往较为注重组织在入门门槛和注册登记环节的审核,但并不注重对社会组织运营进行精细化的过程管理。"重审核,轻监管"的管理模式以及监管中信息不对称的问题,降低了组织违法营利受到惩罚的风险,增加了营利性的伪社会组织出现的可能性。由于监管制度的缺位,趋利的民办非企业单位往往也能够通过政府部门的登记注册和年检。这类组织一方面占用政府的优惠政策牟利;另一方面还可能与政府官员共谋,来利用公共资金和资源谋取个人利益。

非营利组织的营利化、商业化是近年来各国非营利组织发展过程中的基本现象。这种营利化和商业化的趋势是由于市场之中组织的生存和发展的需求决定。非营利组织需要与市场中的多元主体进行竞争,并在一些项目中与商业组织合作。在这个过程中,非营利组织能否保持其自身的独立性和非营利属性成为重要的议题。我国目前对于社会资本和社会组织参与公共服务供给的激励机制表现为资源诱导机制。其中的问题在于,政府购买服务的激励机制并不允许社会资本在公共服务领域中营利。这与资本的本质属性存在一定的矛盾。倡导和维护公共利益的政策基点是符合政府购买公共服务要求的,但是对于社会资本的定位超越了社会的发展水平往往成为政策执行中偏离的原因。在中国现实条件下,社会中慈善精神并没有充分发育。社会资本并不能以独立的志愿互助精神来承接公共服务。社会资本中嵌入性的营利动机构成了政府购买养老服务政策发生偏离的主要原因。

社会组织的营利化对于真正从事非营利性服务的其他社会组织构成了挤出效应。近年来,尽管经历了数次行政体制改革,但是从政府管理的模式上仍然能够发现"官本位""全能主义"政府管理的逻辑和路径依赖。伴随社会主体在公共服务供给中角色的凸显,"大政府、大社会"将是我国政府与社会关系的发展趋势。目前，"大政府"的体制之下，我国政府对于社会资源的供给具有绝对的垄断地位。基于养老服务行业的特点，行业中的企业和社会组织与政府间形成了关系性依附。限于政府资源分配的资格门槛限制和目前监管制度的不健全，企业组织采用了变通策略，并在一定程度上借助私人关系等社会网络资本，以非营利的身份来进行营利的经营。之所以出现上述的问题，更多的原因还在于政府部门在购买养老服务过程中，对于公共资金的使用缺乏精细化的规划和监管，对于公共资金的使用方向和受益对象缺乏明确的价值选择标准与公益性定位。资源诱导机制下，政府部门在吸引社会资本进入公共服务的过程中实际上采用了招商模式。但公共服务本身的公益属性与资本的逐利性相背离。政府若不能以有效的监管制度来杜绝组织营利的机会主义行为，实则成为营利组织非法获利的共谋者。因此政策定位的超前以及监管的缺位，使得支持非营利组织发展的政策最终促成了大型的垄断的营利的伪社会组织获利，这对于发展中实力较弱的社会组织产生了资源的竞争和市场挤出。

第三节　政府购买养老服务政策反思

一　购买养老服务中的政府责任定位模糊

评价政策的执行效果首先应该回到政策所定义的基本问题。以此作为分析政策是否偏离目标的标准。政府参与养老服务供给是依据宪法和相关法律法规，从政府职能和政府责任的要求出发，在一定的公共财政约束条件之下来实现公共物品和服务的高品质与低成本供给。

只有厘清养老服务的基本属性，才可能进一步分析和判断政府在供给养老服务上的责任。依据公共产品理论中判定公共产品的两个基本原则，即"非排他性—非竞争性"的二维分析框架。可以发现，总体上养老服务本身并不属于完全意义上的纯公共产品。养老服务本身包含三种性质的服务，公共产品性质的养老服务、准公共产品性质的养老服务和私人产品性质的养老服务。在政策领域的政府文件中，养老服务有不同层次的类型划分。《北京市"十一五"时期社会公共服务发展规划》划分了三种层次的公共服务，分别是基本社会公共服务、准基本社会公共服务和经营性社会公共服务。基本层次的养老服务是指为法律规定的老年人提供养护、康复和托管等任务。准基本层次的养老服务是指为老年人等特定群体提供的、政府定价且不足以补偿成本的多样化专业服务。经营性层次的养老服务是指提供老年人等全体特殊需求的养护、康复托管等市场化服务。基本社会公共服务和准基本社会公共服务在公共政策制定过程中被作为公共产品和准公共产品。经营性社会公共服务属于私人产品和服务。

根据公共产品理论，政府责任存在于为社会提供基本的公共产品和服务。政府在介入某一类公共服务供给的领域时，要综合考量服务的性质及接受服务的人群特点。首先，政府应该区分服务本身的基本属性，筛选出公共产品（服务）和私人产品（服务）。其次，筛选出一部分相对于特定人群而言具有社会福利性质的私人服务。基本公共服务和针对特殊人群的公共服务以及准基本公共服务通常应由政府全额出资或者部分出资。政府不参与私人产品性质的服务供给。具体到养老服务供给领域，政府责任是供给公共产品和准公共产品性质的养老服务。购买服务中政府首先应思考供给服务的责任和范围，考量是否完成了自身职责。只有当这部分政府职责完成之后，才能够将公共资金用于为私人产品领域提供支持。公共产品和准公共产品的供给具有一定的社会公益性。政府的责任在于保障社会公益，维护社会公平。目前，我国政府购买养老服务过程中还缺乏明确的公益性活动判定标准，在购买服务过程中除补贴制以外还没有明确区分服务的公益属性及公共服务和产品的不同层次。"一些应该由政府支付的费用项目没有支付，一些不需要政府支付费用的项目却介入了。"①

政府责任定位的模糊问题不仅存在于公共产品和私人产品间的区分，也存在于公共资金在机构养老服务和社区养老服务之间的分配和平衡。我国社会养老服务体系的发展规划中已经明确提出了"9073"的目标规划。根据这一目标规划，未来社区居家养老服务受益的老年人将达到全部老年人口的97%。而目前，养老服务的公共资金投入和扶持政策多向机构养老方向倾斜。政府购买社区居家养老服务的投入远低于其在机构养老服务中投入的资金数额。诚然，养老机构床位建设的成本高昂是其中的主要原因。而正是因为机构养老建设成本较高，因此政府更加需要建立相应的服

---

① 王名、乐园：《中国民间组织参与公共服务购买的模式分析》，《中共浙江省委党校学报》2008 年第 4 期。

务分配制度使有限的机构养老床位服务于社会中迫切需要机构照护的老年人。目前，由于缺乏相应的引导老年人尽可能在社区或家中养老的制度设计，一些自理老人只要支付服务费用就可以获得享受政府优惠条件的养老机构床位。老年人的支付能力对于获取机构养老服务的重要性往往大于需求的程度。这不仅会使一部分养老服务公共资源的利用水平降低，而且也背离了"9073"的发展目标。因此，政府应进一步明确养老服务中的责任范畴，明晰政府补贴和优惠政策可以受益的目标人群，进一步界定政府购买养老服务的公益性。

上述现象中所隐含的最根本的问题就是政府在购买养老服务过程中对于养老服务基本属性的认识并不清晰，由此带来了政策制定过程中政府责任定位的模糊的问题，并最终可能导致相关监管制度的缺位。

此外，政府责任的定位问题还受到政府行政体制和执行逻辑的影响。政府购买服务政策制定中主要是自上而下的体制，并非以公民需求导向作为资金使用的判定标准。中国政府体制的特征是权力的一体化和等级化，地方政府主要面临上级政府的垂直监督，所受的水平方向的监督和制约非常有限，尤其是政府公共服务的直接对象不能直接影响地方官员的任命。[1] 作为下级政府，更多需要考虑如何实现上级领导交办的工作，以此获得在晋升锦标赛中的有利位置。自上而下的官僚体制以及对上负责的官员执政逻辑，都决定了政策制定的取向并非公共服务需求导向。由于没有明确的需求导向，政府责任并没有精确地定位到社会最需要的群体和社会中最为紧迫的养老服务需求，由此将可能导致公共资金使用的低效率，损害公共利益。政府责任定位模糊往往还会进一步造成政府监管的缺位，从反方面构成了对社会组织营利偏好的激励条件。

二　政府和社会组织之间的激励相容结构

政府购买养老服务的执行力主要来自政策执行过程中的激励结构。我国政府与社会组织之间的合作关系具有一定程度上激励相容的特点。首先在地方政府层面，其激励结构主要受到我国中央政府和地方政府关系结构以及政绩考评机制的影响。关于我国政府治理结构的特点，以往的研究中

---

① 周黎安：《中国地方官员的晋升锦标赛模式研究》，《经济研究》2007 年第 7 期。

多从压力型体制①、政治锦标赛模型②、行政发包制③等模型来解释。在公共物品和服务的领域中，中央政府与地方政府事权的划分并非按照公共产品的溢出范围来决定事权以及相应的财权配置。我国中央和地方政府职责分工的依据并没有严格依据公共产品和服务的属性和受益范围的原则来划分。中央政府对于地方政府采用的是控权逻辑，以控制公共资金的配置方向为主。中央政府将公共资金金额大的项目审批权力上收，而对溢出效应比较广泛的公共服务，如医疗和社会保障、教育等都发包给了地方政府，尤其是基层政府。中央政府出资比例很低。④ 政绩考评机制方面，我国不同层级政府间的管理和考核采用各种形式的责任状和量化的目标责任制。对于上级制定的任务目标，下级政府通常需要权力调动自身的财政和其他资源去完成，经常的情况是"中央请客、地方买单"或"上级点菜、下级买单"。而为了完成上级任务和筹集必要的财政资金，地方政府又是"八仙过海，各显神通"。地方政府的工作绩效要接受上级政府的验收考核，这种绩效考核更多是结果导向的。行政事务层层发包之后，上级对下级的监察能力其实相对有限，只能依靠例行检查、专项整治和结果考核。⑤

我国社会正处于人口老龄化速度加快发展的时期。未来十年，养老问题将成为重要的经济社会问题。基于此，我国政府非常关注养老服务体系的构建，并积极研究实施方案，以帮助更多的老年人实现社区居家养老。中央政府在"十一五"和"十二五"期间都拟定了社会养老服务体系建设规划。上述规划中的建设目标也将以指标的形式逐级分配到各级政府。在购买养老服务政策执行过程中，现实中地方政府最主要的动力来自完成上级政府制定的养老服务方面的考核指标，如养老民生工程项目完成数、养老机构床位新增数、护理员持证上岗率、老年日间照料服务中心增加数、社区居家养老服务覆盖率、老年配餐服务点数等多方面。在购买养

---

① 荣敬本等:《从压力型体制向民主合作体制的转变》，中央编译出版社 1998 年版，第 35 页。

② 周黎安:《中国地方官员的晋升锦标赛模式研究》，《经济研究》2007 年第 7 期。

③ 周黎安:《转型中的地方政府:官员激励与治理》，格致出版社 2008 年版，第 22 页。

④ 周黎安:《行政发包制》，《社会》2014 年第 6 期。

⑤ 同上。

老服务方面，全国公共财政支出中用于老年福利支出的比重很低。除了中央财政和省级财政的资金投入，地方政府还需要提供很大比例的配套资金。地方政府在社会养老服务体系建设过程中的支出责任与其自身的财政能力往往并不匹配。依据不同地区的经济发展水平，不同地方政府之间在财政能力上存在一定的差异性。一些地方政府常常因为政策资金的缺口，而无法兑现上级政府要求的为社会组织提供项目资金配套，如床位费补贴等。迫于资金的压力，地方政府在吸引社会资本进入养老服务领域的主动性较强。通过与社会组织合作，不仅可以解决财政压力而且还能够实现养老服务基础设施和床位数较快增加以完成考核目标。

　　以往的研究中对于中国国家治理能力的解释主要是中国采取"举国体制"，这便于大规模社会动员和集中力量办大事。[1] 基于自上而下的政府治理能力建设和学习机制，"举国体制"的治理逻辑也同样投射在地方政府的政策行为之中。项目制购买养老服务的过程本质是地方政府对养老服务公共资金的分配方式，实质是社会利益的分配。在项目立项、招标、实施等项目环节都存在围绕利益而进行的多方博弈和选择。资源的有限性决定了地方政府也会采用举地方之力集中建大项目的政策思路。资金分配的金额数量往往也意味着地方政府所拥有的不同程度的权力。因此，地方政府在公共资金分配时并不是根据服务的基本属性来确定供给方案，而是更加注重重点项目和示范工程等大型项目的建设和管理。从地方政府应对上级考核的视角分析，公共资金的投入方向和逻辑体现地方政府更加注重资金的有形产出和成果，政府购买服务的项目需要具备一定的政绩显示度。而在实际中，越是特殊困难的老年人往往越缺乏利益表达的机会，也越缺乏享受上述重点工程的受益机会。按照我国未来养老格局的规划目标，97%以上的居家养老老年人能够获得便利的社区养老服务，3%的老年人可以住进专业机构养老。但根据政府公共资金投入的现实逻辑和规律，很大比例的政府财政投入目前是以示范型的机构养老项目为资源集聚的方向。但是养老机构中入住的对象却只有一小部分属于政府提供的基本养老服务范畴。养老服务往往是分散的、无形的服务。个体差异的原因导致影响服务质量的不确定因素较多。同时享受政府购买养老服务的群体往

---

　　[1]　周黎安：《行政发包制》，《社会》2014 年第 6 期。

往也缺乏利益表达和反馈服务效果的机会。所以政策受益对象对于政策制定的影响程度较低。在政绩考评体系之下,政府在供给养老服务的过程中沿用了经济建设的思路,更重视指标的增量,并不看重从公共服务需求的角度来思考,缺乏对服务属性和政府责任的明确界定。这将会导致资金使用的方向并非最紧迫的社会需求。

从社会组织的角度看,来自生存和发展的压力使组织具有降低成本的强烈动机。获取政府的项目资金和扶持政策是其参与公共服务供给的主要动力。政府提供的资金和优惠条件意味着其经营成本的大幅减低。基于政府对社会组织的管理体制和资源性优势,大型社会组织承接服务中往往在初期注重建立与政府间的信任关系,并且能够主动承担关系维护所需要的成本,包括志愿性的活动、前期垫资等。长期合作的预期和合作的经济性收益构成了社会组织较好的完成政府项目目标的行为激励条件。此外,在中国的官本位文化中,与政府合作项目的"公立""公办"属性也是社会组织声誉扩大,赢得社会信任的重要条件。实力较强的社会资本拥有更为丰富的社会关系和社会网络,往往可以通过私人关系联系到关键性的政府官员,以及获得相关领域的专家支持。在购买服务政策推行的"自上而下"的模型中,社会网络关系的资本是社会组织在获取项目和项目执行过程中的优势。与政府合作之中,社会组织投入的前期成本和关系资源越多,也意味着其回收成本的利益偏好以及与政府长期合作的意愿越强烈。基于管理方便、回避风险和政绩考虑,政府也更有意愿与较为信任的社会组织开展长期合作,并且将更多的资金投向这部分组织。这类组织在承接的项目中更加能够按照政府的意图来实践,并且也能够创造出地方政府品牌项目,构成政府公共服务的成绩。也就是说,政府和大型社会组织之间的委托—代理关系具有激励相容的结构。激励相容的特点也决定了少数社会组织垄断公共项目资金这种资源集聚趋势发生的可能。

另外,政府也将这类社会组织看作自己下属的组织,作为用以解决自身管理部门人员和资源不足问题的下级单位。政府对于这类社会组织既将其视为合作方,也将其视为政府的管理对象来对待。政府对参与公共服务供给的社会组织的人财物配置有一定的干预权力。由于合作的激励,这部分社会组织也愿意成为政府的代理机构,并承续政府在社会生活中的权威。换言之,政府通过购买服务的资源诱导机制强化了社会组织对政府的依附关系。在机构养老服务方面，政府作为出资人或股东，也同样具有追求项目效益最大化的偏好。项目的营利往往也意味着政府收入的增加。因此，在社会组织营利性的相关监管制度不健全或模糊的情况下，政府部门对于项目效益的偏好与社会组织的营利偏好也构成激励相容。社会组织为了获取项目以及通过政府的监管和检查，也可能向政府部门官员输送利益。

由于政府和社会组织之间存在一定程度的激励相容，因此在现有的监管制度框架之内，可以看到双方存在一种合作的趋势。政府和大型优质的社会组织都根据各自的目标积极争取双方的合作项目。但这种合作过程中也存在偏离公共利益的趋势。当多期合作完成后，社会组织具有一定的市场区域范围内的垄断性后，这部分社会组织就开始逐渐占据信息和资源的优势，进一步可以通过变通的方式来进行营利。在这种情况下，政府的项目资金以及补贴相当于投向了营利性的大公司，背离了公共资金的使用目的。垄断后的社会组织获得了更多政治上的谈判权力，对于政府和官员的行为也更加具有影响力，更加容易形成组织和政府之间的共谋，损害公共利益。

三　政府与社会组织合作中的制度性信任缺乏

现代社会具有多元化、开放性和流动性的特征。上述特征增加了社会生活中的复杂性、不确定性和风险性。在现代社会中，政府治理始终要不断地面对层出不穷的社会现象和问题，回应公民多元化的公共服务需求。然而，政府治理能力并不足以穷尽社会一切问题并解决问题。在这样的情况下，非营利组织逐渐参与到公共问题解决和公共服务之中。20 世纪 80 年代以来，在西方发达国家社会服务供给中私营机构逐渐成为政府部门的合作伙伴。

关于私营部门参与公共服务提供的机制，较早的研究都以竞争模型为研究对象。竞争模型假设公共服务供给的市场为竞争性市场，同时市场主体间的资源获取和服务供给都具有竞争性的特征。随着实践的积累，合作模型作为竞争性模型的替代方案，在社会服务供给过程中被更多地讨论。合作模型的应用需要以一定的市场环境和组织特点作为约束条件。第一个条件是服务供给市场中的资源和潜在的生产者较少。第二个条件是政府在特定的服务供给领域缺乏专业的知识和经验。第三个条件是服务供给过程中不确定性和复杂性的程度较高,服务供给的技术支持和方法都有较快的变化。当服务市场和服务供给的特点满足上述的条件时,合作模型比竞争模型更加适合作为政策工具。[1] 合作模型的第一个特点是潜在的垄断。一般而言,在合作模型中区域内的服务供给商数量很少,甚至合同往往只有一个承接机构。由于前期资本投入和进入市场的成本较高等原因,政府和私营机构都会更加倾向于续签合同。另外,政府部门同时也可能面临缺少足够的资金、缺少足够的专业技术人员以及法律限制等问题而无法更好地提供服务。上述服务的市场环境特点决定了双方都有足够的积极性去建立长期的合同。社会服务的承接机构最终往往成为市场中唯一能够提供服务的组织或者垄断者。而政府又是市场中唯一的服务购买者,双方之间的合同关系构成了双向的垄断。合作模型的另一个特点是灵活。社会服务本身具有一定的不确定性因素。因此合同文本并不能拟定得特别精细,需要带有一定的执行方面的自由度。在合作供给模型中,双方之间具有信任关系。合作中的政府与承接组织之间都是平等的主体,对于项目执行过程中遇到的问题将要共同面对并且协商解决。总体而言,合作模型在针对不同人群的社会服务供给中的应用较为广泛。诚然,合作模型也存在一定的弱点。其一,政府与私营组织之间由于建立了彼此间较稳定的信任关系,导致政府的监管和考核力度减弱。其二,私营组织更加注重维护关系而不是改进服务供给的质量。其三,具有一定垄断性的私营组织将更加具有信息控制的优势,而使信息不对称的问题加剧。[2]

合作行为产生于人的社会性需求,是在两个或多个独立主体为实现某一目标而达成协议。合作的基本要素包括主体间一致性目标、约束合作的规则以及相互配合的联合行动。公共服务供给过程中的合作一般受到国家政治和行政体制、文化背景、社会认同等多方面的政治和文化要素影响。国外公共服务供给合作模型中的"合作"本身不仅具有概念的基本含义,同时也包含一些特定的假设和约束条件。这些约束条件根植于特定制度下

---

[1] Dehoog R. H.: "Competition, Negotiation, or Cooperation: Three Models for Service Contracting," *Administration & Society*, Vol. 22, No. 3, November 1990.

[2] Ibid.

的社会自治和文化价值体系之中。在一些保持社会自治传统的国家中，非营利的社会组织在承担慈善救济和社会服务方面一直以来就独立地承担着重要的角色。社会公众和政府对于非营利的社会组织具有制度性的信任。政府与社会组织合作过程中更多表现为"自下而上"的治理逻辑。对比而言，我国政府的公共服务职能建设路径是采用"自上而下"的模型，特别在政策执行领域"自上而下"的行政命令体系具有很强的执行力。国外公共服务供给合作模型的理论和技术方法可为我国政府购买养老服务的模式建构所借鉴，但并不能够直接应用于对我国政府购买公共服务的政策研究。

我国政府购买公共服务的特殊性，一方面与社会组织的社会基础相关；另一方面与政府和社会组织的关系相关。制度安排对于社会组织的发育和成熟以及社会基础至关重要。在我国政治制度和集体主义文化的背景下，公共服务供给的角色一直被政府垄断。公民对于公共部门提供的公共服务有着天然的信任和认同。对于社会组织，一般情况下社会公众并不十分了解和关注，同时也缺乏对社会组织的信任，并不认为这些组织是非营利的公益组织。因此，在社会组织进入公共服务供给机制之初，赢得社会信任以及社会对其非营利属性的认同是非常重要的问题。

我国政府与社会组织关系发展路径可以借鉴科斯顿连续图谱模式①，如图5—1所示。这个模式认为政府与社会组织之间的发展变化取决于政府对制度多元化的态度。当政府对制度多元化的态度由"反对"一极向"接受"一极过渡时，社会组织和政府之间关系也相应地由"压制"社会组织过渡到双方"合作"。从压制到合作的过渡图谱中，不同坐标代表着不同属性的政社关系。

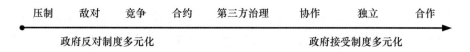

图5—1　科斯顿连续图谱模式

---

①　Coston J. M.："A Model and Typology of Government-NGO Relationships," *Nonprofit and Voluntary Sector Quarterly*, Vol. 27, No. 3, September 1998.

在养老服务领域，政府与社会组织之间的关系经历了由压制到合作的变化。最早我国仅由公立的养老院和福利院垄断养老服务供给，不允许社会力量开办养老院。其后，伴随福利社会化改革，政府逐渐向民营机构开放养老领域，鼓励民办养老院的建设。这类民办养老院和养老服务组织大部分以民办非企业单位身份登记注册。政府对于民办养老院的扶持政策和补贴较少，在一般情况下也并不干预其内部的经营和管理。随着人口老龄化发展，政府一方面面临养老服务供给的压力；另一方面又受到资金、知识和经验的限制。政府不得不接受多元化的服务供给机制，寻找一个专业性的合作者。尽管如此，双重管理制度的逻辑仍然影响到地方政府管理的思路。政府部门一直将社会组织作为自己的风险管控和管理的对象。政府对社会组织的目的和能力缺乏制度性的信任。在政府管理的逻辑之中，社会组织始终是依附于政府部门的或接受政府部门管理的下级单位。政府支持和资源是社会组织执行力的重要来源。尽管政府对于社会组织仍然采取管控的逻辑，但是从社会治理体制改革的角度分析，我国政府与社会组织间的关系发展趋势是由"管控"向"合作"演进。

国家主导是中国改革的主要特征。这一特征之下的中国市民社会发育不仅是困难的，而且可能是充满冲突的。社会治理体制和行政审批制度改革后，政府对于社会组织简化了一些形式的手续，对于社会组织的态度也更加的开放多元。但这些并没有从实质上改变政府与社会组织之间并不对等的主体间关系。社会组织参与公共服务供给过程中的基本特征是资源依附性、非独立性以及低信任度。购买服务双方呈现出非独立关系且缺乏信任的合作关系。在一定程度上，这种关系更接近于官僚制对体制外社会组织的吸纳，与之发展一种协作关系。这种吸纳并协作的关系用法团主义视角归纳和解释，可以认为其继承了原有社会体制的路径，最终成为一种新形式的国家与社会的制度化联结。国家对社会组织管理控制的思路转变为通过吸纳新生的社会精英，并重建国家与社会的组织联系，而将新的社会要素"容纳"到体制内。社会组织的地位将由官方控制逐步过渡为官民合作。①

---

① 乔东平、高克祥等:《政府与社会组织的合作：模式、机制和策略》，华夏出版社 2015年版，第 36 页。

第 六 章

国内外政府购买养老服务的经验与启示

　　20 世纪 80 年代以来，与新公共管理、民营化改革潮流相伴而生，政府购买公共服务以及公私合作供给公共服务在海外一些发达国家和地区中逐渐发展起来。政府购买公共服务在不同国家和地区有不同的界域和模式，其购买服务的市场化程度也有所区别。但其中的共通之处在于这些国家和地区中政府都与非营利组织、企业等私营部门构建了合作伙伴关系。公私合作关系在就业、养老和社区矫正等服务于公民个体的公共服务供给中成为重要的路径。20 世纪 90 年代，英国政府由于经济衰退和公共支出的扩张，发展了多种形式的政府购买公共服务技术工具。英国政府在 1990 年颁布的《公共医疗和社区关怀法》明确规定，中央政府拨付的特殊款项的 85% 必须以竞争招标的方式向私营或非政府组织购买服务。[①] 其后，美国、澳大利亚、挪威、德国和日本等国家都在其本国的社会福利传统中发展了不同程度的公私合作供给社会服务的模式。随着世界范围内的人口老龄化危机来临，老年人长期照护的社会需求逐渐进入各国政府的公共服务责任体系。养老服务开支在政府购买公共服务中的比例不断增大。养老服务作为社会福利服务的组成部分，其供给体系根植于特定的经济、文化与政治制度结构。购买养老服务是政府参与养老服务供给的途径之一。

　　与其他公共服务不同，养老服务中的国家角色比例与社会的人口结构和家庭形态特点相关。在奉行自由主义传统或是社会力量发育较好的国家和地区，非营利组织往往是社会福利的第一道防线。因此，养老服务最早只是作为一种慈善事业，是由社会中的非营利组织举办的救济性服务，仅

---

　　① 贾西津、苏明等：《中国政府购买公共服务研究终期报告》。

仅是针对极少数特别困难的弱势老年群体。这一时期的政府并不提供普惠型的养老服务。除了北欧福利国家,英、美等发达国家政府并未对于养老问题进行政府干预。其后,伴随世界各国人口老龄化趋势的发展变化,养老领域中的国家角色不断得到强化。欧洲地区和东亚地区等各国政府通过公共财政和公共政策为老年人养老提供相应的支持,以帮助社会适应老龄化。由于养老服务的人力和财力成本投入较大,且专业性较强。向非营利组织和企业购买老年人长期照护服务成为大多数国家政府的政策工具。尽管这些国家有的采用了完全市场化模式,有的采用了部分市场化模式,但法治化和供给主体多元化都是这些国家政府购买养老服务的基本特点。其中一些国家还建立了与普惠型养老服务体系和政府购买制度相关联的老年人护理保险制度。德国、美国和日本均建立了各具特点的照护保险制度,并通过照护保险制度来实行政府购买养老服务。

考虑到社会文化传统、政治体制、人口老龄化的特征等因素的差异性和相似性,本书选取了六个发达国家和地区政府购买养老服务的案例。这些国家和地区在经济发展到一定阶段时均遭遇老龄化的危机。社会力量成为政府应对老龄危机的合作伙伴。其中中国香港地区和日本与中国内地养老传统文化背景相通,在政府供给养老服务中面临的问题也有一定的相似性。通过对上述国家和地区经验的梳理,可为现今中国政府应对人口老龄化和购买养老服务机制建设提供一定的借鉴。

第一节　中国香港特区政府、日本政府购买养老服务

一　中国香港特区政府购买养老服务

香港特区政府在养老服务供给中的角色发展经历了由消极到积极的变化过程。这种变化过程的重要因素来自经济发展中的社会家庭结构变迁以及人口老龄化、高龄化的不断发展。在香港社会文化传统中,家庭在养老责任主体中居于主要地位。政府则是在老龄化危机的应对中不断调整社会福利的制度安排和政策,开展了多种形式的向社会力量购买养老服务。

近代香港老年社会福利的制度最早可追溯到 19 世纪末。与自由放任经济政策相适应,港英政府在 19 世纪 90 年代制定了社会福利的基本施政

方针，即"政府不会在香港建立一个制度性的社会福利体系；政府只会尽力弘扬华人传统的孝道和服从精神，藉此发挥家庭照顾功能"①。在20世纪50年代以前，香港社会中的养老服务主要针对极少数极贫极弱的老年弱势群体的救助。这些救助由教会兴办的慈善救济团体和代表华人本土互助精神的慈善机构提供，归属于救济型服务。在养老服务方面，政府因循自由主义的经济思想，执行国家尽量少干预、不干预甚至是不承担责任的自由主义政策。这一时期，家庭是承担养老责任的主要角色。当时社会观念中普遍认为照顾老人是家庭的责任。老年人自身也难以接受家庭之外的照顾方式。由于此时社会并没有进入老龄化阶段，政策制定者认为扩大化的老年福利将侵蚀社区的关系网络和以孝道为核心的传统责任感。

20世纪60年代中期，香港地区人口老龄化趋势日益显现，迫使政府转变不承担责任的消极态度，在坚持所谓的"积极不干预"的原则下，有选择地提供一些诸如社区居家养老照顾等为老服务②，并逐渐建立起向低收入者和弱势群体提供援助的社会福利计划。与此时政府的兜底角色相比较，非营利组织扮演了社会服务提供者的主要角色。1973年，香港政府发布了《香港福利未来发展计划》白皮书，首次提出建立政府与志愿机构的"伙伴关系"，用社会福利署和志愿机构合作提供服务，同时政府承担大部分福利开支。社会福利策划委员会提出了"五年计划"，指出政府是提供社会服务的主要责任主体。政府在社会福利供给中的责任范围是：一是香港法律规定的；二是重要、繁复或规模宏大而只有政府才能顺利提供的；三是与政府其他部门有关而需要社会福利署协调的。③

20世纪70年代，香港社会老年人口数量日益增多。传统社会中的家庭照顾能力也由于经济发展和社会变迁而受到削弱。1972年，香港政府正式成立工作小组，专门研究老年人的需求问题。香港政府老人服务工作

---

① Jones J. F.：*The Common Welfare*：*Hong Kong's Social Services*，Hong Kong：Chinese University Press，1981，p. 65.

② 王海英、梁波：《老龄化与养老服务：香港的经验与启示》，《中国人力资源开发》2014年第16期。

③ 王名、李勇、黄浩明：《香港非营利组织》，社会科学文献出版社2015年版，第32页。

小组提出,以"社区照顾"方式发展社区居家养老或居家照顾为主的养老服务的行动方案,以应对社会人口老龄化的危机。这一阶段,社区照顾是较为重要的社会政策,与社区照顾相关的老人服务中心建立起来。在当时的社会中,机构养老的服务质量和口碑较差。社区照顾以其便利性和人文关怀的优势受到社会的推崇。1979 年,政府在《香港社会福利白皮书——进入八十年代的社会福利》中明确政府需要承担社区照顾服务的责任,并为老年人提供现金援助、医疗和房屋的支持。[1] 香港社会中的为老服务,绝大部分都是由社会中非营利组织来运作。2005 年年底,除少量医疗服务机构外,香港社会福利署所属的服务机构已全部移交给非营利组织。政府对非营利组织的为老服务项目给予资金和政策上的支持。政府通过向非营利的社会组织购买服务的形式,与社会组织建立了良好的合作关系。政府是养老服务的责任人,而社会组织往往是直接提供服务者。香港社会组织虽然在资金和资源上对政府形成了较大的依赖,但在组织管理方面则保持了较大的独立性。一些规模较大的社会组织形成了集团,成为覆盖全港地区的社会服务机构。这些规模较大的组织往往采取二级管理,集团层面负责提供信息、培训和技术服务,基层单位负责直接提供服务。[2] 社会组织与政府的合作过程中相对平等,并不是从属地位。一般规模较大的社会组织的主要负责人本身就是社会精英,在政商界都有良好的社会资本和关系网络,在政府部门的老服务政策的拟定过程可以与政府进行平等对话,具有一定的影响力。[3]

　　香港地区养老政策是"居家养老为本、院舍照顾为后援"。香港地区针对老年人的养老服务根据服务地点不同主要分为社区和机构两种类型。社区中的养老服务称为长者社区支援服务。老年人入住养老机构称为长者院舍照顾服务。老年人若享受政府资助的养老服务需要经过一定的评估,确认其资格。香港社会福利署自 2000 年开始,推行"安老服务统一评估机制",并于 2003 年起实施长期护理服务中央轮候册,集中处理为老年人

　　[1]　秦伟江、戴欣桐、刘雅岚:《香港居家养老服务保障模式及经验借鉴》,《广西经济管理干部学院学报》2011 年第 3 期。

　　[2]　王海英、梁波:《老龄化与养老服务:香港的经验与启示》,《中国人力资源开发》2014 年第 16 期。

　　[3]　田北海:《香港与武汉:老年福利服务模式比较》,《学习与实践》2007 年第 12 期。

而设的受资助长期护理服务的申请和服务编配。社区支援服务和院舍照顾服务都建立了系统的评估机制，并据此确认老年人的服务需要及匹配切合他们所需的长期护理服务，包括长者日间护理中心、改善家居及社区照顾服务、综合家居照顾服务（体弱个案）、护理安老院及护养院。社会福利署、非政府机构和医院管理局都可以对老年人进行评估。目前，这些机构中通过政府统一培训并得到认证的专业评估员共 2292 人。评估员就申请人的自我照顾能力、身体机能、记忆及沟通能力、行为情绪等方面的受损程度、健康状况、环境危机和应付日常生活的能力等方面作全面的评估，从而识别申请人的长期护理需要。① 作为服务使用者和服务提供者双方如对评估结果不服，均可以提出上诉进行调解。

　　长者社区支援服务是香港政府为了鼓励老年长者在社区中生活所提供的服务。这种服务理念依循国外社区养老的理念，尽量使老年人在熟悉的环境中安享晚年。社区支援服务体系由长者中心服务、长者社区照顾服务和其他支援服务的社区服务体系构成。长者中心服务所提供的基本服务内容包括一定区域内的养老服务联络和支援工作、社区教育、个案管理等服务。一般而言，一定区域内年满 60 岁以上的老年人就可以享受这些机构所提供的养老服务。具体从事这类服务的机构包括长者地区中心、长者服务志愿队、长者邻舍中心和长者活动中心。长者中心这类服务机构主要为老年人组织教育、休闲等发展型活动，此外还会为护老者提供支持服务。长者社区照顾服务是为体弱并且需要照顾的老年人提供居家服务和社区支持服务。这些服务主要包括，长者日间护理、长者日间暂托服务、改善家居助老设施及社区照顾服务、综合家居照顾服务和家务助理服务。大量非营利机构及企业从事上述老年人社区照顾服务工作。其他支援服务还包括特区政府为老年人提供的老年卡服务、老年人度假中心服务和经济困难的老年人家居环境改善等服务。

　　特区政府购买社区支援服务包括购买改善家居服务名额、社区照顾和日间护理服务名额，并延长新成立的日间护理中心的服务时间，发放长者社区照顾服务券、改善长者中心的基础设施、老有所为活动计划等。特区政府还会专项提供一定的补助金来支持照护阿尔茨海默症患者的日间护理

---

① 根据香港特区政府社会福利署网站资料整理。

中心，以更好地改善阿尔茨海默症患者的处境。

院舍照顾服务是指在特定的院舍内为由于个人、社会、健康或其他原因而不能在家中居住的年龄达 65 岁或 65 岁以上的长者提供住宿照顾服务和设施，以促进和保持长者的健康。院舍养老被作为社区居家养老模式的补充，限定在应对老年人在身体机能和医疗方面需要特殊照护时的护理需要。按照老年人所需要的护理程度高低，院舍照顾可以划分为长者宿舍、安老院、护理安老院和护养院。长者宿舍主要针对生活能够自理的老年人。安老院面向生活能够自理，但需要他人协助购物、打扫等其他起居活动的老年人。护理安老院面向由于健康或身体机能丧失或衰退而需要起居照料及护理、但不需要深入护理服务的老年人。护养院面向需要医疗、护理、康复和起居个人照顾服务的老年人。香港特区政府本身并不开办公立的院舍养老机构。由于生活和医疗水平的不断改善，香港社会中老龄人口的数量不断增长，同时逐渐进入高龄阶段的老年人所需护理等级不断提高。老龄化压力之下的养老服务需求越来越突出。在这样的情况之下，社区照顾也无法完全满足老年人的长期照护需求。1989 年，香港社会福利署开展了向私营养老机构的"买位计划"，即与私营养老机构签订合同购买床位。购买床位增加了政府资助的护理安老院宿位。1997 年，特区政府在《施政报告》中将"照顾长者"作为重点策略性政策目标之一，并于同年 7 月，成立安老事务委员会。安老事务委员会是政府安老政策和服务方面的咨询和监督机构。1998 年，为了适应高龄老人的长期照护需求，特区政府新设立了护养院宿位。老年人如果想要获得受政府资助的院舍照顾，首先需要向社会福利署申请，经过统一的登记和评估后按照轮候次序统一分配。

针对政府购买服务资金的分配，安老事务委员会提出"买位计划"的床位需要提供给真正需要集中住宿照顾的老年人。这部分老年人往往需要综合医疗、护理、康复和起居个人照顾服务。根据养老需求的迫切性，政府购买养老服务将主要面向身体欠佳，自理能力差的老年人群体。长者宿舍和安老院需逐步向提供长期护养的院舍方向转型。香港长者服务的政策走向是将有限的安老院舍资源用于帮助那些体弱且无法自我照顾的长者，同时发展长者社区志愿服务网络以保障居家养老模式的实现。

　　近年来，香港特区政府向非营利组织购买公共服务资金中近三分之一的部分都用于购买安老服务，如图6—1和图6—2所示。安老服务在政府财政拨款的福利开支中所占比例最大。2009—2014年，特区政府投放在安老服务方面的经常开支由38亿港币增至54亿港币，增长幅度超过40%。2014—2015年起，政府还将增加6.6亿港币拨款，其中1.7亿港币用于增加1500个"改善家居及社区照顾服务"名额，并进一步提升目前约5600个服务名额的家居照顾范围，并有3.2亿港币用于改进并增加资助院舍床位名额。此外，奖券基金也主要用于资助福利计划的非经常开支及辅助有期限的试验计划。特区政府还不断开拓资金来源，利用"私人土地作福利用途特别计划"增加养老服务资金来源，并进一步增加资助宿位的数量。同时，特区政府还向位于广州、深圳及肇庆并且由香港非政府机构运营的安老院舍购买宿位，让正在等待轮候的入住资助宿位的老年人自愿入住。在购买服务资金的运行模式中，特区政府正在探索使用院舍住宿照顾服务券，目的是让"钱跟人走"，让老年人具有更多选择服务类型和机构的权利。面对护理人员的短缺现状，政府采取了以优惠条件招募青年人从事养老护理和康复工作，并推行"为低收入家庭护老者提供生活津贴试验计划"，以扩充老年护理人员的队伍。

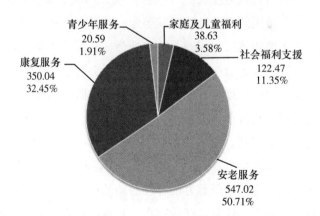

图6—1　香港特区政府2014—2015年度按服务性质划分的奖券基金拨款情况①（单位：百万港币）

---

①　根据香港特区政府社会福利署网站资料整理。

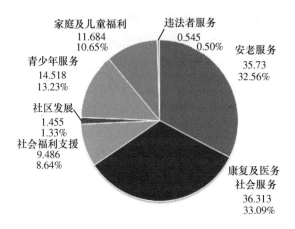

**图6—2   香港特区政府2013—2014年度各类社会服务预算经常
开支资助额①（单位：百万港币）**

值得注意的是，香港特区政府在为老服务政策制定、调整和创新的过程中较为重视大学、智库的资源。在为老服务政策推行之中聘请了香港的大学顾问团队，对于项目的执行方案和监察的机制进行设计，为不断的政策创新提供咨询和支持。同时香港社会中的慈善文化也是政府与非营利组织合作的重要社会文化资本。香港社会融合华人传统慈善文化、西方教会慈善文化和国际机构人道主义三种慈善传统，形成了多样性的慈善文化。华人精英在扶贫济困的慈善功能延续至今，并形成了社会中企业家参与慈善的传统。由志愿团体所组成的非政府社会福利服务系统，既是香港社会的组成部分，同时又起着一种带动市民参与社会公益和服务的作用。香港政府建立了义工登记制度，凡愿意从事义务社会服务的市民都可以向不同的机构提出申请，通过审核方可成为义工团会员，在完成承诺的服务时间后享受一些专享的权利。义工的主要服务对象之一就是老年人，通过探访和义务劳动来关怀老年人。② 这些志愿团体能够与市民建立信任关系，令他们相信在参与志愿团体所筹办的各种活动的过程中，可以真真正正地帮助到那些有需要的人。这种信任的存在，对推动及发展公益事业和社会服

---

①　王名、李勇、黄浩明：《香港非营利组织》，社会科学文献出版社2015年版，第89页。

②　同上书，第50页。

务甚有帮助。①

二 日本政府购买养老服务

20 世纪 60—80 年代，日本引领了东亚经济的起飞。与中国香港地区相似，两者都同样实现经济腾飞并进入人口老龄化社会。与市场化的路线不同，日本在国家主导之下建立了福利型养老体系。日本与中国同受儒家文化的影响，在传统文化和习俗方面具有相似的背景。在日本，65 岁以上的老人家庭中，三代同居的占 48%。依循传统习惯和习俗，老人与长男共同生活的占多数。同时，战后日本社会的老龄化问题发展也与中国当前所面临的养老问题颇为相似。"二战"后，随着社会发展，日本人均寿命一直持续性延长。1970 年，日本 65 岁以上的老年人口比例首次突破7% 的基准，进入老龄化社会。其后日本社会老龄化的进展速度较其他发达国家相比要快很多。与老龄人口比例增加相伴随的是，经济高速发展带来了社会生活方式的巨大改变。这些改变打破了传统上老年人对养老生活的认知和期望，让他们感到自身无法适应家庭形态和社会价值观的急剧变化。这些变化主要是更多的女性走出家庭进入职场、社会人口流动性增大，个人主义价值观逐渐强于传统家庭主义价值观，独居或空巢老人逐年增加。日本老龄化的初期，政府的公共政策和个人心理的应对都显得不够充分。这主要表现在退休年龄过早，而退休金的支付水准过低。特别是日本社会经历了经济高速发展阶段，在此前退休的高龄老人退休金标准与退休前工资相一致，远低于当前社会的平均水平。由于一些高龄老人退休金过低，造成高龄老人养老的经济问题。② "雇佣体制之下退休后的养老金水平与在职时期的生活保障联系在一起。经济高速增长期中一般家庭的收入急剧上升，而高龄者家庭的收入则只停留在一般家庭的四成左右。"③

日本老年福利发端于 1963 年颁布的《老年人福利法》。这部法律旨在让国民从经济增长中获得更好的福利保障，向全体老年人提供较高水平

① 王名、李勇、黄浩明：《香港非营利组织》，社会科学文献出版社 2015 年版，第 42 页。
② 一番ケ濑、康子：《社会福利基础理论》，沈洁等译，华中师范大学出版社 1998 年版，第 141 页。
③ 宫本太郎：《福利政治：日本的生活保障与民主主义》，周洁译，社会科学文献出版社2015 年版，第 66 页。

的社会福利。该法明确提出国家和社会对老年人的福利责任。国家和社会有责任收养那些由于经济和健康原因若继续在家中养老有困难的老人,并通过兴办老人福利院、为老服务和终身教育等福利措施来保障老年人的身心健康和安定生活。其后由于财政危机以及对福利国家模式的反思,日本政府在福利政策中逐渐也强调市场化和社会化的方向。1982 年《老年保健法》出台后,转变了 20 世纪六七十年代以来着重强调机构养老的思路。养老模式又重新回归到家庭和社区居家养老。政府不断出台政策,规划以居家养老为主要方向的社区老年人设施和服务。[①]

90 年代以后,在家庭小型化和少子化的背景下,日本老年人尤其是高龄老年人的长期照护成为一个较为突出的社会问题。据日本厚生省统计,2010 年卧床不起或痴呆等需要介护的高龄人群达 390 万人,到 2025 年将达 520 万人。在日本,长期卧床不起的老年人比例较高,同时还存在高龄者家庭贫困的问题。为了帮助高龄老年人的居家养老生活,日本大力发展了社区福利,包括建立社区志愿者互助网、家庭护理员派遣制度、社区托老康复机构、膳食配送服务。在绝大多数国家中,老年人的长期照护服务多采用护理人员和服务人员上门进行护理和家政服务。由于绝大多数的老年人与子女共同居住的习惯,日本社区居家养老服务的特点与上述方式不同。老年人日托服务比上门服务更加受到欢迎。2001 年,接受日托服务的人数为 83 万人,而到 2012 年,这个数字达到 200 多万人,约占日本 65 岁老年人总人数的 7%。[②]

在提供服务之外,日本政府针对老年人养老的护理需求及经济支出压力出台了照护保险的制度,协助家庭共同承担老人的护理责任。1997 年日本国会通过了《照护保险法》,并于 2000 年开始实施。照护保险制度将老年照护服务纳入社会保险系统,如图 6—3 所示。日本公民从 40 岁开始,必须参加该保险。平均费用在 3000 日元左右。主要有两种保险受益人:第一种是 65 岁及以上的老年人。因卧床不起或痴呆等需要介护及需

---

　　① 王海英、梁波:《国家抑或市场:日本与香港养老服务政策变迁及模式比较——基于历史制度分析的视角》,《理论导刊》2015 年第 3 期。

　　② Campbell J. C. , Edvardsen U. , Saito Y. , Midford P. , *Eldercare Policies in Japan and Scandinavia: Aging Societies in East and West*, Basingstoke: Palgrave Macmillan, 2014, p. 20.

要料理家务等日常生活帮助的人；第二种是在40—64岁之间因患有厚生省规定的早老性痴呆、心脑血管病等15种疾病的人。当被保险人因卧床不起、痴呆等原因需要起居护理或需要有人帮助料理家务和日常生活时，可以得到护理服务。护理保险费用一部分是保险人自己缴纳；另一部分由中央政府、都道府县和市町村按照2∶1∶1的比例分担。照护保险共分7级，其中支援级分成1—2级，介护级分成1—5级。《照护保险法》规定，护理服务分为居家护理服务（15种）、机构护理服务（3种）、预防护理服务（14种）、紧贴社区型护理服务（6种）、紧贴社区型预防护理服务（3种）等。经过政府统一认证机构认定、符合支援或介护条件的老人，可以得到不同等级的居家护理和生活服务，或可选择入住疗养院、托老所、护养院。改建住宅的机械、器具用品的费用也可以通过这一制度解决。上述费用的90%由中央政府和地方政府通过保险制度支付，个人需负担10%的开支。

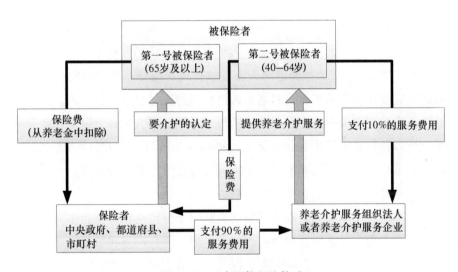

图6—3 日本照护保险体系

照护保险制度不仅满足了老年人的照顾服务需求，尊重了老年人的独立性和自主性。老年参保者可以根据自主意愿选择从不同的机构和设施获取所需服务。同时照护保险也为家庭减轻了经济和精力方面的压力，并且为社区居家养老服务和机构养老服务的发展创造了契机，带动了日托机构、老人公寓、各种类型的照护服务和护理人员培训与外派等养老行业的发展。此外,照护保险制度使得护理人员的素质和稳定性得到增强,有助于养老服务的可持续发展。以往日本养老服务只面向两组人群,一组是面向低收入老年人,提供公共服务。另一组是面向高收入老年人,提供收费服务。纳税最多的中间层被排斥在养老服务之外。照护保险制度拓展了养老服务的受益范围,不仅使得中间阶层可以利用护理服务,同时也为民间企业的护理业务带来经济效益。

以往日本政府自身建立的公办养老院,财政负担较重。因此,为促进民间兴建或经营具有医疗和看护功能的福利设施,政府采用提供低息或免息贷款以及在税收上给予优惠政策的方式吸引社会力量参与。[①] 社会力量中包括企业组织,也包括非营利部门。非营利部门主要指从事养老服务的非营利组织、志愿者团体以及公办养老服务机构。在照护保险制度建立后,从事老年护理的非营利组织法人大量出现。其后,由于政府财政困难,公众需求多元,政府也希望与非营利组织法人合作,通过非营利组织发展提供更多的公共服务。政府资助从事老年护理的非营利组织,以支付护理保险费用的形式向其购买老年人护理服务的情形不断增多。照护保险制度让"费随人走",按照老年人头发放护理保险费。政府以发放护理保险的方式委托私营养老机构对老年人进行照顾。每接收一位老人,院方可获得一笔护理保险费。一旦养老机构服务不周,老人离开,这笔钱就没有了,所以私营养老机构就非常努力地提高服务质量,与公办养老院竞争,把老人留住。非营利的养老服务组织非常看重政府的行政委托,并且尽可能提高服务水平,争取获得委托资格。[②]

日本政府在购买养老服务的制度设计中十分重视私营企业作为承接主体的核心作用。养老行业的企业在经营时通过销售商品和服务收费创造利润,具有营利的一面。但同时由于以老年人的需求为对象,因此具有一定的公益性。国家为了维护老年人的权益,会对这类企业进行必要的干预。日本政府从制度建设伊始,就明确将私营企业和其他社会力量视为同等重要的力量,甚至侧重向前者购买公共服务。相较制度建设起步较晚、资源

---

① 田香兰:《日本老年社会保障模式的解析》,《日本研究》2008 年第 3 期。
② 王名:《日本非营利组织》,北京大学出版社 2007 年版,第 142 页。

动员能力较弱的社会组织，作为市场经济主角的私营企业拥有更加强大的资源动员能力和服务供给能力。在建立完善且行之有效的监管机制的前提下，私营企业作为公共服务外包的承接主体，显然能够发挥更大作用。[①]民间企业与公共部门、非营利部门的竞争条件几乎相同。[②] 企业、医疗机构、农协、非营利组织等多元主体在供给养老服务时开展良性竞争，提供了面向不同人群的多元服务，如表6—1所示。

表6—1　　　　　　　日本居家照护服务提供者的变化趋势[③]　　　　　单位:%

年份 提供者	2000 年	2005 年	2009 年
市政府	6.6	0.7	0.6
社会福利法人	43.2	26.5	25
医疗法人	10.4	7.7	6.6
营利组织	30.3	53.9	56.9
非营利组织	2.1	5.4	5.9
农协	4.6	3.6	3.3
其他	2.7	2.3	1.8

日本经济社会发展长期由政府主导，非营利组织发展起步比较晚，实力不强，与欧美同类组织相比，明显存在人才不足、财源薄弱等问题。为了促进非营利组织在社会生活中发挥更大作用，日本政府对非营利组织提供很多直接的、间接的资金帮助，并出台《特定非营利活动促进法》降低非营利组织法人的准入门槛，通过非营利组织支援机构进行孵化。[④] 政府在购买不同类型的养老服务时，会根据服务本身的内容而选择是向企业购买或者向非营利组织购买。例如，老年人的护理预防事业可以减少需要

① 俞祖成:《日本政府购买服务制度及启示》，《国家行政学院学报》2016 第 1 期。

② 田香兰:《日本护理产业现状、问题及启示》，《日本研究》2013 年第 3 期。

③ 表6—1 根据 Campbell J. C., Edvardsen U., Saito Y., Midford P., *Eldercare Policies in Japan and Scandinavia: Aging Societies in East and West* (Basingstoke: Palgrave Macmillan, 2014, p. 62) 图 3. 3 制作。

④ 王名:《日本非营利组织》，北京大学出版社 2007 年版，第 143 页。

支援和护理服务的人数。而护理保险制度下的企业主要依靠护理服务获取利润。因而护理预防事业的实施会大大缩小护理服务的市场总额。因此,在预防性服务中,以"公益"为宗旨的非营利组织是政府最佳的委托对象。① 同时,在多元主体竞争的环境中,非营利组织还能够起到牵制利润导向的企业,并且提供企业无法或不愿提供的制度外福利服务,从质和量上提升整体养老服务水平。从事养老护理的非营利组织一般是由居民参加型或市民互助型福利服务团体发展而来,诞生并成长于本地区或本社区的组织。这些组织一般由所在地区中老年妇女的人际关系网络支持,基本上都能够延续之前志愿者团体的活动,积极开发家务援助、送餐服务及外出接送服务等护理保险制度无法覆盖的互助互爱类服务活动,与地方社会中的各种志愿性团体、自治体以及其他的非营利组织间形成一种合作关系网络。当自身无法提供相应服务时,可以介绍合作网络中其他组织或由相关组织携手共同提供为老服务。②

近年来,市场检验制度是日本政府购买公共服务的又一项制度创新。所谓市场检验(Market Testing),是指就行政机关向国民提供的公共服务或其他有助于增进公共利益的行政业务(广义公共服务),"官"(政府部门等)与"民"(社会力量)基于平等立场展开竞争投标,在价格和质量方面均最具优势者负责该公共服务的供给。换言之,市场检验制度并非单纯地将公共服务进行外包,而是强调官民同台竞争,以此实现财政支出的削减和公共服务质量的提升。同时通过导入市场竞争原理,实现政府工作流程的再造和公共服务供给方式的变革。③市场检验制度将社会力量作为公共部门的竞争者,对于公共服务改进服务质量形成样板效应和激励。同时,市场检验制度也可以检验出社会力量直接提供的公共服务对于公共部门供给服务的替代性效应。

以市场检验制度的发展,可以看出日本政府对企业和非营利部门在社会经济体系中的定位较为积极。特别自 20 世纪 90 年代以来,日本中央和

---

① 俞祖成:《日本护理 NPO 的兴起及其对中国的启示》,《广东广播电视大学学报》2011年第 1 期。

② 同上。

③ 俞祖成:《日本政府购买服务制度及启示》,《国家行政学院学报》2016 年第 1 期。

地方政府越来越多地在公共事业发展中引入非营利组织参与，构建政府与非营利组织之间的合作伙伴关系。各级政府将促进非营利组织发展和活动作为政府的一项重要职能。非营利组织在与政府合作过程中保持平等、共同参与的地位。合作双方有明确的责任分担。非营利组织接受政府委托，承担政府职能工作，并以接受委托获得资助是双方平等的合作伙伴关系的重要方面。[①] 日本深受儒家文化影响，政府主导性和权威性较强。政府、企业和非营利组织之间并不具有明显的对抗性，更接受为取得同样目标、采用相互合作的共同发展模式。

第二节　欧洲国家政府购买养老服务

一　法国政府购买养老服务

法国政府公共服务供给的制度经历了由集权到分权的过程。在 20 世纪前，法国社会服务提供曾经高度集中于中央政府。"二战"后，法国重新制订了全民社会保障计划，增加人民战后的安全感。随着 1982—2003 年分权化改革，社会服务供给领域中重新分配了中央政府与地方政府在社会服务方面的不同责任。改革后，地方政府承担了一部分社会服务的财政资金，这些资金主要来自税收而非社会服务缴款。地方政府在提供社会服务时以援助和亲近为原则。改革后地方政府被中央政府委派了较多的社会服务，并且社会服务的需求也大大超过地方政府的供给能力。地方政府逐渐开始与社会组织进行合作，将服务外包给社会组织以节省资金，并且回避政府供给服务所受的限制。[②] 政府资助绝大多数情况下是社会组织最大的收入来源，占据其收入的一半以上。在外包过程中，政府自身起主导作用。政府负责监督社会组织提供社会服务的活动。

法国社会中人口老龄化问题较为突出。从 2005 年到 2025 年，75 岁以上的老年人口总数预计增长将近一倍，将从总人口比重的 8% 上升到 15.6%。80 岁以上人口数预计将在 2020 年达到 400 万人。大量出生在

---

① 王名：《日本非营利组织》，北京大学出版社 2007 年版，第 137—140 页。

② 王浦劬、萨拉蒙（Salamon L. M.）：《政府向社会组织购买公共服务研究：中国与全球经验分析 lessons from China abroad》，北京大学出版社 2010 年版，第 230 页。

1946 年至 1955 年生育高峰的人口老年期到来加剧了严峻的人口老龄化形势。其中，患阿尔茨海默症或类似机能障碍的人口总数预计将在 2020 年达到 1300 万人。医疗技术的进步使社会中残疾人口平均预期寿命也有了显著延长，催生出老年残疾人的照护需求。失智失能老年人的照护需求日益突出。[①] 对此，法国政府在 2004 年创建了国家自主互助基金，投入 30 亿欧元用于加强介助介护人员的照护。建立了老年互助计划，用于增加养老机构、家庭医疗护理服务和日托机构中的名额和床位。此后，政府在 2008—2012 年制订了阿尔茨海默计划，其中有 12 亿欧元用于社会医疗陪护，由专业团队负责提供家庭医护支持。享受政府资助养老服务的老年人需要经过 AGGIR 国际标准化的评估。评估内容是自主能力丧失程度和依赖水平，只有在一定等级以上才可以获得相应的服务。

在法律方面，法国政府出台了鼓励社会组织为特殊困难群体提供社会服务工作的法律。社会组织以协会和基金会的形式为主。立法鼓励创造"邻里工作"，例如家政、儿童看护、老人看护，鼓励更多的社会组织参与这些领域。随着法国社会组织参与社会服务供给的情形逐渐增多，社会组织开始进一步分化。大型机构性的社会组织被称为准公共机构。此类机构专业化较强，受到严格的管制以及政府审计管理。这些组织大部分资金由地方政府资助。小型组织的资金来源更具多样化，也没有受到严格的政府管制，更倾向于使用更多的志愿者。[②]

法国政府向社会组织购买服务以拨款资助、合同签约、社会保险资金支付和实物资助等具体形式实现。目前购买服务的发展趋势是从大规模长期拨款资助向以合同为基础的特定资助的转变。社会保险资金支付的形式和社会服务消费券可以增加服务使用者的选择机会。服务使用者在市场机制中选择不同的服务提供方采购服务。政府购买社会服务过程中，还会通过提供办公场地和设施等实物资助的方式支持社会组织提供公共服务，降低社会组织的成本。

法国中央政府和地方政府在购买服务中的监管途径包括三种，分别是

---

① 白澎、叶正欣、王硕：《法国社会保障制度》，上海人民出版社 2012 年版，第 345 页。

② 王浦劬、萨拉蒙（Salamon L. M.）：《政府向社会组织购买公共服务研究：中国与全球经验分析 lessons from China abroad》，北京大学出版社 2010 年版，第 231 页。

政府对组织的授权和认证、认定组织的公共事业身份以及与组织签订协议，规定服务绩效。某种程度上，与政府签订服务协议后的社会组织也具有一定的准公共机构属性。政府管理机构根据协议对社会组织的人员和运营有严格的规定。政府部门在一定的条件下有权力任命组织的董事会成员，并且还要对组织的出版物、活动及组织的总体运营情况进行审计。小型组织往往达不到政府上述的程序性要求。因此相对于大型的社会服务组织而言，小型组织在政府购买服务的竞争过程中处于劣势。[①] 当前，大型社会服务组织由于已经过分官僚化，组织的创新能力大大降低。

"朋友们"（Les Amis）[②] 是法国一个非营利协会，为巴黎老年人提供家庭看护和家庭帮助服务。该组织采用会员制模式提供服务，会员多是社区中独居、高龄长寿老人。这一组织致力于通过社区照顾服务让老年人尽可能长期在自己家中舒适地养老。该组织的主要资金来源是政府购买服务和服务收费两个方面。该组织的护理人员都与组织签订永久合同，可以选择全职或兼职的形式，以兼顾自己的家庭和工作。从事家庭护理服务的人员可以享受到政府资金资助。护理工作的吸引力在于，对于养老护理人员而言往往可以拿到合适的工资和灵活的工作时间安排。对于服务质量的监控，组织主要通过服务接受者以及家庭的反馈和投诉来进行评价。养老服务是全方面的系统服务。从事这一领域的非营利组织往往不具备提供全部服务的专业知识和能力，因此服务组织需要具有专业互补性的其他机构的服务项目，并与服务供给网络中的其他提供商维持良好的外部合作关系。

二 德国政府购买养老服务

德国社会福利体系建立在公共部门和私营机构双重供给主体之上。在公共部门之中，地方政府是社会服务供给最主要的责任人。德国中央政府和地方政府间关于社会服务的权责划分具有官僚化和法律化的结构性特征。依据地方法规的规定，规划、资助、服务提供，特别涉及作为目标人

---

① 王浦劬、萨拉蒙（Salamon L. M.）：《政府向社会组织购买公共服务研究：中国与全球经验分析 lessons from China abroad》，北京大学出版社 2010 年版，第 234 页。

② 同上书，第 235 页。

群家庭的服务，都由地方政府主要负责。联邦政府主要负责社会服务体系的保障，包括制定总体目标、服务提供条件和标准。① 在私营部门之中，又以社会组织在社会服务供给中的角色最为重要。从 20 世纪初，德国的社会政策就开始鼓励社会组织参与社会服务提供。1922 年，《帝国福利法案》确定了公共机构和私营机构在提供社会服务时具有同等地位。德国政府以国家法律的形式确定了在社会服务供给中政府和私营部门的合作关系。根据德国《社会保障法》，公共机构有义务与非公共机构合作，以有效实施其工作。社会组织在提供社会服务中具有很强的独立性。依据德国《社会保障法》规定，在有关目标设定、任务执行和组织结构安排方面，地方政府必须尊重这些机构的独立性。由于德国的社会传统，并不需要制定特别的优惠措施来激励社会组织参与社会服务供给，这些组织默认自身是提供社会服务的合作伙伴。

德国社会组织最为集中的领域是社会服务领域。德国非营利部门的39% 集中在社会服务领域，其提供的服务占整体社会服务的很大比例。在老年服务方面，非营利部门的从业人数占到 67.6%，而公共部门的就业人数仅占到 14.7%。② 社会组织在老年服务中的市场份额很大，是社会福利体系的坚实基础。

德国社会的宗教传统、国家主义传统以及自由主义传统共同作用生成了德国的混合福利供给制度。德国社会组织在社会服务供给领域的活跃首先是宗教传统的影响。天主教的教谕强调自助和家庭的重要性。因此在公共服务供给方面，社会组织的地位优先于国家和政府。社会组织被看作是政府的合作伙伴。其次，社会组织的参与还受到自由主义传统的影响。社会组织的发展需要市场经济和自由企业制度的保障。新自由主义者提倡采用新公共管理模式来应对欧盟要求缩减预算的问题。新公共管理模式的核心是社会组织与政府部门签订合同提供社会服务。近年来，德国尝试在服务外包过程中使用绩效合同，但又缺乏产出方面的绩效指标以及投入角度成本核算方面的精确指标，因此无法达到绩效核算的要求。

---

① 王浦劬、萨拉蒙 (Salamon L. M.):《政府向社会组织购买公共服务研究: 中国与全球经验分析 lessons from China abroad》，北京大学出版社 2010 年版，第 238 页。

② 同上书，第 240 页。

德国社会服务提供体系高度分散。在供给社会服务体系中,德国政府不仅与非营利社会组织合作,同时也与公益性的企业组织合作。在德国,社会组织间结成较大规模的社会组织网络,作为福利联合体参与社会服务的供给。社会组织网络中影响力较大的是六大联合体,包括天主教、新教和犹太教的社会福利联合体"自由福利联合会"、工人福利协会、德国红十字会以及一个无教派组织。按照德国法律规定,大型的福利组织要参与国家决策和法律的制定过程。所有涉及社会服务的问题,政府必须就相关领域的问题向这些组织咨询意见。[①] 近年来,越来越多小组织、独立联合会、项目和创新行动以及私人企业提供者都加入与地方政府及大规模福利组织的合作之中。因此,原有大型福利组织的优势地位受到一定的弱化。

德国地方政府购买养老服务的基本形式是与非营利组织经营的老年社会服务中心签约,由该中心提供居家养老服务、家庭看护、医疗照护、短期照顾和庇护住宅等各种服务。艾因根老年社会服务中心是一个建设在艾因根镇中心的养老服务机构,由一家加入共同福利联合会的非营利组织运营。由于该镇老年人口大量增加,相对为老服务供给存在缺陷,因此地方政府出资建设和采购了中心的房屋和设施,之后租给非营利组织运营。预期目标是改进当地老年居民住房和生活质量。地方政府的资助、医疗保险的护理服务费、服务收费和捐赠构成了该组织的资金主要来源。该协会500名会员均为该镇居民,其中有80%年龄都超过60岁。老年人可以自助加入协会成为会员,也可以由地方政府指派参与协会提供的服务项目。艾因根老年社会服务中心相当于采用了公建民营模式,由政府投资兴建,并由非营利组织代表地方政府提供服务。该中心服务范围内的老年公民作为组织的会员,可以参与相关政策决定过程,与地方政府、非营利组织一起具有共同决策权。

在税收制度方面,政府对于公共福利性质的组织给予税收优惠。政府购买社会服务过程中依据精细化的公益活动认定制度来确定组织享受税收优惠的待遇。税收优惠并不以组织登记的属性作为唯一标准,而是进一步区分组织从事的事业中的不同类型的活动,将营利性的纳税责任和公益性

---

① 王浦劬、萨拉蒙(Salamon L. M.):《政府向社会组织购买公共服务研究:中国与全球经验分析 lessons from China abroad》,北京大学出版社 2010 年版,第 239 页。

的免税资格做明确的区分。德国政府税收条例中明确规定了公益组织享受税收优惠的条件，对于组织的公益资产进行明确的认定。所要求的条件包括不能以增加自己或成员的资产为主要目的。在解散公益组织或失去公共福利性质的情况下，这部分公益财产也必须用作公共服务的目的。财产不许向其成员分配。符合税收优惠的财产必须永远按符合税收优惠的目的使用。① 政府财政部门每三年要重新确定税额，审查公益组织是否真的追求符合享受税收优惠的目的。税法条例从税收的角度进一步将公益组织的社会活动划分为三种类型，包括追求崇高的理想的活动、财产管理的活动和经济性质的活动。理想的活动主要是符合慈善团体章程的非营利目标的商业活动，如老年护理院的服务收费。税法认为追求理想的活动中社团取得的所有收入不给自己带来任何利益，这些活动免税。经营老年公寓以及提供午餐、经营幼儿园、残疾人工厂都被认为是追求理想的活动。财产管理的活动指资本资产获得利息或固定资产长期出租等类型的资产使用，这部分也给予免税。与组织章程的非营利目标无关或不是直接服务于章程规定的目的用途的商业活动属于经济性质活动，并且负有纳税义务，比如供应商品要缴纳企业所得税和工商税。② 根据民法典规定，非营利的社团和基金会在德国须通过法院登记才能得到法人资格，并进而享受相应的税收优惠。但是并不是只有社团和基金会才能开展非营利的公益活动并享受免税待遇。合资公司、合伙公司、股份公司、有限公司、合作社等形式的组织只要合乎相应领域的公益性所要求的条件，就能够作为公益组织享受一定的税收优惠待遇。如果一个机构的三分之二的收入服务于需要帮助的社会弱者，这一机构也被作为社会福利机构，并且可以享受税收折扣。德国社区建设与发展领域中非营利组织和其他公益性质的企业都是参与的主体。③

德国养老服务政策以长期照护的需求为导向。护理需求在法典中被界定为"当身、心生病或障碍，日常生活需要持续性、规律性地被照顾至少六个月时，就具备护理需求性条件"。养老服务政策的基本原则包括三个方面：第一，从"护理需求权"的概念出发，国家给予公共政策介入；

---

① 王名、李勇、黄浩明：《德国非营利组织》，清华大学出版社2006年版，第125页。
② 同上书，第126页。
③ 王名、李勇、黄浩明：《德国非营利组织》，清华大学出版社2006年版，第36页。

第二，对护理需求者自由选择权的高度重视；第三，政策对家庭成员、近亲和邻居等非正式护理工提供服务的支持。[①] 在德国老年人长期照护的费用支付保障机制采用了社会保险模式。德国的长期照护保险是以全部人口为强制保险对象的普及性的基本照护制度。老年人是长期照护制度保障的对象之一。长期照护保险的费用由雇主和个人分担。长期照护保险允许符合资格的失能老年人根据自己的偏好选择在居家护理或机构护理。给付方式分为现金给付、服务给付和混合给付。居家护理可分为由专业护理人员提供的护理服务（服务给付）和非正式护理人员提供的服务。德国依据家庭为中心的历史传统，在老年人长期照护制度安排中非常鼓励和支持家庭护理和非正式护理人员。家属、近亲和邻居都可以申请登记成为非正式护理者，并且享受年金和社会保险。现金给付即是长期照护保险针对非正式照护者的支付方式。机构服务分为日间护理、夜间护理和全机构护理等。长期照护制度实施至 2013 年，全德国享受此项制度给付者有 259 万人，其中有 115 万人享受到现金给付方式；13 万人接受的是服务给付方式；40 万人选择了现金与服务给付的混合方式。从数据中可以推断出德国的大多数老年人偏好选择家属、近亲和邻居提供服务的传统方式。[②]

第三节　美国政府、澳大利亚政府购买养老服务

一　美国政府购买养老服务

美国社会是典型的老龄化社会。截至 2013 年，其人口中 65 岁以上老年人口为 4470 万，占总人口的 14.1%。这意味着每 7 个美国人中就有 1 位老人。根据预测，到 2060 年，老年人口规模将达到 9800 万，比 2013 年翻一倍。到 2040 年，老年人口在总人口中的比重将达到 21.7%。[③] 此外，与人口老龄化问题相伴生的还有老年人口的贫困问题。

美国政府在公共服务供给方面的价值选择倾向于"国家辅助原则"，

① 陈诚诚：《德国长期照护保险制度的特色及改革动态》，《中国医疗保险》2014 年第12 期。

② 同上。

③ Administration on Aging. http：//www.aoa.gov/Aging_ Statistics/.

即政府旨在公民无法自助时才给予帮助，维护个人自助自决自立的自由主义基本价值，严格限制政府干预私人领域。最早，养老服务并不属于政府责任。针对社会中一些困难老人，社会组织提供了一些救济的服务。随着人口老龄化的发展，美国政府逐渐开始参加到养老服务供给中。1965年出台的美国《老年人法》规定了全体老年人所享有的权益。其后政府首次成立了专门负责老龄工作的公共机构"老龄管理局"。① 美国《老年人法》及之后的一系列修正案和相关法律法规是美国老年人长期照护体系的制度框架。美国老年人法案建立了一个包括联邦、州以及地方机构在内的全国性的服务网络，以提供使老年人得以在家庭和社区中能够独立生活的各项服务。国家老年人服务网络由美国老龄管理局领导，下辖56个州一级的老龄工作机构，655个地区一级的老龄工作机构，包括243个本土老龄工作计划，超过2.9万个服务提供机构以及成千上万的志愿人员。美国老龄管理局向每个州以及美国国土范围内的州一级的老龄工作机关拨发基金用以支持社区居家养老。老龄工作的地方机构是由州指派的为其所在地区的老年人服务的非营利性的政府机构或社会组织。服务网络中的非营利性社会组织根据有关法案、法规的授权是地方老年人照护的权威机构。政府部门并不直接面向老年人提供照护服务，其主要承担组织者、协调者和监管者的角色。政府对社会服务组织提供技术支持和财政支持。具体服务则是通过与社会服务组织合作来实现服务供给。②

美国政府购买养老服务的受益对象主要分为三类老年人群体。第一类是具有最迫切经济需求的老人，尤其是低收入老人，包括低收入少数族裔、非英语母语的老人和农村地区老年人。第二类是具有最迫切社会需求的老人。第三类是印第安老人。对于原住民的特殊地区，政府出资购买养老服务。上述分类标准中，"具有最迫切经济需求"是指因收入水平在贫困线之下或刚好在贫困线上产生的需求。"具有最迫切社会需求"是指因非经济因素导致的需求，包括：第一，生理功能和精神功能残疾。第二，语言障碍。第三，文化、社会或地理上受到隔离，日常行为能力受到限制

① 陈超：《美国老年人长期照护法律体系及其对我国的启示》，《浙江树人大学学报》（人文社会科学版）2007年第2期。

② 同上。

且独立生活能力较差。对于申请政府资助的养老服务的老人，政府要进行身体、心理和社会能力三方面的综合评估。评估内容具体包括：自我照护、接受和表达语言、学习、移动、识别方向、独立生活能力、经济自足、感知功能和情绪调整。

美国老年人的长期照护服务分为社区居家和机构养老两种类型。达到法律条款规定年龄的老年人就可以享受到相应的服务，获得政府补助金。上述养老服务递送和供给机构大部分为社会组织承担。《美国老年人法》中规定老年人享受的居家养老服务包括：家务服务和居家健康帮助；营养服务；上门探访或电话慰藉；家中喘息照护服务或日托喘息照护服务；家居维修等。社区居家养老服务方面，美国政府在 1981 年开始推行社区服务计划，通过医疗服务的手段为符合条件的老年人提供家庭护理服务。美国社会居家养老供给体系表现为自下而上的社区自治模式。1997 年美国颁布《平衡预算法案》，通过 PACE 计划，为弱势的老人提供长期的服务和照顾。① 此外，政府针对老年人的个性化需求，建立上百个老年社区或退休社区，每个社区收住老人从几千人到上万人不等。这些老年社区其中82% 由非营利组织设立。美国政府通过社区委员会组织与非营利组织达成契约合作，采用政府购买服务的方式来发展社区居家养老服务。营利性的养老机构也同样可以是政府供给养老服务的合作者。政府利用价格杠杆控制其利润水平不超过 15%。无论营利或非营利的机构，政府均提供资金、技术帮助和给予政策优惠，如免征地税、营业税等，并对这些组织进行考核、监督。②

美国联邦政府和地方政府在购买养老服务中责任有明确的划分。一般是由联邦政府承担主要的财政责任，而由州政府和地方政府来确定购买服务资金的资助对象。在养老服务中，联邦政府预算拨款范围包括：老年人的营养服务、社区护理、交通服务和疾病防治四个方面。具体包括老年人的膳食服务（占预算资金范畴的45%）；基本养老服务（占预算资金范畴的18%）；日常交通服务（占预算资金范畴的16%）；疾病防控支出（占预算资金范畴的14%）；老年人权益保护服务支出（占预算资金范畴的

---

① 《美国政府购买居家养老服务的经验》，《中国财经报》2015 年 12 月 9 日第 6 版。
② 同上。

7%）。并且，美国还将一定比例的老龄事业专项资金列入财政预算，着重用于居家养老服务体系的构建和人才培养。①

与德国和日本类似，美国也建立了老年人长期照护保险制度。但与德日经验不同之处是美国实行完全市场化的长期照护保险制度。该制度由购买人自愿参加并向保险公司购买长期照护的服务和产品。根据被保险人的失能程度划分为不同的照护等级，由投保的保险公司支付相应的现金。由于商业长护保险保费较高且核保严格，美国老年人的商业长护保单持有率较低。美国老龄协会 2008 年的一项调查显示，60 岁以上的老年人中只有13.8% 持有商业长护保单，同时高收入水平老年人的保单持有率明显高于低收入老年人。这说明购买商业长护保险的主要是经济条件较好的老年人，中低收入水平的老年人较少购买商业长护保险。②这在某种意义上，缺乏一定的公平性。

二　澳大利亚政府购买养老服务

澳大利亚和美国政府在购买养老服务方面具有相似特点。一是制度化，政府通过法律确定养老服务的责任主体以及全体老年人享受养老服务的层次和内容。二是政府通过与非营利组织和企业合作的方式供给服务。

澳大利亚政府于 1997 年颁布了《老年人照护法》（Aged Care Act 1997），该法规定了享受政府提供的养老服务补贴的对象和政府在养老服务中应承担的责任。政府在养老服务供给中建立了老年人评估制度。老年人若想获得政府出资的养老服务补贴，必须经过特定的评估并获得相应的受照护资格。针对老年人的评估服务是州政府提供的养老服务主要内容之一，该服务由地区评估中心来具体操作。在澳大利亚，老年人的照护服务类似于普惠型，并不由老年人的年龄以及收入水平决定，而是采用照护需求的导向。政府部门根据申请对象需求综合评估结果决定是否具有被照护的资格，并享受政府资助的服务。

---

①　《美国政府购买居家养老服务的经验》，《中国财经报》2015 年 12 月 9 日第 6 版。

②　何杨、明帮胜、周渭兵：《美国长期照护保险制度研究及对中国的启示》，《中国医疗保险》2015 年第 11 期。

老年人作为被照护者的条件具体包括身体虚弱或残疾而需要至少低水平的持续性个人照护，并且若没有支持就不能在社区生活。申请照护资格的老年人需要出具医疗状况证明、日常生活能力评估证明及认知能力证明等材料。获得照护资格的老年群体可以分别享受三种类型的政府养老服务补贴，分别是社区居家照护、机构照护和弹性照护。老年人获得社区居家照护的条件是，有获得照护的身体的、社会的或心理的需求，并且这些需求的满足不适宜采用非社区照护服务的方式。若要获得享受社区居家照护服务的资格，老年人需要经过进一步评估确认是否符合条件。享受社区居家照护的老年人一般需要至少获得最低水平以上的机构照护资格，并且根据个人意愿喜欢留在家里生活，在社区支持下能够留在家里生活。老年人享受机构照护服务的资格是其具有获得照护的身体的、医疗的、社会的或心理的需求，且这种需求不能通过非机构照护服务而恰当地满足。老年人享受弹性照护的资格条件是有获得照护的身体的、社会的或心理的需求，并且这些需求能通过弹性照护恰当地满足。弹性照护相当于是居家养老照护和机构养老照护两者间的过渡特点的服务，具体包括延伸性居家养老照护服务、失智老人延伸性居家养老照护和过渡性照护。延伸性的居家养老照护是指在照护对象家中并且以维持在家接受照护服务所需的日常生活方面护理和帮助。接受延伸性居家养老照护服务的老人在照护需求的层次上相当于高水平机构养老服务层次。失智老人的延伸性居家养老照护主要针对具有痴呆或精神病关联的行为功能障碍者。过渡性照护主要针对处于住院治疗结尾阶段的老年人，且其病情稳定。

为支持老年人在社区中更长时间的独立生活，联邦政府推行了"公共福利居家养老支持项目"（Commonwealth Home Support Programme）。这个项目是政府支持老年人居家独立生活的基本项目。2015 年开始，这个项目涵盖了公共福利社区居家照护项目、护理者喘息项目、日间照护中心项目以及针对低收入老年人的照顾和住房项目。其中针对低收入老年人的服务由联邦政府出资，并且仅委托慈善性、有宗教背景的非营利组织来提供这类服务。

社区居家照护（The Home and Community Care）的具体内容分为社区服务和上门服务两种类型。社区服务方面，包括老年社会活动和助行服务。上门服务包括家政服务、个人服务、膳食服务、护理服务。家政服务包括打扫、洗碗、洗衣、熨烫和购物。个人服务包括助餐、助浴、如厕、个人仪容整理、行动辅助。膳食服务包括送餐以及食品配送服务。护理服务包括日常健康检查、医疗性护理、处方药管理等。社区照顾服务的财政责任最初由联邦政府、州政府和地方政府共同分担。从 2013 年开始,联邦政府公共福利署推行国家伤残保险计划,并承担全部 65 岁以上居民和50 岁以上土著居民的社区照顾服务的财政责任。[①]

机构照护主要是为已经不在家中居住而是居住在养老机构的老年人提供 24 小时的护理服务、膳食、日常清洁等服务。养老机构由非营利组织、企业和公共部门多元主体经营。2008 年,私营部门提供的养老机构床位已经占到47%。非营利组织和企业提供的养老机构成为公立养老机构的替代性选择。公共部门开设的养老机构主要面向一些照护需求等级较高的老年人和精神疾患的老年人。根据法律规定,针对具有精神疾患或认知、情感和行为障碍的老年人的养老机构只能够由政府主办。此外,公立的养老机构一般是医养结合型,包含医疗护理服务。近年来,政府医疗卫生部门越来越重视提高老年人的健康水平来促进其独立的高质量的晚年生活。政府希望通过医疗和老年护理体系两者的结合,满足老年人身心健康改善、慢性病的治疗以及早期干预的需求。公立养老机构服务(Public Sector Residential Aged Care Services)由州政府的卫生和社会服务部门提供资金和护理技术支持。由于近年来社区居家养老服务的不断拓展,机构养老服务的需求也在发生快速的变化。这种变化表现在机构养老需求更加集中在患慢性病或退行性疾病的老年人群体,且对照护等级和专业性要求更高。同时,家庭和社会对于养老机构的服务质量也有更高的预期。为了回应需求的变化,政府医疗卫生部门开展了一些整合了医疗护理服务的社区养老项目。在医疗卫生管理部门的支持下,社区的养老机构开始提供一定程度上的治疗、理疗和康复护理服务。[②]

在澳大利亚,政府通过项目资助的方式构建了养老服务供给的多元网络。政府与企业、非营利组织之间的合作通过签订服务协议的方式达成。受到政府委托的组织还可以与二级承包商签订协议。协议中对于服务价格

---

① 根据澳大利亚养老服务网站"my-aged-care"资料整理。http://www.myagedcare.gov.au/.

② 根据澳大利亚养老服务网站"my-aged-care"资料整理。http://www.myagedcare.gov.au/.

有一定的限价要求，用以保证所有的人都可以有足够的服务支付能力。政府的资助针对组织而不是直接提供给个人。政府对于受委托的组织进行监管。

在确定购买服务、合同委托对象的时候，政府首先通过目标服务的内容来确定一个基准价格。之后再与有意向的组织进行单独谈判。政府制定一个项目的基准价格的时候，需要对项目的成本进行精细化的测量，针对每一项服务提出量化的服务标准。项目的资金严格按照服务标准来进行合理的定价。除了服务范围，政府所资助的项目资金中还包括雇员工资、员工监督和培训、交通、日常办公行政性花费、运行开支等费用预算政府在选定承接养老服务的组织时，主要考虑以下几方面的因素。第一，机构的负责人及护理团队的资质和相关工作经验。第二，具备老年人照料的能力及经历。第三，组织满足提供老年照料服务的人员及设施等相关标准。第四，组织维护老人照料对象权利的承诺及相关的记录是否良好。第五，组织的资金管理情况是否明晰。第六，对方此前从事老年照料服务的资金管理和审计记录。第七，倘若对方正在提供老年照料服务，审查其是否认真履行了老年照料提供者的责任和作为联邦老年照料资助对象的义务。[①] 政府还成立了老年照护服务项目的咨询委员会。委员会中的成员既有承接组织方的代表、老年人代表，也有政府公共福利部门和退伍军人事务等公共部门的官员代表。在项目的质量管理过程中，联邦政府更侧重宏观政策的制定，而州政府进行更多微观的管理工作。州政府对于组织的人员资质，每一项服务的标准以及政府提供的相关技术培训服务出台详细的说明，并且以三年为周期对组织进行质量评估。

在养老服务供给网络基础上，联邦政府建立了老年服务的信息平台"老龄服务"（My Aged Care）。这一信息平台是全国范围内所有老年人申请养老服务的信息中心。同时，该平台也设置了统一的电话服务。老年人可以通过拨打人工电话服务和网站来获取相应的服务说明、选择服务机构以及预约服务。信息平台增加了政府养老服务项目的透明度，更有利于老年人获知信息以及家属、社会对服务供给方的监督。

---

① 袁维勤：《政府购买养老服务问题研究》，博士学位论文，西南政法大学，2012年，第45页。

与较好的福利制度相联系,澳大利亚的养老服务体系构建中联邦政府承担了主要的责任,提供了面向全体老年人的长期照护需求导向的服务网络。与其他发达国家的经验相同,政府采用了统一的老年人评估机制来确认服务的需求和登记,有利于服务准确的定位。在评估机制的基础上,政府对于服务成本的考量不仅包括服务本身的开支同时也包括项目运行的行政性开支。项目管理过程中,政府部门的成本核算和定价的精细化水平较高。目前政府养老服务政策发展趋势是向社区居家养老倾斜。在服务制度设计时政府增加了过渡性的服务,将社区居家养老、过渡性服务和医院治疗三个阶段衔接起来,以更好地回应高龄老年人的医疗需求和长期照护需求。

第 七 章

政府购买养老服务的路径选择和制度创新

　　西方发达国家政府购买养老服务的经验中，社会组织和企业是政府供给公共服务网络中的合作者。在一些情况下社会组织更加贴近社会需求，成为政府公共服务的替代性供给主体。然而，西方发达国家经验中的"公私合作"是建立在本国政治和社会制度条件基础之上的模型。中国的人口特征和家庭传统以及社会组织获取资源的能力形成了我国政府购买养老服务的基本前提，这与西方国家的公私合作模式具有内在的差异性。因此，中国政府购买养老服务的改革并不能仅仅将他国经验简单地做形式迁移。形同质异的制度迁移，只会使得政策在执行的过程中偏离既定目标，流于"上有政策、下有对策"的变异。在目前我国老龄化发展趋势之下，老年人照护的负担无法由家庭独立承担。以社会组织的发展现状而观，其组织提供的养老服务属性本身也在营利和非营利属性之间具有一定的含混性。不同层级政府之间的财权和事权不相匹配，以及政府与社会组织合作的官僚化和垄断化趋势也将影响到购买养老服务政策执行的效果。因此应该立足于中国政社之间的制度环境，通过系统的研究来寻找我国购买养老服务的政策基点、各层级政府间的权责配置体系、可持续的资金保障制度，并进一步生成一种我国政府与社会组织在公共服务供给方面的合作模式。

第一节　政府购买养老服务的路径选择

一　照护需求：购买养老服务政策的基点

　　人口老龄化的现状以及发展趋势是我国全面建成小康社会和政府公共

服务职能建设的基本国情。合理地确定养老服务政策的福利水平和价值目标要充分考虑到我国人口问题的国情与经济发展水平之间的平衡。老龄化危机不仅是劳动力数量和老年人数量比例的数量上变化,更深层次将引起社会经济生活和家庭结构质的改变。计划生育政策、快速城市化和工业化进程、生育意愿迅速变化等多方面因素,一定程度上加剧了我国老龄化的发展速度。国务院发展研究中心预测,到 2020 年,我国 65 岁以上的人口比重将达到 12% 左右。这个数字在 2050 年将达到 25% 左右,意味着老年人口占总人口的比重接近 1/4 左右,中国将进入超老龄社会。[①] 若将老龄人口比例的攀升放置在我国人口基数大的背景之下,老龄人口的绝对数规模更加凸显出我国老年人社会福利和保障方面巨大的财政支出压力。2014 年年底,全国 60 岁及以上的人口数是 2.1 亿。其中,65 岁及以上的人口已经达到了 1.27 亿。未来 15 年,65 岁以上老年人口要增加 1 亿多,到 2030 年将达到 2.3 亿,到 2050 年将超过 3 亿。

　　老龄人口比例和总量的攀升与社会家庭结构的变迁叠加后,原有家庭内部解决的养老需求转移到社会中,凸显出老年人长期照顾和护理的社会服务需求。全国老龄办和中国老龄研究中心的结果显示,2010 年年末,全国城乡部分失能和完全失能的老年人约 3300 万,占总体老年人口的19%。其中完全失能老年人是 1080 万,占总体老年人口的 6.23%。2014年,我国失能和部分失能的老年人数已经增加到近 4000 万。[②] 政府购买养老服务首先就是要定义需求,然后才能确定购买内容。作为政府购买养老服务政策本身的目标基点,一方面应是公共服务供给中多元主体的培育和政府职能转变;另一方面应是以回应社会中老年人社会服务之中最紧迫需求为导向,设计适度普惠的老年人长期照护体系。养老服务中"适度普惠"的含义,应该是在原有的政府救济性保障范围之外,新增加一部分经专业性评估而需要他人照护的老年人。政府购买养老服务的发展趋势应首先鼓励老年人居家养老,帮助其尽可能地在社区和家中独立生活。政府购买养老服务应优先发展社区居家养老服务项目。只有经过一定的专业评估证明其确实无法居家养老,方可享受由政府出资购买的老年人机构照

---

① 李伟:《2013 中国老龄事业发展高层论坛发言》。

② 同上。

护服务。机构照护服务不应对自理老人开放，而是优先惠及确需他人照顾和护理的介助介护等级老年人。上述以照护需求为导向提供老年人的社会服务和保障也是国际上通行的做法。只有以照护需求为导向推行购买养老服务政策，才能够将政策聚焦在解决长期照护需求增加与家庭养老功能减弱之间的矛盾，才能真正减轻家庭的照护压力，并从宏观上逐步建立覆盖全体老年人的社会服务体系。只有厘清老年人社会服务需求中的轻重缓急的不同层次，才能发挥市场机制在资源优化配置方面实际作用，这也是政府在公共服务供给中引入购买机制的核心要义。更进一步说，老年人长期照护需求往往并不仅仅局限于日常生活照料，还需要相关医疗服务的支持。医疗护理服务是目前我国政府购买养老服务中缺失的部分，同时也是需求最大的部分。以照护需求为导向设立的养老服务供给体系，可以从政府更高层面上设计购买服务的内容，统合民政部门和医疗卫生部门的资源，建立跨部门的协同机制，设计更符合老年人需求的服务购买模式。

当前我国养老服务的需求特征中存在社会人口政策干预的效应，并不完全是人口结构自然演进的结果。政府购买居家养老服务的方面还应该特别注重回应家庭结构变迁下的高龄独居、空巢老人的照顾和护理需求。目前，中国城乡空巢家庭超过50%，部分大中城市达到70%。[①] 现有的老龄人口之中，生活在独居、空巢家庭的老人已经高达6200万，超过老年人口总数的1/3。仅这部分独居空巢老人的规模就相当于法国总人口数。《中国老龄事业发展报告（2013）》显示，全国每年新增7.6万个失独家庭。老年家庭结构变化特点是我国购买养老服务中需要加以考虑的前提。以照护需求为导向，还要注重机构养老需求和社区居家养老需求之间的相互转化。未来政府购买养老服务的政策应更加着力在购买社区居家养老服务，来为这部分高龄独居或空巢老年人提供支持，并且转移一部分机构养老的需求回归社区。

目前，根据养老服务市场上的平均人力成本和服务价格，政府购买养老服务在每一位受助老人身上仅有几百元的配额，其能够实现的服务支持十分有限。社会组织限于自身的筹款能力和资本动机，也并不能起到社会

---

① 邱玥、刘坤：《中国家庭空巢率超50% "老有所依"该如何实现?》，《光明日报》2016年2月18日第8版。

资本对公共服务改善的乘数效果。以上述人口数据进行预测,未来养老服务需求的增加趋势与我国养老领域公共资金投入的缺口将越来越大。从公民权利保障的角度,中央政府应从宏观层面设计惠及全民的养老服务体系,继续增加购买老年人照护服务的公共资金投入。政府购买养老服务可以作为适度普惠的养老服务体系建设的技术手段。购买行为应该从更高的层次上去讨论政策的目标群体定位,以有限的资金回应社会中最为迫切的需求。养老服务领域中的政府问责,一方面,要从保障老年人长期照护服务的供给角度考量。另一方面,还要从作为公共服务和准公共服务属性的养老服务供给中的公平和公正性角度去思考。有限公共资源约束条件下的养老服务政策应优先采用照护需求导向,遵循适度福利的要求。政府购买的服务应按照老年人所需的照护等级进行统一排序和分配,防止享受政府补贴服务的群体两极化,导致公共资源浪费在本不需要政府补贴的对象身上。目前政府购买养老服务的资金主要采取补贴和项目拨款的形式。未来,在购买服务资金的筹集及使用方式上,政府部门还可进一步讨论建立覆盖全体老年人的照护保险制度,设计更可持续性的筹资机制来消化服务需求和财政压力之间的张力。

二　多元主体: 购买养老服务政策执行的网络

明确政府购买养老服务的目标群体之后,还需要建立起支撑政策执行的供给主体网络。多元供给主体之间的网络是通过契约形式结成的政社合作关系。政府购买养老服务的发展趋势将是从政府购买服务走向公私合作供给服务。社会组织和从事社会服务的企业以公益为导向,在享受政府政策扶持和资助条件下将逐渐发展为社会中养老服务最主要的供给主体。综合理论和实践领域的国际经验,养老服务领域公私合作供给网络中的主体可以包括三个方面: 社会组织、企业组织,以及基于血缘或地缘联系的非正式照顾主体。其中社会组织又可以分为社会福利性质的服务组织和医疗性质的服务组织。政府出资向这两类组织购买一定的服务名额或聘请其运营公办的养老服务机构。符合资格的老年人自由选择服务组织及服务内容,或者是由政府统一分配其享受服务。在新公共管理改革浪潮之中,国际上主要的发达国家政府都逐渐采用了向社会组织和企业购买养老服务模式。

以往研究中关于社会组织在供给公共服务方面的作用已有充分地论

证。而在养老领域，还应该注意的是，从事社会福利事业的企业同样可以
是多元供给网络中的重要主体。这类企业往往区别于一般的营利性企业，
是一种特殊类型的从事社会服务的公益企业。这类企业也被称为社会企
业，是承接政府购买养老服务的主体之一。社会企业泛指所有以商业方式
解决社会问题的社会主体。目前针对社会企业的营利性以及是否能够进行
分红的问题在理论研究和实践中仍有较多的争论。以我国香港地区社会企
业的发展趋势来看，社会企业已经逐渐成为香港地区社会创新的主要形
式。香港地区社会企业遵循两条原则，一是社会目标，具备社会使命，是
社会服务系统中的一部分，以社会效益为核心目标，不追求利润最大化；
二是商业目标，社会企业是商业运营的过程，强调通过自负盈亏、用商业
手段实践社会公益，这是其与慈善机构的主要区别。香港地区社会企业有
些是营利商业机构在营商以外设立的附属企业，用以营办完善的企业社会
责任计划，有些社会企业是由慈善和非营利组织营办，是组织的部分福利
计划采用更积极进取的市场营运模式运作。① 在政府的认同和支持下，香
港社会企业增长非常迅速。香港民政事务总署自 2006 年起推行"伙伴倡
自强"社区协作计划，旨在向符合资格的非营利机构提供种子基金成立
社会企业，助人自助，为弱势社群提供就业机会，改变原有的发放福利和
救济方式，让弱势社群自力更生。每项核准的社企计划最高可获得 300 万
港币的拨款，用来支付开业的资本及初期的营运开支。以长者为目标对象
的业务，如为长者提供照顾服务、聘用长者或让长者参与是政府鼓励的社
会企业业务范畴。② 政府对于社会企业可以进行公益性认定，并依据相关
的法律规定，对其从事的经营业务全部或部分地进行税收优惠和享受扶持
政策。

　　除了社会组织和社会企业，非正式的照顾服务也是其他国家和地区政
府购买养老服务的对象。非正式的照顾服务提供者一般是缘于血缘地缘关
系的亲戚和社区邻里。国外的非正式照顾者主要是家中的女性成员。通过
政府购买护理服务，政府支付非正式照顾者一定的费用，用以对护理者进
行支持。非正式照顾目前在中国的社区居家养老服务中已经扮演着重要的

---

① 王名、李勇、黄浩明：《香港非营利组织》，社会科学文献出版社 2015 年版，第 181 页。
② 同上书，第 195—196 页。

角色。在中国的传统文化之中,宗族文化和乡邻互助的传统让这一类非正式的照顾者往往在老年人的生活中发挥着更为实际的作用。首先,这类照顾者往往自身就有足够的动力和责任感去从事为老服务。目前社区居民委员会所提供的养老服务往往集中在社区活动室,并没有充足的人力和物力实现专业性的上门服务。特别是当一些特殊困难的老年人存在行动障碍时,更不便外出参与社区养老服务。此外,老年人一般存有怕麻烦他人的心态,在接受社区养老服务中较为被动。相比较社区工作人员而言,社区邻居等非正式照顾者往往能够切实地了解老年人需要的支持和帮助,并上门关怀老年人。在社区调研过程中发现,一些社区工作开展较好的地区,非正式的照顾者也可以被吸纳到居民委员会的工作之中。A 市 YJ 社区居民委员会建立社区的为老服务志愿者团队,吸纳有爱心的邻居和低龄的老人,统一组织起来去探访孤寡高龄独居老年人,形成爱老护老的品牌社区活动。

社会组织、企业和非正式的照顾者是养老服务供给网络中的服务直接提供者。政府在多元合作供给养老服务的网络中承担组织协调者、出资者和一部分直接服务提供者的角色。在新公共管理改革潮流影响下,政府作为服务直接提供者的角色逐渐萎缩。一些国家和地区政府完全退出直接供给养老服务业务,逐步取消公共部门直接运营的养老机构。

我国养老服务领域中的购买服务承接主体限定是社会组织,其中又以民办非企业单位为主要力量。由于购买养老服务政策对于承接服务组织的非营利属性有一定的要求,并且在优惠政策方面也有一定倾斜。因此,企业主体在供给养老服务网络之中的比例很低。社区居家养老服务中,提供多种服务的企业多是依托社会组织社区服务项目的下游组织。

从国际经验中可以看到,社会组织在各国养老服务供给网络中承担了重要的角色。不仅因其天然的非营利和社会服务的属性,同时也因其往往根植于社区,是自下而上的公民互助精神在社会问题解决方面的制度形式。对比而言,我国养老服务中的社会组织往往并不单纯源于公益精神,一部分社会组织可能在供给服务的企业化运营中模糊了非营利和公益的性质。养老领域中民办非企业单位的商业运营模式更接近于社会企业的性质。目前,针对民办非企业单位的运营监管制度尚未出台可操作性强的细则。民办非企业单位以企业化的方式运营是否能够保证公共服务的公益性和组织的非营利属性是值得进一步讨论的问题。

　　制度缺位原因在于，我国政府部门对于民办非企业单位的属性和地位的认识尚不清晰，而与之相配套的民办非企业单位的治理制度和监管制度都相对滞后，缺乏现实契合度和针对性。民办非企业单位起源于公共服务相对空缺、就业不充分、社会经济不发达的社会环境中。大量进入民办非企业单位的人不是抱一种捐赠的心态，而是持投资或者创业心态。[①] 从事养老服务的民办非企业单位尽管都源自关怀老年人的爱心，但组织本身尚缺乏一种明晰有力的公益愿景和使命宣言。因此社会公众往往认为这部分组织是营利性的，对其从事的公益事业关注度和信任度都较低。从事养老服务的社会组织获得社会捐赠的渠道极少。从事养老服务的民办非企业单位主要资金来源是服务收费，缺乏向社会筹资的能力，往往只能采用自负盈亏的企业运营方式。国际经验中，志愿者或义工是非营利组织开展社会服务的重要力量。而从我国的情况来看，自下而上的社区范围内的公民自发互助养老行为一般也被街道部门和居民委员会等行政化的体系所吸纳，成为其完成"自上而下"行政体制下派到社区中的为老服务所依托的力量。社区居民委员会需要完成街道分配的为老服务工作任务，会组建志愿者团队和服务对象群。社区居民委员会虽属于自治组织，但行政色彩较强，与发源于社区互助精神的"自下而上"的为老服务类社会组织在组织目标和管理模式上都有较大的差异。由于社会组织从事的社会服务往往与街道和社区的工作内容和范围重叠或冲突，两者之间的关系有一定的竞争性。因此在目前社区治理体制之中，从事养老服务的社会组织难以发展起来。

　　中国社会管理模式实际上是"政府控制—吸纳社会组织辅助—社会组织协作"特点。[②] 在这种模式之下，政府与社会组织的合作往往会遇到管理上的悖论情境。社会组织依附于政府部门，并通过自身的社会资本与政府进行合作。社会组织的非独立性降低了其本身与政府进行谈判的能力。大型社会组织往往有较强的社会资本和网络。在政府购买过程中，组

---

　　① 金锦萍、刘培峰：《转型社会中的民办非企业单位》，社会科学文献出版社 2012 年版，第 3 页。

　　② 王斌、张冬、张娜：《现实与公共政策的探索：具有活力的中国社会组织》，中国农业出版社 2014 年版，第 97 页。

织所获的公共项目又使其与政府的合作关系得到进一步强化。一些社区居家养老服务的小微型组织往往达不到政府设定的门槛，无法获得政府购买服务项目支持，缺乏与大型机构竞争的实力。这种情况加剧了养老服务的市场中竞争性的减退。政府部门在合作过程中将社会组织吸纳为公共部门的延伸和政策执行工具，并因此可能令养老服务供给中的合作向垄断化和官僚化发展。另外，政府主导的社会组织培育，因两者之间的依附型关系，本身也背离了自下而上的社会组织生长逻辑，并不利于社会服务领域中社会组织独立性和自主性的生成。

诚然，政府与社会组织合作中所遇到的社会组织的独立性和自主性问题也并非仅由于我国社会组织的成熟程度及对政府的特殊依附关系所决定。这一问题是各国非营利组织与政府合作供给社会服务发展过程中的共性问题。即使在社会组织发育较为成熟的地区，仍然会存在这样的问题。当前香港地区的一些规模庞大的民间非营利社会服务机构，大部分的财政开支都来自政府的津贴。而它们提供的服务也逐渐集中在政府愿意提供津贴的部分。政府不愿提供津贴的服务则少做甚至不做。这些组织机构实际上在执行政府的政策，成为政府的政策工具。[①] 这就意味着随着对政府资金的依赖程度逐渐加深，非营利组织与政府之间的关系将会有向管理与工具关系、合作伙伴关系等多种关系并存发展的趋势。

三　制度化与精细化：政府购买养老服务的过程管理

从垄断社会服务供给向合作供给的转型之中，政府的职能、管理手段和技术方法方面都需要进行相应变革。目前我国政府向社会组织购买养老服务过程中存在的悖论和难题，一方面是由于社会老龄化急剧变化而导致的制度短缺；另一方面则由于政府购买服务本身的过程管理过于粗放。

制度短缺不仅是指因制度设计落后于现实发展而出现的制度空白，同时也包括社会发展的新情况下新旧制度之间的冲突。政府购买养老服务的政策执行过程中需要与政策相匹配的完备的规制性制度体系。制度体系的要素首先是老年人权益保护制度以及老年人享受政府资助养老服务的资格制度。其次，还包括对承接养老服务的社会组织的管理制度，包括公益属

---

① 王名、李勇、黄浩明:《香港非营利组织》，社会科学文献出版社 2015 年版，第 2 页。

性的认定标准和准入制度、相关的税费优惠制度、购买服务的招标制度、服务的标准化制度和志愿者（义工）制度等。最后还需要建立完备的政府对组织所从事的非营利性养老服务的监管制度。目前我国政府购买养老服务的相关制度法规体系尚不健全。政策体系多数由政府颁发的文件构成，工具性和部门本位性较强，缺乏统一的顶层制度设计。社会组织管理方面，《民办非企业单位的登记管理条例》属于行政法规，但其定位在行政机关的登记管理工作，对于政府规制的内容并不细化具体。由于缺乏对非营利性的公益性活动的认定、社会组织非营利性的监管和社会监督等方面的法律规定，因此政府在管理过程中监管环节宽松，对社会组织的运营监管并不到位。除此之外，现有法律之间也存在协调的问题。我国政府向社会组织购买服务的相关法律法规，《民办非企业单位登记管理条例》《公益事业捐赠法》《企业所得税法》等法律体系中对于从事养老服务事业的组织性质，经营活动的类型以及享受的政策优惠等方面规定不够精细化，并且还存有一定的冲突。上述问题表明目前我国政府购买服务制度化、精细化水平偏低。

政府购买养老服务作为一种新型的政策工具，需要建立制度化的框架保证政策执行遵循既定的政策目标。在引入社会力量进入养老服务领域时，应该从管理的角度细化政府监管和社会监督机制，建立社会组织非营利属性以及服务质量的监管细则，建立购买服务项目信息公开制度，以透明机制来促进社会对购买服务的监督。购买服务意味着政府将与服务供给网络中的多元主体进行合作，并为第三方购买服务。这需要政府从管理逻辑转变为服务逻辑，更注重分析老年人养老需求，以需求为导向通过精细化管理来实现资金使用的公平和效率。购买养老服务不仅仅是简单地按照指标和资格发放补贴金的管理模式，而是应该从政府问责的角度，去思考政府责任的落点，更深层次上分析社会中老年人长期照护需求的发展趋势和要求，以及现有的购买水平能够对老年人生活所产生的支持和改变程度。精细化管理借鉴了工商管理方法，是在相关的法律框架之内，通过精细化的预算管理、项目招投标管理、绩效监管等多个环节，保障政府购买资金以较低的成本来提供更高质量的养老服务。精细化管理不仅能够优化政府的资金使用效率和服务锚定水平，还有利于实现有效的社会监督机制，减弱购买服务双方信息不对称对政府监管的不利影响，增强社会组织的公信力。

政府购买服务是政府职能转变和政府治理能力提升的切入点。政府职能转变和政府治理能力的提升首要方面就是治理的法治化,建立政府供给公共服务的制度框架以及可操作性的细则。在法律框架之内,政府职能转变和政府治理能力的提升还应是治理方法手段的科学化,通过精细化的管理技术手段保障决策科学和政策执行。根据我国"9073"的养老格局规划,政府应借助科学手段对社区居家养老和机构养老的财政投入进行合理的预测和分配,增强资金分配的科学性。科学性的预测手段能够有效避免行政官员"拍脑袋"的决策,以及粗放的指标下派。科学的预测手段还能够有效避免"一刀切"的政策效果,尽量优化政策方案的层次,依据不同地区经济社会人口因素的不同特征来综合确定预算方案。购买服务和政府职能转变,不仅要实现政府在公共服务中责任角色的改变,同时也要进行政府管理过程中的程序和技术手段的精细化变革,建立"精明行政"体系。

第二节　政府购买养老服务的制度创新

一　建立政府承担养老服务的责任制度

政府购买养老服务首先应建立明确的政府责任边界,并且建立相应的财权与事权相匹配的购买养老服务责任制度。政府责任制度首先应该明确各层级政府所承担的养老服务责任以及具体行政事务。养老服务本身含有公共服务、准公共服务和私人服务三种不同的类型。政府购买的养老服务应从受益对象和服务内容角度严格限定在公共服务与准公共服务属性。通过立法,划定中央政府、中间层次政府和地方政府在养老服务供给中的资金和管理方面所承担的责任比例。中央政府、中间层次政府和地方政府所承担的财权和事权不匹配的现状也决定了政策落地的难度。根据老年人权益保障的相关法律规定,养老服务作为惠及全民的公共服务,应扩充中央政府承担的责任部分。中央财政需要增加养老领域的投入,以应对老龄化所带来的社会危机。根据我国目前的行政体制,中央财政的倾斜对于地方公共服务投入的影响幅度较大。中央财政加大投入也能够在一定程度上化解养老服务在经济发展水平不同的地区间和城乡间的差异性,改进服务的均等化水平。

其次，应加强老龄化工作的协调机构建设。在省级以上政府建立老龄化的工作协调委员会，赋予其养老服务工作的决策权力，用以制定老年人福利发展规划和购买服务政策。通过老龄工作协调机构来将财政、人力资源和社会保障、民政和医疗卫生部门之间实现跨部门协同，统筹方式设计政府购买养老服务的内容、筹资方式以及服务提供模式，提升养老服务供给的质量。此外，还应在民政部门成立专门的老龄工作办公室，提高老龄工作机构的行政级别，改变目前老龄工作挂靠在民政部门的现状。专门的老龄工作机构应在纵向上受省级老龄工作协调委员会的管理，是政府购买养老服务政策执行机构，负责审定政府购买养老服务受益对象的资格、组织购买服务项目的招投标工作以及对社会组织和企业进行监管等行政事务。

二　建立老年人长期照护制度

长期照护制度是覆盖全体老年人的福利体系。这项制度内容主要包括照护资格认定制度、服务轮候制度以及照护保险制度。在老龄化快速发展趋势下，政府购买养老服务的需求导向将逐渐聚焦在长期照护需求。在未来家庭结构之中，老年人长期照护将成为巨大的负担。对于身体健康且能够自理的老年人，政府应鼓励家庭承担养老责任，节约公共资金。针对家庭无力承担长期照护的老年人，政府应为这部分群体购买养老服务，并形成国家资助的长期照护服务体系。政府购买的长期照护服务应不再以较高的年龄标准和较低的经济收入水平作为限制条件。政府不再主动遴选服务对象，而转变为由老年人根据自身的需求、经济条件和意愿向相关政府机构进行申请。经过专业化评估后，政府对于其可否获得照护服务进行审核。政府综合根据老年人经济收入水平和需求来确定购买服务的等级。对于低收入群体的长期照护服务开支将由政府全额购买。非低收入群体应在政府给定的服务范畴内自选服务，并由政府进行差额购买。也就是说，政府承担一部分服务费用，且个人自付一部分服务费用。在回应老年人需求的同时，通过费用分担的做法来引导老年人经济性地选择服务内容，保证公共资金的使用效率。长期照护制度的建立应构成当前政府购买养老服务政策执行的基础，同时也应为我国养老服务的发展留足弹性空间，作为未来适度普惠的养老服务体系建设的制度框架。

　　长期照护的资格认定需要经过专业化的评估。政府应进一步完善我国老年人长期照护资格评估制度。目前我国购买养老服务的受助对象尚缺乏统一的登记审核制度。现有的管理过程多依托于低保制度和年龄来划定受益范围。进而由基层政府去遴选受助群体,并以"自上而下"的方式下拨补贴。这种机制下,老年人缺乏主动申请养老服务的机会。长期照护资格认定制度应覆盖全体老年人。由老年人自主提出评估申请,经由专门机构和专业人员的评估,确定其享受服务的等级。地方政府购买公共服务时应以老年人在长期照顾和护理方面的评估结果为基础,结合经济困难与照护等级两重标准,进而定义购买服务项目的受益对象范围。

　　长期照护不仅可以通过机构养老实现,还可以在社区中实现。出于节约财政资金的目的,政府应扩大购买社区支持性服务,将一部分机构养老需求转化为社区居家养老需求,使得一些老年人在家中或社区得到长期照护的服务。未来根据我国"9073"养老体系的规划,购买服务应对于老年人在家中或社区接受照护服务有一定的政策倾斜。政府购买机构养老床位的分配过程中应建立公开透明的服务轮候制度,将所有的申请者排序,并由政府统一分配其入住养老机构。服务轮候制度应通过老年人信息采集,制定轮候的次序,并在相关的民政部门和老龄工作部门网站面向社会公开。建立一定区域内的机构养老服务轮候制度,更有助于政府部门合理且精确地来评估和预测区域内社区居家养老和机构养老的需求比例,并将符合资格的老年人匹配到相应的服务之中,使绝大部分老年人获得社区居家养老服务支持,少数确实需要机构养老服务的老年人方可获得政府补贴的床位。受政府资助的养老机构原则上不再接受自理老人入住。自理老人应在家中或社区支持服务下养老。政府购买社区居家养老服务应注重设计贴近老年人生活和医疗护理需求的服务内容,特别是膳食、助浴、医疗护理等服务内容,这些服务能切实改善老年人生活质量,支持其在社区居家养老生活。社区居家养老服务分配也应有一定的轮候次序。社区居家养老服务的享受资格可以采用经济困难和照护等级两重标准来判定优先次序。对享有机构照护资格,但愿意在社区或家中养老的老年人,应提供上门的长期照护服务,并且优先享受社区居家养老服务。统一的服务轮候制度对于社会组织监管也有一定的积极作用。通过政府统一轮候并且分配服务对象,可以有效引导社会组织对服务对象的选择行为,避免社会组织回避照护等级高或风险大的老年人并挑选服务成本低且照护难度低的服务对象进行服务。

　　根据我国老年人口的数量预测，未来长期照护服务和养老金的资金缺口较大。在此方面，可以借鉴国际经验中的长期照护保险制度，建立我国老年人长期照护服务资金的筹资机制。长期照护保险制度旨在解决高龄老人和失智失能老人的护理问题。长期照护保险制度需要通过立法，来界定照护保险的基本概念、覆盖的目标人口、受益的资格和待遇水平、资金筹集等方面内容。长期照护保险将作为养老保险之外的社会保险险种，针对一定的人群强制参保。当参保者达到受益的资格条件时，由保险支付其大部分的护理服务费用。长期照护保险不仅可以支付机构养老的护理费用、床位费用以及膳食费用等，还可以用来支付社区居家养老服务的护理费用以及助老产品费用等。照护保险的财源将由政府、企事业单位和个人进行分担。建立照护保险制度以后，政府购买养老服务就可以采用保险支付手段，改变传统的行政拨款方式。政府应制定相应的规范，以确定哪一类型的社会组织可以提供由照护保险支付费用的老年人护理服务。符合规定的社会组织或企业可以向政府申请成为照护保险定点的机构，并且接受政府价格调节和监管。通过照护保险的资金支持，社会中的组织将形成以多个大型集团化的优质社会组织为标杆，涵盖多层次养老服务供给主体的大型服务承接机构网络。一些优质的社会组织可以采用连锁运营模式，并进一步建立下游相关服务的二级分包组织服务网络。

　　照护保险的支付方式增加了老年人的自主性和多元选择机会。照护保险实际上是将政府购买养老服务的资金附加到老年人的个体身上，也就是资助到人头。老年人选择由哪个组织为其提供服务，哪个组织才能够获得政府购买服务的资金。老年人可以在邻近区域内选择不同的养老服务提供者。服务使用者多元化的选择，也更有助于社会组织保持改进服务质量的动力。

　　照护保险制度一方面保障了老年人接受长期护理服务的支付能力；另一方面降低了社会组织供给服务的成本和资金压力。照护保险制度可以作为养老服务领域社会组织发展的激励机制，促进更多社会组织参与服务供给，并将有利于社会组织非营利性的维护和独立性的培育。

三　建立购买养老服务的信息公开制度

政府购买养老服务将惠及全部老年人及其家庭。目前,由于购买养老服务尚处于政策的初期,地方政府购买养老服务的信息化水平较为落后。大部分地方政府网站并没有开设相关养老服务的信息专栏。社会公众普遍对于政府购买养老服务政策的内容和申请流程缺少了解,对社会组织替代政府机构所直接提供的养老服务表现出一定程度的不信任。

为了保障社会公众的知情权和监督权,政府购买养老服务还应配套建立有效的信息公开制度。各省政府应建立养老服务领域统一的养老服务信息化平台。信息化平台既可以是互联网形式,也可以采用各类新媒体的载体。养老服务信息化平台应成为养老服务合作供给网络的技术载体,负责区域内养老服务信息的权威发布。该平台的服务信息应主要集中在政府购买服务的范畴。在信息化平台之上,公民可以获取到提供养老服务的社会组织以及服务的相关信息,并可以预约服务。政府对于在信息化平台之上发布服务信息的社会组织和企业进行监管,保障信息的真实性。在上述平台之上,有关老年人权益保障的法律法规,政府购买养老服务的政策、老年人获取服务的流程、获得政府购买服务的人员名单以及服务轮候的顺序都应予以公开。同时,政府向社会组织购买养老服务的项目招投标情况、项目的文书以及项目的审计报告和绩效考评结果都应纳入信息公开的范围,便于社会监督。

国外非营利组织从事社会服务的过程中,除了政府资助以外,其自身往往还具有筹款的能力。非营利组织的资金来源包括政府购买服务的资金、自筹资金和一部分服务收费。非营利组织在政府的项目资助之外还将自筹一部分资金用于社会服务,因此可以提升社会服务的质量。目前我国社会组织的信息公开制度尚未建立。社会中养老服务组织的社会关注度和信任水平相对较低。养老服务组织无法从社会中筹资,只能依靠服务收费的方式维持运营,制约其组织发展和服务供给能力,也无法实现公共资金投入带动社会资本的乘数效应。有效的信息公开制度有助于社会中的企业和公众更加了解养老服务的社会组织,增加对社会组织的信任。信息公开制度的确立,一方面可以引导社会资本参与社会服务事业发展;另一方面可以引导公众参与养老服务的志愿者工作,吸收一部分社区中的居民，特别是低龄人服务于高龄或失能老年人，缓解养老服务组织的人力成本压力。此外，基于志愿者服务的信息采集系统，根据其服务时间和质量的记录，为助老志愿者提供一定的专享权益，更有助于促进社区公共服务供给中的公共参与，发挥社区自组织的能力，实现社区公共服务的创新。

养老服务信息平台是信息公开制度的载体，还应注重开发界面设计的友好性，承载政策咨询、服务组织联络以及预约服务等多种多样的功能。针对老年人在使用互联网方面的劣势，政府部门还可以开通统一的为老服务热线。老年人可以通过电话咨询相关服务政策、预约评估和社区居家养老服务。除了互联网和电话外，数字电视也是信息公开的载体。政府可以购买依托信息化技术的智能养老服务，建立基于电话、互联网或数字电视等媒介的网络信息与呼叫平台，形成网络化的社区居家养老服务供给网络。

购买养老服务方面的信息公开制度既具有社会监督的功能，也具有社会服务的功能。信息公开制度对政府和社会组织或企业的行为均具有约束作用。信息公开制度将用以实现社会公众对购买养老服务项目的全过程监督。同时，信息公开制度也是社会全体老年人公平公正享受服务的保障。

四　完善社会服务类社会组织治理制度

公私合作供给养老服务是政府回应老龄社会中养老服务需求的路径。目前在政策实践中，养老服务领域的社会组织和企业已经参与到服务供给。然而，这些组织的相关治理制度尚不健全。这种情况下，一些养老服务组织无法获得合法身份，或者无法获得政府的税费优惠，同时还有一部分组织可能存在机会主义和含混的营利性行为。目前我国社会服务组织治理制度还应从组织的注册登记、公益属性认定、税收制度和非营利属性监管等多个方面加以完善。

第一，完善社区治理制度，简化行政审批程序，孵化社区公益性的养老服务社会组织。养老服务是老龄化社会中社会服务的重要部分，具有较强的公益性特点。针对养老服务以及相似类型的公益性和福利性较强的事业领域，政府应专门对此类从事公益性社会服务的社会组织出台精细化的管理制度，给予这类社会组织更多的独立性和发展空间，减少运营过程中的行政干预。对于社会服务类组织，政府应简化登记审批手续，增加政策扶持优惠政策，以引导社会创新。政府还应注重孵化社区中的养老服务社会组织，逐渐替代基层政府提供为老服务。基层政府和居民委员会不再负责直接的服务供给，而是通过授权和出资，让根植于社区的社会服务组织自我管理并为本社区提供具体服务。基层政府转变为出资者和监管者。社区中合法登记的社会组织要有根植于当地社区的明确愿景和使命，并对社区老年人的福祉做出服务承诺，服务过程面向社区信息公开。一些大型集团化的养老服务社会组织也可以在社区建立分支机构，吸纳社区的志愿者，通过连锁运营的方式来提升社区养老服务组织的专业化水平。同时，政府应降低组织注册所需场地等相关门槛要求，使原有因达不到条件而无法登记的黑户组织逐渐合法化，并纳入政府监管体系。在政府购买服务的项目中，应侧重于向根植于本社区的社会组织进行购买。项目评审中吸纳当地居民作为评价主体。服务质量保障方面，基层政府应采用主客观相结合的绩效评估方法对其进行不定期的检查。政府应对社会组织的运营和财务情况进行定期考核，并在一定程度上实现组织财务的信息公开。

第二，完善社会组织的公益性资格认定制度。目前我国民办非企业单位的相关管理制度并不健全。为保障社会组织的公益属性，政府应建立统一的社会组织公益性的认定制度。通过立法，明确规定公益性社会组织的基本条件，并对组织内部治理结构以及非营利性运营制定明晰的规范。政府部门定期对社会组织开展公益性资格认定，发放获准其参与政府购买服务项目和照护保险的牌照。超过一定年限后，组织的公益性资格还需要重新申请认定。公益性评定标准应包括：组织致力于服务全社会大众，而不是服务于部分会员或个人，并不以营利为目的；具有公益法人资格，且全部资产及其增值为公益法人所有；收益和运营的结余将用于与组织宗旨相关的活动；组织终止或解散后，剩余财产不能归属任何个人和营利组织，仍需用于公共福利目的；不得经营与其设立公益目的无关的业务。① 政府不仅要对组织的注册登记环节进行管理，同时还要保持对于组织公益性和非营利性的过程监督和管理。通过政府公益性资格认证的社会组织方可享受政府相关的扶持优惠政策。公益性资格认定制度将进一步规范社会组织

---

① 王名、李勇、黄浩明:《德国非营利组织》，清华大学出版社 2006 年版，第 150 页。

活动，是政府管理专业化技术水平的提升，是社会组织治理过程中精细化的转变。

第三，进一步完善社会组织税收制度。目前，我国税法规定政府部门和企事业单位、社会团体以及个人等社会力量投资兴办的福利性、非营利性的老年服务机构，暂免征企业所得税，以及老年服务机构自用房产、土地、车船的房产税、城镇土地使用税等。对社会力量通过非营利性的社会团体和政府部门向福利性、非营利性的老年服务机构的捐赠，在缴纳企业所得税和个人所得税前准予全额扣除。老人服务机构提供的育养服务收入免征营业税。上述的税费优惠政策主要依据组织登记的类型执行，缺乏对组织运营过程中非营利属性和公益属性等免税资格的动态管理。政府部门应进一步完善税费优惠政策的细则，以公益性作为衡量组织以及组织经营活动享受税费优惠的标尺。针对养老服务事业的税费优惠政策应注重精细化和可操作化。社会组织在养老服务供给中的活动可做商业化和非商业化的分类，其相关活动进一步按公益属性再次判定。[①] 借鉴德国税法相关规定，养老服务组织针对特定群体的无偿的福利性服务免税。对于公益组织与受益人之间存在金钱或其他利益的给付现象，但受益人的给付与获得的利益无等价关系的活动视同非商业化的服务，享受免税条件。而社会组织与受益人之间存在服务售卖关系，视同企业生产经营活动进行征税。社会组织从事与组织宗旨相关的公益性活动所获收益免征企业所得税，其组织资产的保值和增值活动按照企业类似活动进行征税。税费优惠政策是养老服务领域社会组织发展的激励机制。只有建立完善的税收优惠制度，才能够一方面促进更多承接养老服务社会组织的成长；另一方面保证税收优惠的公平性。此外，还应完善养老服务领域社会捐赠的税收减免制度，增强社会组织筹资的能力。

第四，建立多元主体的供给网络。在完善公益性资格认定制度以及相关税收制度基础上，养老服务供给网络中还应注重企业主体的引入。目前由于税收优惠政策限定在民办非企业单位属性的组织。一些组织以民办非企业单位属性注册，但是在运营过程中则采用企业化经营，产生了一定的社会组织非营利性的模糊问题。因此应加强政府管理的精细化水平，区分

---

① 王名、李勇、黄浩明：《德国非营利组织》，清华大学出版社2006年版，第148页。

不同类型的企业主体。对于一部分具有公益精神的社会企业，应将其纳入养老服务税收优惠政策之中，吸纳其作为供给主体中的节点，增强服务供给网络的活力。凡从事养老服务的企业都应达到最基础的公益性认定标准。公益性企业将在组织利润的分配制度方面区别于其他企业，并且以增进社会老年人服务作为公益性目标。老龄化社会中，养老服务需求本身具有多层次性。与此相联系，构建多层次的养老服务供给体系也应该注重服务的层次性和供给主体的多元化。社会组织适合公共服务和准公共服务的供给。同时，在完善的制度规范下，具有一定公益精神的企业也能够参与到准公共服务的供给中，并且解决一部分老年人就业问题，以及为老年人提供低偿服务。多元主体的养老服务供给网络，将包括营利性的社会企业、接受政府资助的非营利组织和不享受政府资助的非营利组织。政府应重视并且信任企业在公共服务改进中的重要作用。社会企业在我国尚属于一种新生的组织形式。政府应研究出台相应的公益性企业的规范制度。符合公益性条件的企业，将被授权成为养老服务供给主体，享受政府的税费优惠政策。公益性的社会企业和社会组织在政府购买养老服务中享有平等的地位。购买服务机制中引入企业主体后，一方面能够有效地增加社会中养老服务的供给主体，激励社会资本从事养老服务的创业行为；另一方面又能够保障组织运营的合法性和效率，保障政府对其提供服务本身公益属性的监管。

第 八 章

政府购买养老服务的进展与讨论

养老服务是政府购买服务的重要领域，也是城市社区功能重建的切入点。从社会治理创新的角度，政府购买养老服务一方面提升了社区服务水平、保障了老年生活质量；另一方面也启动了社区治理从"自上而下"的行政管理模式向服务承载的自治秩序转型。近年居家养老模式在全国各地展开试点和宣传，社会大众对于养老服务的认识也不再是孤独的养老院，而是嵌入服务的社区治理网络。社区党组织、居民自治组织和社会组织都是社区治理网络的节点。追踪近年全国各地区政府开展的购买养老服务和长期护理保险试点工作，可见老年人长期照护制度、养老服务信息公开制度以及社会组织治理制度创新已开始探索。政府的主导地位在不断完善的制度设计、流程管理和不断增加的基础设施投入中得到了进一步彰显。目前我国高龄老人养老服务补贴制度已经在全国大部分地区建立。根据民政部公布的数据，全国 20 个省份建立了高龄老人津贴制度，23 个省份建立了生活困难老人养老服务补贴制度，5 个省份建立了失能老人护理补贴制度。基础设施建设方面，中央财政拨付 28 亿元支持各地老年养护机构和社区日间照料中心建设，拨付 14 亿元部本级福利彩票公益金支持地方老年福利设施建设。江苏、上海等 5 个省（市）的城市社区日间照料中心覆盖率达到了 100%。[①] 与制度体系创新和基础设施的政府责任、个体"自立"与公共服务"公益"的价值平衡仍是未来社区建设与治理、社会组织参与社会服务供给的内生动力。

---

① 民政部：《2015 年民政工作报告》，2015 年 12 月。

第一节 政府购买养老服务的试点与政策创新

一 公建民营改革与社区养老服务的信息化建设

公建民营是公办养老机构改革的目标模式,也是未来我国养老领域公共服务和准公共服务的主要供给主体。2013—2016 年,政府实践领域中以公建民营为改革模式的试点项目在全国推广。根据民政部公布的数据,全国 1179 家养老机构实行了公建民营改革。[①] 据前文的经验分析,公建民营的养老机构需要将服务资源和服务半径扩展辐射到相邻的社区,并且成为社区居家养老服务的提供者。2016 年民政部和发改委联合发布的《关于开展以公建民营为重点的第二批公办养老机构改革试点工作的通知》[②] 中提出鼓励将公建民营机构打造成为养老服务标准化、信息化、医养结合等方面的特色基地,成为本区域服务标准、服务人才、运营管理经验的培育和输出基地,发挥引领示范和带动辐射作用。

在"公建民营"的模式中,政府与某一社会组织建立起基于信任的合作机制,并且依托这一合作机制,通过政府购买服务将养老机构的专业服务输送到一定服务半径内的社区,提高公共资源利用的效率。

信息化平台是公办性质的机构养老服务资源向社区传递的技术支持。在社区信息化建设方面,民政部确定了首批养老服务和社区服务信息惠民工程试点单位,并进一步促进移动互联网、云计算、大数据、物联网与传统养老服务行业的有效结合。结合实施"互联网 +"养老行动,以民政部门自建、合作建设、委托第三方单位建设以及其他方式在全国共建有统一的城市养老服务信息平台 840 个。从宏观上公建民营的养老机构与社区居家养老服务的复合供给模式的技术框架已经初步建构。

信息化的建设与服务功能向社区延伸主要涉及公建民营改革的技术层面。确认机构的公办属性以及完善民营机构从事公共服务的相关管制制度

---

① 民政部:《2015 年民政工作报告》,2015 年 12 月。
② 参见民政部办公厅、发展改革委办公厅印发《关于开展以公建民营为重点的第二批公办养老机构改革试点工作的通知》,2016 年 8 月 19 日,http://www.mca.gov.cn/article/yw/shflhc-ssy/fgwj/201612/20161200002647.shtml。

是公建民营制度运行的核心和实质。浙江省民政厅出台《关于推进养老机构公建民营规范化的指导意见》（浙民福［2016］26号），明确提出公建民营后机构定性，即公建民营养老机构应该履行公办机构保基本、兜底线的政府保障职责，确保面向广大普通老年人的公益性。值得注意的是，不同于以往公建民营要求运营主体为民办非企业单位，这一指导意见中将具有独立承担民事责任能力的企业、社会组织或个人都纳入了资格范畴。运营方可按合同约定，选择登记为企业法人或民办非企业法人。机构定位为设施配建标准适宜实用、面向广大普通老年人的护理型为主、助养型为辅的机构，服务内容应当为老年人提供生活照护、康复护理、精神慰藉、文化娱乐等服务。①

　　以往政府向公建民营机构购买养老服务，主要是为"三无"老人、低收入老人、经济困难的失能或半失能老人购买机构供养和护理服务。由于这部分老年人在机构服务对象中所占比例较小，并不能较好地体现公立机构的公共属性。延伸社区服务使公建民营机构服务范围有一定的拓展，提高了公共资金的效率。从全国各地区实践经验上总结，借助信息化平台，企业和民办非企业单位所运营的公建民营养老机构成为社区居家养老服务较为专业的供应方。但政府向公建民营机构购买社区居家养老服务仍有制度建设的空间。在社区居家养老服务中，上述成熟运营的机构在经济实力和专业实力方面优于其他社区社会服务组织。但发展中遇到的问题是如何确定公建民营机构为社区提供养老服务内容和服务对象范围，以及提供养老服务的定价和支付形式。这些问题涉及对于公建民营机构的"公办"根本属性的讨论。合理地分配公共资源，公正选择服务对象，保障公建民营机构的公共性始终应是养老机构改革的主要命题。民政部门在加强准入环节制度设计与规范的同时，限于部门的权限与资源仍难以触及更深层次的规制。在制度建设中，政府还应加强养老服务产业和组织经营活动的相关财税制度建设，精细区分营利性与非营利性经营行为，确保非营利性的养老服务经营活动得到税收优惠以及政策扶持，而营利性的活动按照商业活动进行合法管制，更加有效保障国有资产不流失以及国家对养老

――――――――――――

①　参见浙江省民政厅印发《关于推进养老机构公建民营规范化的指导意见》，2016年2月25日，http：//mzzt. mca. gov. cn/article/ylfwgz2016/dfjy/201612/20161200888261. shtml.

机构建设和发展的优惠政策能够真正地惠及需要照护的老年人。

二 养老服务供给的多元主体

伴随经济社会发展和人民生活水平的提高,老龄化社会中的养老服务需求也相应变得复杂和多元。养老服务需求差异的原因包括地区经济发展水平、家庭支持条件和个体健康和活动能力等。[①] 基于上述条件的差异性,不同地区政府部门难以掌握同样的评价体系来确定政府购买养老服务的责任范畴。政府应该针对本地区具体老龄群体和具体的服务内容来确定服务的基本属性。在厘清政府购买服务的责任范畴后,针对不同性质的养老服务对应开放不同性质的经营主体进入服务市场。

同样的差异性体现在参与供给养老服务的社会主体方面。发达地区的企业和社会组织发育相对成熟,此外这些地区因为家庭结构、工作和生活方式的现代性变化使得老龄服务需求压力较早地呈现出来。以往养老服务领域的供给主体主要是公办养老机构和民办非企业单位经营的民办养老服务机构。依靠传统公办性质的养老机构并不能满足养老服务数量和质量两方面的需求。转制中的公办民营养老机构仍然是一个不断完善和改进的制度模式。民营养老机构限于准入门槛和优惠条件等方面的因素在多数情况下以民办非企业单位进行注册,并由此产生运营过程中营利性判定的问题。目前,我国政府对于社会组织参与养老服务中经营活动的非营利属性相关管制措施以及企业在养老服务领域的角色认识较为薄弱。在海外地区养老服务供给经验中,政府往往十分重视企业主体在养老服务领域的作用,并认为市场机制和企业主体对于促进养老服务行业服务技术、质量和效率的改进具有一定的优势。

合理地确定养老服务的多元供给主体角色并据此进一步完善对各类主体经营活动的管制是目前养老服务政策创新的中心问题。2016 年年底,国务院办公厅颁布了《关于全面放开养老服务市场　提升养老服务质量的若干意见》(国办发〔2016〕91 号),提出积极应对人口老龄化,培育健康养老意识,加快推进养老服务业供给侧结构性改革,保障基本需求,繁荣养老市场,提升服务质量,让广大老年群体享受优质养老服务,切实

---

① 席恒:《分层分类:提高养老服务目标瞄准率》,《学海》2015 年第 1 期。

增强人民群众获得感。在具体措施方面，首先是降低准入门槛，明确设立营利性养老机构，应按"先照后证"的简化程序执行，在工商行政管理部门办理登记后，在辖区县级以上人民政府民政部门申请设立许可。在民政部门登记的非营利性养老机构，可以依法在其登记管理机关管辖范围内设立多个不具备法人资格的服务网点。在鼓励境外投资者在华举办营利性养老机构的基础上，进一步放开市场，鼓励境外投资者设立非营利性养老机构，其设立的非营利性养老机构与境内投资者设立的非营利性养老机构享受同等优惠政策。在定价机制方面，意见中提出要建立以市场形成价格为主的养老机构服务收费管理机制。对于民办非营利性养老机构，服务收费标准由经营者合理确定，有关部门对其财务收支状况、收费项目和调价频次进行必要监管，同时加强对价格水平的监测分析。

根据上述意见对经营主体和定价机制的界定，养老服务领域的投资和经营将逐步开展市场化方向的变革。企业主体的引入将激发养老服务市场的活力，同时营利性的养老服务也更加能够满足不同支付能力的老龄群体多样化的内容需求和质量需求。但值得注意的问题是，与市场化改革相配套的运营和服务监督需要进一步精细化与法治化。政府公共政策的讨论方向仍然要以公共服务的公共属性作为主要的命题。政府对于营利性主体进入养老产业的资格准入能够解决服务供给内容和层次多样化的问题，但是市场化能否改进当前我国老龄人口最急需和最基础的服务供给，进一步保障公共服务和准公共服务属性的养老服务覆盖范围与质量仍待研究。与之相联系，政府购买服务所应保障的基本人群和服务内容层次仍应从政府责任与公益性的角度进行论证。企业主体的营利性和服务本身公益性是否会存在冲突，政府能否向企业主体购买养老服务也有待进一步的分析。

多元主体进入养老服务领域方面的政策目前集中在"简政放权"的改革阶段。在此基础上，针对养老服务运营主体的财税和审计相关监管制度需要进一步完善。另外，政府还应进一步加强对根植于基层社区的社会组织扶持力度。养老服务行业具有投入大、回报周期长、利润低且风险高的特点。从中国的现实情况观察，老龄群体的服务需求在其身体健康的时候往往依靠家庭责任来解决，只有当失去一定的活动能力后才对社会提供的普通养老服务和照护服务有必要的需求。现实中对照护服务需求较高的这部分群体在意见表达和反馈方面处于弱势地位。养老服务行业的供给主体一般情况下需要秉持公益心和爱心从事服务工作。基于上述的特点,具有一定的社会服务宗旨和愿景的社会组织应然的作为集合社区资源为老服务最重要的主体。因此,在养老服务市场化政策优惠惠及企业的同时,政府仍然需要着力于研究对非营利性的养老服务社会组织的扶持政策,培育社会组织承接养老服务领域的需求,解决基本公共服务和准基本公共服务层面的养老服务供给,真正解决大部分中等收入及以下老龄人口的照护需求。

三　长期照护需求与照护保险试点

长期照护是人类社会进入老龄、高龄甚至超高龄社会的伴生制度,是走入长寿时代的人类社会不可或缺的基本公共服务制度。有学者指出,目前老龄工作从指导思想到政策制定都未将针对失能老人的长期照护服务和养老服务做明确区分。用养老服务涵盖甚至替代长期照护服务导致政策靶向不准、结构失衡、人才短缺。[①]

目前学术界和实践领域对于养老服务的基本属性划分尚待展开充分论证,但公共政策和实践的讨论正在逐步接近社会为老服务领域最为迫切的基本需求。从 2016 年 11 月起,北京市西城区作为试点,率先在全区范围内开展经济困难的高龄和失能老年人居家养老服务工作,开始推广居家养老服务的新模式,上门针对各人各户具体情况提供居家养老精准服务。服务对象是西城区拥有"北京通——养老助残卡"的 6 万名老人及 3800 多名失能老人;采取西城区政府购买服务,居家养老服务供应商提供服务的形式。失能老人可享受的服务范围包括:生活照料、精神关怀、健康指导、生活护理、送餐费、签约家庭医生等多个方面。[②]

目前我国政府购买养老服务的内容主要集中在与照护服务相关的信息化服务方面,主要以项目制购买形式为主。实践中一些发达地区的地方政府针对居家养老服务信息网络建设拟定了政府购买养老服务的对象范畴,如表 8—1 所示。这些具体的政策实践也在一定程度上探索了养老服务领域基本公共服务和准基本公共服务的边界,但在购买服务的受益对象范畴

---

① 杨团:《中国长期照护的政策选择》,《中国社会科学》2016 年第 11 期。
② 高欣:《首都居家养老新尝试》,《法治周末》2017 年 1 月 10 日。

认识上仍存在基本层次和准基本层次混同、社会救助和公共服务交叉的情况。政策执行过程中，民政部门购买养老服务对象仍首先是传统的社会救助对象。

表 8—1　　　　　　　　S 省 M 市 X 区政府购买养老服务的范围①

项目名称	以购买服务的方式，建设区级虚拟养老院，为特定老年人家庭安装居家养老信息服务终端设备
购买对象	（一）60 周岁及以上的"五保"对象、重残对象、低保和低保边缘老年人 （二）60 周岁及以上的重点优扶对象、归国华侨、市级以上劳动模范老年人 （三）60 周岁及以上的"二无"（无子女、无劳动能力）、本区范围内无子女照顾或子女残疾、独生子女家庭对象中的困难老年人 （四）70 周岁及以上的计划生育特别扶助对象家庭老年人 （五）80 周岁及以上的空巢老年人、离退休老干部 （六）84 周岁及以上的老年人
注释	困难老人是指年老体弱、生活自理有困难、经济收入在 2 倍低保标准内的老年人；计划生育特别扶助对象老人是指独生子女或三级及以上伤病残后未再生育或收养子女的老年人；空巢老人是指家庭户中只有老年人居住且其子女不在同一社区（村）居住的老年人

在项目制购买之外，与"长期照护"相关的补贴形式购买服务也在政府实践领域自上而下地扩展推进。根据民政部相关文件，我国在"十三五"期间将全面建立高龄、失能老年人补贴制度。根据财政部、民政部和全国老龄办联合颁发的《关于建立健全经济困难的高龄、失能等老年人补贴制度的通知》（财社〔2014〕113 号）要求，全国各地大都在省级层面出台了经济困难的高龄、失能等老年人补贴政策。在高龄津贴方面，北京、天津、河北、山西、内蒙古、辽宁、吉林、黑龙江、上海、江苏、浙江、安徽、福建、山东、河南、湖南、广东、海南、贵州、云南、西藏、陕西、甘肃、青海、宁夏、新疆 26 个省（区、市）出台了相关补贴政策；在养老服务补贴方面，北京、天津、山西、辽宁、吉林、上海、江苏、浙江、安徽、山东、河南、湖南、广东、海南、重庆、四川、贵

---

① 根据地方政府文件编写。

州、西藏、青海、新疆20个省（区、市）出台了相关补贴政策；在护理补贴方面，北京、天津、山西、辽宁、吉林、黑龙江、上海、江苏、安徽、山东、河南、广东、重庆、四川、贵州、西藏、新疆17个省（区、市）出台了相关补贴政策。① 从上述数据可以看到，全国东、中、西部地区各省均大部分推行了针对高龄和失能老年人的补贴制度。尽管上述补贴的发放是现金或服务券形式，但实际上这部分补贴将被用于支付高龄或失能老年群体所需的公共服务，以及购买对这些老年群体的长期照护服务。对比不同经济发展水平地区省会城市购买养老服务补贴的范围，如表8—2所示。与项目制购买服务的对象所限相类似，补贴形式购买服务政策执行中各地政府往往理解为补贴须以城乡低保、"五保"为基础，在其中再选择高龄、失独和失能者发放。这样一来，长期照护补贴成了给予社会救助对象的特惠政策而并未对准全体失能失智老年人中的中低收入者。②

表8—2　　　　　　　　　省会城市购买养老服务补贴范围

标准/城市	成都	广州	太原
年龄 户籍	年满60周岁且本市户籍	年满60周岁且本市户籍	年满60周岁且本市户籍
经济收入 家庭支持	经济困难老年人	城镇"三无"人员和农村五保供养对象；计划生育特别扶助人员	城市"三无"老人、农村"五保"老人；城市、农村失独老人
自理能力 优抚	按照《老年人能力评估标准》（MZ/T 001—2013）能力等级评定为2—3级且经济困难的老年人	最低生活保障家庭、低收入困难家庭、享受抚恤补助的优抚对象、80周岁及以上的老年人等失能、独居或者子女重残；曾获市级及以上劳动模范荣誉称号中失能的	城市低保对象老人、城市丧失劳动能力的一、二级残疾老人；荣获市级及以上劳动模范称号、因公致残或见义勇为伤残等为社会做出突出贡献人员中失能或高龄的老年人

① 参见民政部办公厅印发《关于在全国省级层面建立老年人补贴制度情况的通报》，2016年7月27日。http：//www. mca. gov. cn/article/yw/shflhcssy/fgwj/201612/20161200002650. shtml.

② 杨团：《中国长期照护的政策选择》，《中国社会科学》2016年第11期。

续表

标准/城市	成都	广州	太原
高龄	80 周岁及以上的老年人	80 周岁及以上的所有老年人	80 周岁及以上的所有老年人
部分补贴		本人月养老金低于本市最低工资标准，且自愿负担一半费用；80 周岁及以上的、纯老家庭（含孤寡、独居）人员	

　　在项目和补贴形式的购买服务探索之外，较为发达的地区还探索了长期照护保险制度。上海作为最早进入老龄化的省级行政区域，较早建立了全市为老服务综合信息平台，并于 2017 年 1 月在徐汇、普陀、金山三区启动长期照护保险制度的试点项目。根据相关文件，长期照护保险制度以社会互助共济方式筹集资金，对经评估达到一定护理需求等级的长期失能人员，为其基本生活照料和与基本生活密切相关的医疗护理提供服务或资金保障的社会保险制度。值得注意的是，文件中将老年人的基本公共服务范围首先限定在达到一定等级的长期失能人员，突破了以往的社会救助框架。与长期照护保险制度相关的评估制度也将立足养老中基本公共服务需求，聚焦失能失智老龄群体。

　　按照政策设计，参保人填写一份申请表格并完成一次评估后，根据评估结论将被纳入统一轮候制度。轮候模式也是海外地区养老服务领域的基本经验和机制，有利于保障养老基本公共服务资源公平分配。长期照护保险可以支付的服务包括社区居家照护、养老机构照护和住院医疗护理三类。社区居家照护是指社区养老服务机构，以及护理站、门诊部、社区卫生服务中心、护理院等基层医疗卫生机构，通过上门或社区照护等形式，为居家的参保人员提供基本生活照料和与基本生活密切相关的医疗护理服务。养老机构照护是指养老机构为入住其机构内的参保人员，提供基本生活照料和与基本生活密切相关的医疗护理服务。住院医疗护理是指护理院、社区卫生服务中心等基层医疗卫生机构和部分承担老年护理服务的二级医疗机构,为入住在其机构内护理性床位的参保人员提供医疗护理服务。① 依法成立具有法人资质、能开展长期护理服务的养老机构、社区养老服务机构以及医疗机构(如护理站等),可以提出申请,经评估后与市医保中心签订服务协议,成为长期护理保险定点护理服务机构。区级管理平台依据评估结果,结合老年人的自主选择,组织进行养老服务分派,梯度提供社区居家老年照护、养老机构、护理院等老年照护服务。各类型老年照护服务间由区级管理平台转介。

以往购买养老服务一般是以补贴到人的方式或者机构服务名额购买。长期照护保险制度的试点项目是养老服务支付手段的探索。这将从实践的角度进一步推动政府加深对养老服务不同层次属性划分的基本认识,也预示着养老服务的政策方向逐渐清晰。然而,长期照护保险制度也面临一定的挑战,一方面根据我国社会的老龄化速度和老龄人口的绝对数量,长期照护保险制度需要公共财政承担较大的压力;另一方面,制度的形成和人们对制度的认同也需要代际成本。在应对我国老龄化社会问题过程中,一方面是政府责任的不断完善;另一方面是社区养老功能的重建,也就是重建社区精神和社区互助网络,倡导个体自立和社区自治,减轻社会负担,避免落入福利财政的困境。

第二节　养老服务的层次与政府责任

从发达国家政府养老服务发展的脉络可以观察到,养老领域的政府责任都伴随社会问题的发生和发展呈现一个渐进的过程。老龄化社会的治理对于政府提供公共服务的能力和精细化水平提出了更高的要求。

一　养老服务的基本属性

老龄问题作为一个社会问题,要求政府以公共服务责任来回应。公共服务并非意味着各层级政府直接面对每一位老年人提供服务。在缺乏社会力量的参与时,政府无法将层层的信息收集做到比较高的精细程度,也缺

---

① 参见上海市人民政府印发《上海市长期护理保险试点办法》,2016 年 12 月 29 日,ht-tp://www.shanghai.gov.cn/nw2/nw2314/nw2319/nw12344/u26aw51124.html.

乏足够的人力、物力去了解养老专业领域的需求和技能，因此若要政府确定每一位服务对象只能是借助最为直观且便于操作的经济收入标准，这种简单化的做法符合传统行政行为的基本模式。在政府面对公共服务提供显得能力有限的情况下，传统行政方法将妨碍公共服务质量和公正。以往政府养老服务供给的逻辑仍然囿于社会救助的基本框架。购买服务的机制与长期照护服务内容的匹配会突破原有的社会福利和救助的框架。

尽管目前购买服务仍然是政府公共服务供给的一种新的有待完善的机制，但这一机制在政府与社会合作的过程中加入了市场规范和社会监督的压力。购买服务过程中政府与社会力量签订相应的购买服务合同，根据合同确定了双方的责任，并受到市场行为规范的一定约束。购买养老服务和非购买模式的区别就在于前者承担了来源于市场和社会维度的制度规范化压力，这在某种程度上将进一步推动政府在提供为老服务时更加精准地分析基本公共服务的需求，回归需求导向，促进政府购买养老服务资金使用的信息公开水平，监督政府公共服务资金使用中的公共属性。

购买养老服务中的政府首先应是一个精明的规划者，根据老龄人口的综合数据来确定未来照护需求的数字，并进一步规划政府购买服务的名额，并从财政预算中加以确定。其次，政府还应是一个倡导者，通过政策优惠来引导老年人的社会行为，引导社会力量提供服务的内容方向。最后，政府还是一个监督者，对于享受政府购买的老年人资格进行审核，对社会力量提供的服务质量和社会机构的运营进行监管，保证政府公共资金的公益性。政府规划养老服务应止于购买名额、项目总金额和基本价格。政府在规划具体对象接受服务内容和细节方面的能力是有限的。社会组织或企业通过竞争或谈判承接政府的服务计划和项目，并根据公开的社会老龄服务轮候次序确定接受服务的对象后，再依据服务对象基本情况和个人意愿制订服务计划。以往研究中从基本原理和制度设计角度讨论政府购买养老服务大多围绕上述问题。这些讨论在制度设计的起点，也就是养老服务的基本属性界定方面略显不足。养老服务领域公共资金使用的公共性问题回归到对于养老服务基本属性的讨论。

笔者认为界定养老服务的公共服务属性，应结合老年人口自身的身体健康程度和自理能力、年龄临界线和服务内容优先次序来划分基本养老服务和准基本养老服务。需求层次理论将人的基本需求定义为生理需求、安全需求、社交需求、尊重需求和自我实现需求。借鉴这一理论,可以认为老龄人口的生理需求和安全需求相叠加的部分,也就是"生存需求"是基本公共服务的保障领域。基本公共服务不意味着所有老龄人口都需要被不加以精细区分地纳入政府责任范畴。政府在确定责任时,应建立在鼓励老年人自立和创造社会价值的前提下。年龄和身体健康及自理水平一般是预测和标志老年人生理需求和安全需求的两项基本生存需求的变量。此外同住家庭中他人对老龄人口的支持度也是其生存需求的保障。老龄乃至超高龄社会中,政府基本公共服务属性的养老服务所保障的基本人群应限于缺乏一定家庭支持和经济来源保障的老龄人口中全部或部分失能失智老年人,服务内容应限于医疗和护理相结合的长期照护需求。这类需求在高龄老人中较为普遍。低龄老人如果满足上述条件也应被纳入基本公共服务保障范围。能够自理的低龄老人非照护需求不属于基本公共服务保障范围的内容。准基本公共服务层次的养老服务应针对不满足基本公共服务条件的老龄人口中长期照护需求以及适应于 60 岁以上老龄人口社会交往方面需求的各类服务,以此来实现社会对老年群体的尊重,保障老年人的基本权利,提高老龄人口生活质量。准基本公共服务覆盖的对象应包括家庭经济收入水平达到一定标准的老年群体和能够自理的老年群体。

二 购买养老服务中的政府责任

养老领域的基本公共服务和准基本公共服务不同于社会福利领域政府对老年贫困人口的救助政策。养老服务之所以作为公共服务而被纳入政府财政给付体系的前提是老龄乃至超高龄社会中单纯依靠家庭和个人已不能够实现对老年人基本生活的照护,因此需要政府、社会与家庭及个人共同承担责任。社会救助政策的门槛主要依据经济收入水平并以提供兜底性的现金形式的救助金来保障社会中弱势群体的生存权利,主要关注的是传统的民政救助对象(例如低保、"三无"和"五保"人员)。现实生活中,高龄人口由于退休较早往往经济收入相对社会当年平均家庭收入水平偏低,因此往往处于社会救助与养老服务覆盖的合集之中。但从养老服务政策制定的角度还应对公共服务和社会福利加以区分。作为社会福利的社会救助和作为公共服务的养老服务之间的差异就在于前者提供了服务的支付来源,而后者则指的是为保障其生存、社交和发展需求的具体服务形式和内容载体。

对于"长期照护"归入基本公共服务属性的讨论和养老服务需求优先次序排列将影响到政府用于购买服务的财政资金投入方向、层次和资金使用的公共性保障措施，也影响到社会组织参与服务供给的培育方向。长期照护服务之所以作为基本公共服务和准基本公共服务的原因，首先在于这类服务针对的对象是身体功能发挥已丧失或有严重丧失风险的老年人，能够保障这部分社会上弱势老年人的生活，保障其基本权利。其次，基本公共服务属性与市场供给服务有明晰的界限。对于市场主体而言，长期照护服务风险高、投入大、回报低，市场主体缺乏参与提供的动力。这在某种程度上意味着政府即使采取放开多元主体参与养老服务的市场化政策也并不能回应和满足这部分特殊且重要的养老服务需求。

如前文所述，基本养老服务和准基本层次的养老服务应是政府公共资金投入的领域。从公共性的角度出发，政府购买养老服务在制度设计之中需要明确一个价值标准，即需要优先满足社会老年人中半自理和不能自理老年人的长期照护服务需求。政府公办的养老服务机构应逐步取消自理老人入住，以鼓励家庭照顾和个体自立。政府购买机构养老服务的床位分配首先应该是需要长期照护的老年人；其次根据经济条件和家庭照顾的能力进行排序。在经济条件较差且家庭有照顾能力的情况下，应将其归入购买社区居家养老服务的政策之中，进一步促进老年人在社区中安享生活。

政策实践领域中，养老服务补贴制度设计应在政策制定的环节进一步精细化地区分养老服务的基本层面和准基本层面范畴和层次划分。购买养老服务的内容和对社会组织参与养老服务供给的引导方向也应与补贴对象的范畴相匹配，切中养老服务领域的基本照护需求，避免购买服务项目跨越了基本服务范畴而集中于文娱社交等发展性的为老服务内容。根据目前的政策要求，未来养老服务机构将绝大部分以社会组织运营或企业运营为主。因此，政府对于社会组织或企业参与供给养老服务的优惠政策也应进一步细分。政府购买服务的项目要重点扶持参与提供基本养老服务和长期照护服务的社会组织及企业，引导其承担社会责任。

目前，政府在机构照护方面标准化程度较高，就服务操作和质量标准出台了明确的规范。购买合同形式以购买床位为主，较之购买社区居家养老更为明晰。购买社区居家养老服务的制度设计比购买机构养老服务更加复杂。购买服务的机制在社区居家养老服务中的运行条件与社区治理水平密切联系。养老服务的规划目标是使 97% 的老年人在熟悉的社区环境中养老。在这 97% 的老年人中,购买居家养老服务对象以及服务内容应限定在基本养老服务和准基本养老服务。根据照护不同等级的要求,社区养老服务一般适合中低等级照护服务的提供。公立属性的养老机构,特别是公建民营的养老机构应与周边的社区基本养老服务形成服务递送的机制,一方面对社区居家养老服务提供支持;另一方面扩大公建民营在基本公共服务和准基本公共服务层面的供给范围,保障机构的公共性。

与机构养老服务不同,政府购买社区居家养老服务的项目需要更为深厚的社会基础加以承接,需要社区力量作为中介组织渗入政府政策设计无法连接的政策执行网络去解决实际中的问题,需要社区精神和文化的建设来凝聚社会力量,承担社会责任。对于提供服务的社会组织,每一个接受服务的老年人都是一个复杂需求体,每一个社区都有不同的文化,每一个社区居家养老服务工作方案都将体现民政工作各部门包括社会组织管理、社会救助、社区建设、社会福利、社会工作等横向多部门的工作内容。基层养老服务的综合性以及这些综合业务与政府职能部门的归口不对应,往往导致政府直接干预服务内容以及加强过程管理时与实际情况脱节,并且由于多部门分治也使得养老服务政策内容表现出碎片化和分散性。目前购买社区居家养老服务往往先选择某一项服务内容进一步圈定社区中一部分老年人,然后由居委会完成筛选层层上报民政对应的具体部门审核。一些街道的救助优抚对象有的并不愿意接受服务,有的确实不需要,有的是安全方面的顾虑,而且在这些政府购买项目中,家政人员的收费较低,因此派出的家政服务人员的业务能力和基本水平参差不齐,也影响到客户的反馈。[①] 政府购买单独某一项服务往往并非老人最急需,同时也不能解决其面临的实际问题,这样不仅不会让老年群体满意,而且还会因为资金成本的浪费影响到政府的公信力。创投项目作为另一种购买机制对于社区的筛选也有一定的局限和随意性。能够得到政府资源资助的社区往往在基础设施和服务方面有较大的改进,而没有得到政府项目资源的社区养老服务发展不好。购买社区居家养老服务更需要统合公共资金,来重点购买针对社

---

① 许方:《北京社区老年支援体系研究》,中国建筑工业出版社 2013 年版,第 59 页。

区中经济条件较差、缺乏家庭照顾的半自理和不能自理老年人的服务。根据实践中的需求，政府在进一步厘清政府购买养老服务的责任范畴和层次后，需要一个职能部门以基本养老服务需求为中心统合老龄服务的资源、政策内容和发展规划。未来随着我国社会老龄化进一步发展，具有政策制定、执行和监督权力的老龄事务部门应逐渐确立。

第三节　回归社区:购买养老服务与社区功能重建

购买养老服务虽然只能直接覆盖到社区中较少一部分老年群体，但这一机制不仅彰显了老龄化社会中的政府责任，同时还将引导和促动社区公共服务供给改进。购买养老服务的机制是培育社区自治和自我服务的公共资源。随着老龄化问题与家庭结构变迁结果的叠加，老年人的照护作为关乎每一位老年人和他们子女生活与发展的公共问题成为社区建设的核心议题。围绕为老服务来组织社区公共资金资源才能够匹配社区公共服务的真正需求，才能更大程度地唤起人们对社区公共事务的参与，吸纳社区居民的意见，避免公共资源浪费在与居民真正需求差距较远的事务，让社区居住的个体具有获得感和幸福感。购买社区居家养老服务是社区服务的供给侧改革，也是社区功能重建和社区治理改进的切入点。

一　"孝"文化与个体自立精神

"孝"文化是中国人养老传统的文化基因，并且是构筑社会伦理道德规范的基石。"孝"文化以家庭结构中的长幼次序和责任进一步推衍形塑了社会中人们的行为方式和基本规范，形成了整个社会的基本等级秩序和道德制度规约。"孝"文化核心是成年子女对于老年父母的赡养责任。在中国的文化传统中，来自子女家庭的支持对于老年人的生活质量至关重要。养老院对于普通老年人是子女不尽孝道的替代解释，不为社会所认同。近年来，随着社会压力增大和家庭照顾能力减弱，越来越多的老年人对于子女亲力亲为的奉养已经有了现实性的妥协。"孝"文化的传承和渐变显示出了折衷主义。"儿女住得远，工作忙"是许多老年人所认为的子女无法经常前来探望和照顾的最为实际、最为客观的原因。以模型搭建的方法对部分患有老年病的老年人养老意愿的研究发现，大部分模型搭建者均将社会养老组织作为自己养老地点的选择。这种意愿在生活不能自理后更加明显,理由主要是不拖累子女。一些老年人选择的居家养老也是指自己的家,而不是子女的家。[①] 尽管老年群体逐渐显示出一定的独立性,但一些老年人虽然不再期望子女亲自照顾,但仍然需要与子女保持情感的联络和支持。经常探望是老年人精神和情感支持的主要需求。

在中国的文化传统之中,家庭责任是社会稳定和繁荣的基石。政府购买养老服务作为政府在基本养老服务领域的政策,某种程度上要起到社会价值宣导和构建的作用。政府购买养老服务要把提升家庭照顾的责任置放在政策价值导向之中。购买居家养老服务的内容首先应该衡量其是否能够促进家庭照顾和责任。政府和社区应是居家养老的支持者,可以通过人力、经济和技术等方面帮助家庭成员实现奉养老人的家庭责任和社会责任。

社会化养老需要考量政府财政能力和可能的风险。在社会化养老的概念下,政府政策应加强对个体责任和社会责任的强调,以公共政策来引导老年人和他们的子女首先尽力实现社区居家养老,在十分必要的情况下才进入机构接受养老服务。这其中的原因首先是从机构养老和社区养老的成本对比分析,社区居家更为经济,将为社会节约巨大的成本和开支。国际上老龄化和人口问题的有关研究关注了老龄社会医疗成本。如何降低社会老年医疗开支是其讨论的主要议题。其中对照住院照顾和社区医疗照顾的两组慢性疾病老人的治疗效果和成本进行比较,发现社区照顾所支付的费用较低,病人身体恢复更好,同时社区照顾还能够起到疾病预防作用,降低老年人慢性疾病患病率,降低入院率。[②] 这有利于缓解社会医疗保险资金的压力,降低社会医疗成本。在我国,社区居家养老建设已进入试点阶段。2016 年,北京市开展了社区养老驿站和养老照护中心的试点项目。社区养老驿站的场地由政府无偿提供,主要发挥在文化娱乐、日间照料、精神关怀、助医助餐等功能。每个社区驿站,市政府投入平均 30 万元左

---

① 孙薇薇:《孝与折衷主义:中国城市养老的实证研究》,经济科学出版社 2013 年版,第 89 页。

② 汪连新:《城市社区养老服务研究:基于北京市的实证调查》,中国社会科学出版社 2015 年版,第 19 页。

右的支持，还有一些区县再配套一些资金，另外还有政府购买服务的一些资金。石景山区八角北里社区养老驿站就可以为不能自理的老人提供长期托管照料或者短期托管照料，并且可以为出院老人提供康复训练，帮助老年病人恢复健康。[①] 这类社区中的养老驿站由于离老年人家庭所在地近，保证了家属每日探望的便捷，并且可以为这些老年人提供日常的健康检查，实现了社区中老年人的托养。没有太大生命危险的老年慢性病患者如果能够在社区居家养老，不仅可以节省开支，还能够促进家庭照顾责任的履行，促进老年人的精神健康。

其次，社区居家养老符合中国社会文化的认同，符合中国人的文化价值观和经济行为习惯，能够实现个体自立与政府责任之间的平衡。中国文化传统较为强调社会贡献的尊严，以及集体主义的互助精神。随着人口预期寿命的增长，一些低龄的老年人健康水平较好且具有一定的独立性。这部分具有能动性的独立老年人并不是需要社会照顾的负担，而应凭借其自身的经验和技能作为社会贡献的力量，创造社会价值。老年人的社会化和社会参与所产生的价值贡献也应视为老龄化社会治理中的社会资本。政府应对老龄化危机的政策价值中，要体现对于个体自立和责任的强调，以及个体责任、家庭责任与政府责任的平衡。即使全能政府也无法胜任无限的责任。政府在定义老年人服务的标准时，应将老年人的自主权放在首位，促进老年人内在的自立和生存意识，鼓励其通过自我康复锻炼来提高生活质量，避免过度护理而浪费社会资源。政府购买养老服务也应限定在公共服务的范畴，倡导老年人的社会价值，鼓励老年人参与社会服务。老年人在社会生活中的积极参与和服务，一方面可以作为社会贡献，同时让其生活得更有尊严，改善老年人精神健康水平，降低疾病发生率，节省医疗开支和照料成本，实现社会的积极老龄化。

二 社区互助网络与支援机制

居家养老是中国老年人传统的生活方式。社区居家养老与传统居家养老的区别在于社区支援的实现，通过社区支援的网络对传统家庭照顾进行

---

① 贾娜、林苗苗、李欣：《养老机构在身边 不出社区享晚年》，《经济参考报》2016 年 11月 30 日。

补充,最终使96%的老年人更有尊严地在社区中安享晚年生活。社区支援能够帮助社区中的家庭解决老年人日间照顾的问题,解决家庭照顾人力不足的问题,解决一部分非紧急的医疗辅助和护理问题。无论什么形式的社区居家养老服务都应该回归社区中的家庭,作为家庭的支持网络。

　　政府购买养老服务是社区养老服务发展的资金支持,可以购买服务岗位和改善社区养老的硬件设施。上述条件的改善有一些是短期项目制,也有一些是一次性的投入,都将遇到可持续性和软硬件相协调的难题。政府购买养老服务项目运行效果低于预期原因或者政府购买服务无法最终解决的问题仍然是社区养老服务的人力资本问题。社区养老服务的人力不足以及从业人员的技能不足是很多项目无法实现与老年人真正需求匹配的原因。政府作为外生力量如何能够培育出社区内部的为老服务志愿团队来维护社区服务项目的可持续发展,并形成社区自我服务的内生力量是购买养老服务在社区建设中的另一重意义所在。

　　社区为老服务的人员构成一方面是为老服务的企业或民办非企业单位的专业人员;另一方面是社区自身的人力资源,主要包含五个层面:社工、"五老""再就业"、青年和老年志愿者。其中,"五老"指的是老党员、老干部、老军人、老模范、老教师,这一类群体在社区养老服务、老年团体活动组织、邻里互助等方面的社区公益活动中发挥着组织者和带头人的作用。这部分老年群体在社区治理参与中体会自己在社区中的主人翁感和社会价值感。[①] 前文中某公建民营机构的运营者就是一名退休的民政干部,其个体的责任感和经验使之能够参与到社区服务和治理当中。"再就业"群体是社区为老服务的另一支力量,一般是社区里40—50岁的下岗居民为老年人提供服务,并且纳入安置下岗再就业的保障体系。青年志愿者一般归属某一社会组织,由该组织作为组织方和协调方,以项目的方式派入社区提供老年服务,但参与服务的时间有限。老年志愿者主要是社区中的低龄老年人参与社区的为老服务,这部分群体与"五老"也有一定的重合,是目前社区居家养老服务的重要人力资本。上述的多方人员是社区养老中能够对家庭提供支援的潜在力量。在这些支援力量缺乏的现实

---

　　① 申群喜、王世斌:《老龄化与养老问题社会调查:以珠三角地区为例》,黑龙江人民出版社2015年版,第98页。

情况下，老年人之间也会以自组织的性质发展一种互助模式。社区中熟悉的老年人间迫于照顾需要自主结成互助的网络以应急，这也是一种被迫的自我服务。北京市朝阳区和平家园社区的高龄独居老人为了解决生活上的困难，共同商量将一个单元各家电话号码都记录在一起，遇事街坊互相打电话，联系帮助。

目前政府投入公共资金建设的社区养老中心和养老驿站项目运营若缺乏社区参与，仅仅依靠政府资金一次性投入、补贴或者服务收费一般难以实现较高的质量。由于为老服务本身的公益性、风险性和潜在的巨大的人力成本，市场价格机制和政府补贴并不能充分改进这一项具有一定公共产品属性的服务。社区居家养老服务需要在市场和政府之外发展社会自我服务和互助的力量，统合上述五方面的社区人员，发展社区中的志愿者管理模式，并依托其志愿服务来形成本社区居家养老服务的支援网络。在北京市居家养老服务试点经验中，丰台区蓟翔社工事务所尝试链接整个各类社会资源和各界志愿者，在试点社区开展了"爱心银行"。不管是年轻人还是长者，都可以通过蓟翔社工志愿服务网站或微信报名参加志愿活动，成为志愿者。志愿者可以将自己参与志愿服务活动的时长存入蓟翔社工事务所"爱心银行"的志愿存折上，当自己需要帮助时，也可以享受他人提供的同等志愿服务。① 京津两地开展的"社区老年人互助式日间照料中心示范站点建设"项目探索了由低龄、富有爱心的中老年志愿者，照护社区内高龄失能老年人的模式。北京市朝阳区的三里屯幸福夕阳托老中心则从老年人心理健康服务的角度，推行老人互帮互助，促进交流，增强老年人满足感，确保心理健康。互助养老和邻居关照，能使低龄老人发挥余热，减轻高龄老人家庭养老的压力。天津市滨海新区海滨街怡然社区是60岁以上老年人占总人口40%以上的社区，其拥有一群平均年龄是65岁的老年志愿者。志愿者定期上门给高龄独居老人体检、理发、做家务。让60岁至70岁之间且身体健康的"低龄老人"志愿者为70岁以上、行动不便的"高龄老人"提供力所能及的服务，是社区互助养老的新模式。此外社区里退休的中医医生也给街坊提供义诊，给居民量血压、号脉、针

---

① 秦胜南：《"三社联动"为居家养老插上互联网翅膀》，千龙网 2016 年 12 月 1 日，http：//news. k618. cn/society/201612/t20161201_ 9617139. html。

灸,服务社区身体不太好和岁数更大的居民。这一社区也探索了"时间银行"的志愿者培训招募方式,引导、鼓励更多的低龄老年人加入到志愿服务行列。"低龄老人"帮助"高龄老人"的益人益己互助模式已经形成良性循环。低龄老年志愿者可将自己的志愿服务时间"存入",将来一旦本人或亲人朋友需要帮助的时候,可以"取出"时间,换取专业志愿服务和近邻的帮助。

"时间银行"是社区为老服务志愿者管理的模式,体现了本地社区互助的精神和文化。这一机制倡导自理老人自立和服务社会来提升自我的价值感,倡导受助家庭的子女和社区内外的其他志愿者加入社区互助网络。在社区自我服务和互助网络发展过程中,个体、家庭、社区和政府承担各自的责任,通过志愿和互助提供一部分针对社区老年人的公共服务,节省老龄化社会成本。单一社区的"时间银行"机制作为一种试验,其发展应嵌入更高层次的社会志愿者机制建设和社会信用制度建设之中。社区互助网络是社会道德规范和核心价值观的行动教育途径。在家庭养老的传承和变迁中,老年人自身、家庭和社会在为老服务方面的行动也成为小社区和大社会的价值体系建构的实践,进一步促进个人、家庭与社区的联结和参与。

三　养老服务与社区功能重建

社区在学理上的定义是地域性的生活共同体。目前我国城市社区的实际含义主要是指城市建成区内的最基本的生活单元。中国的城市地区社区主要有七种类型,分别是传统社区、单位社区、商品房社区、移民社区、高档社区、集镇社区和新近城市化社区。[1] 尽管在传统社区、单位社区和集镇社区中还部分地保持着熟人的联络,但商品房社区为代表的大部分新兴社区中,居民由于住房体制改革、人口流动以及生活方式变迁而逐渐个体化。社区生活中居民之间彼此联系有限,变成陌生人社区。陌生人社区缺少成员间的身份信息共享、彼此信任以及由此而来的行为激励和道德约束力,其居民在社区公共事务中的参与非常有限,对社区的贡献和责任几乎是空白。如此,社区治理中公共服务的供给和维护都会遇到社区低参与

---

[1]　郑杭生:《中国社会发展研究报告 2011》,中国人民大学出版社 2011 年版,第 10 页。

度的实际问题。

陌生人社区是我国社区居家养老服务建设面临的基础条件。在人与人之间彼此陌生的前提下，即使比较容易组织的社区文体活动，参加者的人数和群体类型都非常少，那么对于需要爱心并且承担责任和风险的为老服务参与者似乎更加难以预期。在陌生的社区，社区工作者如何唤起社区中对老龄问题的关注并且凝聚爱心来发展社区养老服务的支持网络是政策执行的社会基础。

近年来城市社区治理的创新集中于社区协商机制建设。与此同时，各级政府也出台了相关社区减负的文件，并且提出社区管理的方向和内容将从原有的行政事务向改善参与、促进协商和提供公共服务转变。社区协商首先需要产生议题和协商主体。换言之，社区协商首先涉及社区居民共同利益的公共议题提出和确定。其次是协商主体的成长和成熟，能够具有一定的代表性，能够反映民意。社区社会组织应是社区协商的重要主体。社区协商意味着协商主体将通过对社区各项公共服务事务进行优先次序的排列，并且最终决定社区公共服务资金的预算方案。养老问题是关乎社会每一个人和家庭的民生问题，也是社区居民在生活中直面的最为实际的生活压力，这种压力在大城市尤为突出。2016 年，北京市 60 岁以上的老年人，常住人口已经达到了 350 万，并且 60 岁以上的户籍老年人口，以每天 500 人的速度在增长，到 2020 年预计将突破 400 万，届时平均每 4 个北京人里面就要有一位老年人。人口年龄结构的快速变化对于社区服务是较大的挑战。目前我国城市社区在居住的基本功能之外，可以延伸发展的首要功能就是养老服务功能。社区服务除了最为基础的保洁服务和安防服务外，养老服务的议题应是社区公共服务供给的中心问题。养老问题应作为社区议题成为社区组织发展、社区协商和社区功能重建的切入点，使社区建设"言之有物"。

有序且有效的社区参与需要组织化的形式。共同的议题和利益是组织产生和发展的根本。共同的使命和愿景能够将具有自主性和行动力的分散个体凝聚到某一个社群组织之中。所谓社区自治和自我服务，其实质仍然是要通过与社区居民利益相关的议题来形成不同类型的自我管理的组织，并且由社区中的社会组织参与社区协商。社会组织的参与者或者会员应来源于本社区的居民。社区居家养老服务项目运行所需要的社区支援网络就是以社会组织作为领导者和组织者来集合社区服务对象,吸纳社区的志愿服务力量,并且尽可能使每一个社区中的家庭都能够加入为老服务类的社会组织之中。前文中,政府向街道老年协会购买养老服务的案例就是社区中的低龄老年志愿者自我组织并积极参与社区服务和治理的表现形式。实际中仍然存在的问题是在一些社会组织和社会资源比较丰富的街道,比如志愿者联合会、社区自管会等志愿服务组织以及老年协会等社会组织尽管较多,但主要以自发分散式的活动为主,缺乏自我运行和管理的机制。①目前以"三社联动"作为示范模式的社会治理创新,主要是以政府购买服务为牵引,以社区为平台,社会组织(民办社工机构)为载体,社工骨干为支撑在社区开展互动合作。社区工作人员利用"互联网+"的模式,为街道内的社会组织搭建资源共享和服务供需对接的平台,在技术层面改进服务机制。但是养老服务领域的社会组织(民办非企业单位)往往以提供专业性服务为主,在社区营造和社区参与中发挥的作用还远远不够。

政府购买养老服务项目是社区服务组织的资金来源。政府除了购买专业性的服务外,还应更加关注社会组织在社区营造方面的成长,鼓励承接购买服务项目的组织招募和管理本社区的志愿者网络。社区的居民自治组织和社会组织在社区服务中应围绕"一老一小"的活动设计机制,逐步扩展社区志愿者的规模,鼓励社区中的家庭参与为老服务。在陌生社区里,通过关怀老年人的义务劳动增加社区居民的联系,增强居民对于社区的情感卷入,重新让社区中的居民在服务过程中彼此熟悉起来。社区中的社会组织亦是社区熟人互助网络的组织者和集合体。通过社区参与和信息公开可以进一步让社区的居民信任和认同组织的发展。

老龄化危机的应对从最基本层次上看是特定领域公共服务供给的问题,然而更深层次上也是政府治理方式的转型问题。政府主导的行政模式与基层社区社会组织自我服务之间需要一定的平衡和价值选择。养老服务的供给需要嵌入在每一个社区,依靠政府财政能力来完善基本公共服务的覆盖。供给养老服务也需要政府通过相关的社区建设政策来倡导自治和互

---

① 秦胜南:《"三社联动"为居家养老插上互联网翅膀》,千龙网 2016 年 12 月 1 日,http://news. k618. cn/society/201612/t20161201_ 9617139. html。

助型社区精神，重建社区文化和人际网络。购买服务只是政府治理工具的
变化，但购买服务的资源还可以培育社区社会服务组织和社区的志愿服务
网络。社会组织的发展一方面解决了社区现实的养老服务需求；另一方面
让更多社区中的青少年和社区家庭参与到社区的服务供给之中，重新建立
社区成员间彼此的熟人关系。在这个意义上，社区居家养老实际上是通过
社区社会组织以养老问题为中心来实现熟悉社区的重建。之所以熟悉，是
因为社区具有自我服务的功能，提供了家庭所需要的服务支援，提供了居
民参与公共事务和义务劳动的时空条件。熟悉社区中的责任与信任建构是
社区治理现代化的应有之义。

第四节　结论与讨论

一　基本发现

公共服务和保障民生是公共服务型政府的重要职责。社会人口老龄化
的发展趋势和家庭结构的变迁较快地增加了社会中老年人照护的需求，使
养老问题成为重要的民生议题。政府购买养老服务是我国政府应对人口老
龄化的政策工具。

本书回顾了我国政府供给养老服务的演进历程和制度环境变迁，通过
文献和实地研究方法，分析了政府购买养老服务的政策目标定位和政策执
行的效果。评价购买养老服务政策的效果，不仅要关注政策的产出，还应
该反思政策的执行结果是否偏离政策初始的目标。本书选取责任和合作机
制两个视角对于政府购买养老服务的政策展开论证。针对政府购买养老服
务的内容范围，本书运用公共产品理论和社会福利理论，阐述了购买养老
服务中政府责任的应然和实然状态。其次，根据相关理论基础，以"复杂
人"作为基本假设，运用情境理性下的"委托—代理"关系分析框架，从
微观上分析了合作机制中购买服务相关的利益主体在服务购买过程中的动
机、利益诉求和行动逻辑。购买养老服务过程中，参与主体间是以现有的
制度安排作为规则来确定自身的行为取向和策略。制度环境是我国购买养
老服务政策制定和执行的基础。因此，政府购买养老服务问题的研究还应
根据我国行政体制、社会文化传统、政府与社会组织关系特点以及社会组
织的生态环境等多方面约束条件，分析已有制度的欠缺和制度创新的路径。

研究主线在于回答三方面问题。政府购买养老服务中的责任边界是什么？政府采用外部购买养老服务机制的原因、约束条件以及可能的发展趋势是什么？购买养老服务的本土化制度建构路径有哪些？围绕上述问题，本书讨论了以下的观点。

第一，中国政府供给养老服务的责任和层次应限定在公共物品和准公共物品层面。根据社会文化传统和财政约束条件，购买养老服务的公共资金应向社区居家养老服务倾斜。

第二，目前购买养老服务的公共资金使用中对公共产品属性和私人产品属性服务之间的区分存在一定的模糊性。政府在社区居家养老和机构养老两方面尚未体现出明确的财政投入倾斜，尚缺乏引导老年人尽可能在社区养老的政策。这意味着政府在购买养老服务中对自身的责任角色定位还不清晰，并由此导致了社会组织参与购买服务方面监管制度不足的问题。

第三，政府购买养老服务中存在多个"委托—代理"关系，分别是在不同层级政府间、政府与机构养老服务组织间和政府与社区居家养老服务组织间。每一种"委托—代理"关系中行动者的动机、利益诉求和行动策略表现为不同的特点。

第四，我国社会组织对政府存在一定的制度性依附。在现有的制度框架中，参与购买养老服务的社会组织具有复合型动机和行动策略。它们作为代理人既追求经济利益，也追求社会效益。根据规制性制度安排、不同类型养老服务的市场条件和对政府资源的依赖程度，社会组织采取不同的行动策略。

第五，在与社会组织合作过程中，政府对社会组织缺乏制度性信任。双方之所以达成合作是因为委托人和代理人之间具有激励相容的结构。委托人和代理人之间的互动关系使得购买养老服务具有垄断化、再官僚化和营利化的偏离政策初始目标的趋势。

第六，政府购买养老服务应以照护需求为导向，建立多元主体的政策执行网络。政府购买养老服务应加强制度化水平，建立政府承担养老服务的责任制度、老年人长期照护制度、购买服务的信息公开制度以及完善社会服务类组织治理制度。政府购买养老服务还应加强管理的精细化水平，完善项目的过程管理。

二　研究的学术贡献

社会养老服务体系建设是我国政府公共服务职能建设的前沿问题。购买养老服务是社会养老服务体系建设的重要机制。养老服务供给具有较强的专业性和实践性。从公共服务属性和服务供给的特点来看，政府购买养老服务的具体做法应区别于其他公共服务购买。在公共行政学领域，政府购买公共服务的理论研究往往将各类公共服务作为整体进行分析。本研究建立在已有的相关研究基础之上，结合养老服务的基本属性和特点进行购买公共服务问题研究，并且从微观层面分析参与主体间的动机和行动策略，进一步解释政府购买养老服务政策执行偏离目标的原因。

养老服务本身具有不同的层次。政府对于不同层次的养老服务供给责任并不能一概而论。本书回归政策制定相关的基本问题和目标，从政策问题的定义延伸并讨论作为基本公共服务和准基本公共服务的养老服务范畴，并分析政府在养老服务供给中的责任和角色。在政府供给养老服务责任的理论分析基础上，结合政府政策实践的案例反思我国购买养老服务政策执行与政策目标之间的分离趋势。通过理论和实证分析，本书认为现有的政府购买养老服务政策缺乏明确的需求导向。购买养老服务中政府对责任的认识和定位不清晰。政府尚未建立对所购买的社区居家养老服务和机构养老服务两者间统筹协调的服务分配制度。由此可能造成购买养老服务的公共资金效率较低。

现有制度框架下，参与政府购买养老服务的多元主体间互动关系是影响购买效果的重要因素。以往的研究在分析政府购买服务执行过程时，多从宏观制度上反思政府对社会组织的管理体制，但还缺乏微观上对于民办非企业单位的组织行动逻辑深入研究。此外，以往研究中多采用理性经济人假设。然而，养老服务本身具有一定程度的社会公益性。参与养老服务供给的社会组织或企业的动机具有复杂性。因此，本书采用了"复杂人"的基本假设，建立了综合的分析框架。研究的基本假定是购买养老服务的参与主体都是复杂人，既追求经济利益的最大化，同时也追求社会效益。参与主体既有自利动机，也有合作动机。通过分析购买合同中的多重"委托—代理"关系，研究认为，政府和社会组织之间的合作关系中双方具有复合的动机和利益诉求，并在一定的制度环境下生成了各自的行动策略。政府和社会组织在供给养老服务中的行为策略选择，使购买养老服务政策执行过程出现官僚化、垄断化和营利化的发展趋势。

政策建议部分，根据政府在养老服务供给中的责任和角色定位，从照护需求导向、多元主体、制度化与精细化三个角度讨论了我国政府购买养老服务制度建构的路径。在上述分析基础上，研究中还追踪了 2016 年我国政府购买养老服务的政策试点与经验，包括公建民营改革、全面放开养老服务市场以及长期照护保险试点，进一步讨论了养老服务供给中家庭责任与政府责任的平衡，以及在社区功能重建中购买养老服务的政策意义。

三　研究的不足

从全国来看，除少数地区较早地开展购买养老服务外，绝大部分地方政府购买养老服务政策出台的时间较短，政府购买养老服务的内容和形式都在不同程度的探索之中。与之相应，我国养老服务领域的社会组织在政策鼓励下呈现了积极成长的规模化、网络化趋势，但由于相关制度框架仍在建构和完善，社会组织的发育也不免带有一定的发展性问题。因此在研究中，资料的收集受到相关实践不足的制约。

目前购买养老服务相关数据统计尚未大部分公开。本书主要依据相关文献和实地调研资料对政府购买养老服务的效果进行评价。研究结论尚缺乏一定时期内的购买养老服务绩效评估数据的支撑。

除了数据搜集之外，实地研究过程中也存在资料获取的局限。尽管通过熟人介绍的方式开展实地研究，但是因为政府部门相关信息不能公开的原因，还存在一些资料无法获取的情况。政府相关部门、承接养老服务的企业和非营利组织的具体项目合同文本、招投标的记录以及项目评估等材料未能获取。这方面可能会一定程度上影响到本研究对政府购买养老服务实际运行机制的理解。此外，在访谈中受访者也可能出于宣传所在机构或维持与政府相关部门的关系等原因，不愿真实表达并反映购买服务项目的情况。尽管研究者多次参与购买养老服务项目的调研活动，并且通过观察积累了一些资料。但由于实地研究的时间和访谈对象数量所限，无法获取更多的样本，研究结论可能带有一定的主观性。

养老服务研究具有一定的跨学科性质。购买养老服务制度的构建需要综合行政学、社会保障、社会福利以及社会工作等多方面的理论和知识。

购买养老服务的一种发展趋势是从项目和补贴形式的购买转向需求导向下的照护保险支付购买。通过设计覆盖全体老年人的护理保险，回应老年公民的照护需求，改善老年人的生活质量。笔者因知识结构所限，对于长期照护保险制度的研究还不够深入，有待日后进一步积累相关知识。

最后，本书主要以城市中政府购买养老服务政策作为研究对象，没有对于农村地区政府购买养老服务进行分析。未来研究中将进一步追踪政策领域的发展，并可以针对购买养老服务的城乡统筹问题展开进一步研究。

附　录　1

政府购买养老服务情况访谈提纲

一　访谈对象：政府部门工作人员

1. 政府开展购买养老服务的最主要目标是什么？还有哪些其他的目的？

2. 您认为这项政策为什么会出台？现有哪些重点项目形式或试点？养老服务组织一般都可以享受到哪些扶持政策？享受政策的门槛是什么？

3. 购买养老服务有哪几种类型？社区居家养老和机构养老两类中都实行购买服务么？都有哪些具体购买内容？两类服务购买的资金投入比例大约是怎样？除了政府购买服务的项目，社区中还有哪些为老服务活动？如何组织？

4. 购买服务的资金投入数额有多少？资金来源是哪些？纳入每年财政预算么？从购买养老服务中受益的是哪类老年人群？预计将受益的老年人人数大约为多少？

5. 您认为推行购买养老服务最大的难点在哪？购买养老服务工作中最迫切解决的问题是什么？

6. 原国有企业、事业单位和政府部门的退休职工养老服务是否由其本单位提供？退休后享受的单位福利与社会养老服务有哪些重叠的地方？

7. 购买养老服务中政府部门如何监管社会组织或企业？当项目中出现问题时，怎样和社会组织沟通解决？您认为，目前社会组织监管中最重要的问题是什么？

8. 目前有比较信赖的或者长期合作的社会组织么？目前已签订承接服务合同的社会组织，您认为它们能够实现项目目标的可能性有多大？还希望它们以后继续承接服务么？

9. 对于已经签约购买服务项目的社会组织，您认为它们中标最主要的原因是什么？招投标之前就项目申报与这些组织之间有过沟通么？

10. 购买养老服务主要由哪个部门牵头？还有哪些政府部门参与？购买养老服务还需要与其他的政府部门协调么，比如医疗卫生部门、社会保障部门？

11. 现有的购买养老服务项目如何评估？您认为，未来购买服务项目评估可以增加哪些内容？

二　访谈对象：社会组织工作人员

1. 您所在的机构是哪类社会组织？组织的成立时间？服务宗旨？有无业务主管单位？是否纳税？业务主管单位对组织的指导和日常管理有哪些方面？

2. 组织成立的原因？最初的资金来源是哪些？目前组织的资金来源有哪些？（服务收费、政府购买服务、社会捐赠）各种资金来源的大概比例是多少？是否有（继续）申请政府购买养老服务项目的打算？

3. 目前服务老年人的人数大约是多少？（或有多少张床位？）服务收费标准是怎么样？

4. 目前登记接受服务的老人基本情况怎么样？（年龄、是否失智失能、有无慢性疾病、收入水平、户口所在地、是否空巢或独居、自己付费还是政府购买支付）哪类老人可以优先被分配服务？

5. 护工的工资平均数是多少？文化程度？参加过政府的护理技能培训项目么？工作的稳定性情况如何？

6. 组织是否有稳定的志愿者团队或者招募志愿者的计划？招募志愿者的渠道有哪些？社区服务中，志愿者服务所占的比例是多少？

7. 您认为，哪类老年人最急需养老服务？政府购买服务应优先购买哪类服务？

8. 您认为，组织中标购买服务项目最重要的原因是什么？从什么渠道获知政府购买服务项目信息？招标过程公平么？购买服务项目招投标以及管理过程中最大的问题是什么？如何能够改进？

9. 您所主持或参加的公益创投项目如何遴选服务对象（老年人）？如何联系这些人？入户服务需要征得哪些政府部门的支持？参加项目的工

作人员可以有哪些报酬?

　　10. 目前,组织承接的政府购买养老服务项目已完成的个案（服务人数）有多少? 老年人反馈怎么样? 愿意参加么? 参加项目最看重项目的哪个方面?（免费、项目目的、政府提供的服务）

　　11. 政府相关部门如何检查项目的运营情况? 在服务质量和资金使用上如何监管? 组织的服务信息和财务情况是否面向社会信息公开?

附　录　2

政府购买养老服务情况访谈对象列表

编号　001　HX 社区居委会工作人员

编号　002　JX 区财政局工作人员

编号　003　JX 区财政局工作人员

编号　004　HX 区公办养老机构工作人员

编号　005　HD 社会组织负责人（参加购买养老服务项目）

编号　006　BH 区民政局工作人员

编号　007　HP 社会组织负责人（参加购买养老服务项目）

编号　008　HD 社会组织工作人员（参加购买养老服务项目）

编号　009　NK 社会组织工作人员（参加购买养老服务项目）

编号　010　WQ 社会组织负责人（参加购买养老服务项目）

编号　011　MZ 区民政局工作人员

编号　012　FY 社会组织负责人

参 考 文 献

中文文献

王浦劬、萨拉蒙（Salamon L. M.）：《政府向社会组织购买公共服务研究：
　　中国与全球经验分析 lessons from China abroad》，北京大学出版社 2010
　　年版。

黄新华：《公共部门经济学》，上海人民出版社 1996 年版。

风笑天：《社会学研究方法》，中国人民大学出版社 2013 年版。

陈振明：《公共服务导论》，北京大学出版社 2011 年版。

陈银娥：《社会福利》，中国人民大学出版社 2009 年版。

时正新主编：《社会福利黄皮书：中国社会福利与社会进步报告（1999）》，
　　社会科学文献出版社 2000 年版。

陈振明：《公共管理学》，中国人民大学出版社 2006 年版。

徐淑英、张维迎：《管理科学季刊最佳论文集》，北京大学出版社 2005
　　年版。

朱光磊：《当代中国政府过程》，天津人民出版社 2008 年版。

丛树海：《中国预算体制重构：理论分析与制度设计》，上海财经大学出
　　版社 2000 年版。

马庆钰、廖鸿：《中国社会组织发展战略》，社会科学文献出版社 2015
　　年版。

王斌、张冬、张娜：《现实与公共政策的探索：具有活力的中国社会组
　　织》，中国农业出版社 2014 年版。

黄晓春、张东苏：《十字路口的中国社会组织政策选择与发展路径》，上

海人民出版社 2015 年版。

陈郁、陈昕：《所有权、控制与激励——代理经济学文选》，上海三联书店 1998 年版。

过仕明：《信息经济学》，清华大学出版社 2014 年版。

张维迎：《博弈论与信息经济学》，上海三联书店 1996 年版。

刘波、李娜：《网络化治理面向中国地方政府的理论与实践》，清华大学出版社 2014 年版。

王名：《社会组织与社会治理》，社会科学文献出版社 2014 年版。

周黎安：《转型中的地方政府：官员激励与治理》，格致出版社 2008 年版。

荣敬本等：《从压力型体制向民主合作体制的转变》，中央编译出版社 1998 年版。

金锦萍、刘培峰：《转型社会中的民办非企业单位》，社会科学文献出版社 2012 年版。

乔东平、高克祥等：《政府与社会组织的合作：模式、机制和策略》，华夏出版社 2015 年版。

王名：《日本非营利组织》，北京大学出版社 2007 年版。

白澎、叶正欣、王硕：《法国社会保障制度》，上海人民出版社 2012 年版。

王名、李勇、黄浩明：《德国非营利组织》，清华大学出版社 2006 年版。

王名、李勇、黄浩明：《香港非营利组织》，社会科学文献出版社 2015 年版。

E. S. 萨瓦斯：《民营化与公私部门的伙伴关系》，周志忍等译，中国人民大学出版社 2002 年版。

凯特尔：《权力共享：公共治理与私人市场》，孙迎春译，北京大学出版社 2009 年版。

H. 乔治·弗雷德里克森：《新公共行政》，丁煌等译，中国人民大学出版社 2011 年版。

罗纳德·J. 奥克森：《治理地方公共经济》，万鹏飞译，北京大学出版社 2005 年版。

许方：《北京社区老年支援体系研究》，中国建筑工业出版社 2013 年版。

孙薇薇：《孝与折衷主义：中国城市养老的实证研究》，经济科学出版社

2013 年版。

汪连新:《城市社区养老服务研究:基于北京市的实证调查》,中国社会
　科学出版社 2015 年版。

申群喜、王世斌:《老龄化与养老问题社会调查:以珠三角地区为例》,
　黑龙江人民出版社 2015 年版。

珍妮特·V. 登哈特、罗伯特·B. 登哈特:《新公共服务:服务,而不是
　掌舵》,丁煌译,中国人民大学出版社 2010 年版。

桑德拉·凡·蒂尔:《半公营机构:趋势、原因、结果》,汪洋译,社会
　科学文献出版社 2008 年版。

詹姆斯·N. 罗西瑙:《没有政府的治理》,张胜军等译,江西人民出版社
　2001 年版。

格里·斯托克:《作为理论的治理:五个论点》,华夏风译,《国际社会科
　学杂志》(中文版) 1999 年第 2 期。

斯蒂芬·戈德史密斯:《网络化治理:公共部门的新形态》,孙迎春译,
　北京大学出版社 2008 年版。

一番ケ濑、康子:《社会福利基础理论》,沈洁等译,华中师范大学出版
　社 1998 年版。

宫本太郎:《福利政治:日本的生活保障与民主主义》,周洁译,社会科
　学文献出版社 2015 年版。

莱斯特·M. 萨拉蒙:《公共服务中的伙伴现代福利国家中政府与非营利
　组织的关系》,田凯译,商务印书馆 2008 年版。

迈克·希尔、彼得·休普:《执行公共政策》,黄健荣等译,商务印书馆
　2011 年版。

德博拉·斯通:《政策悖论》,顾建光译,中国人民大学出版社 2006 年版。

简·莱恩:《新公共管理》,赵成根译,中国青年出版社 2004 年版。

黄少宽:《国外城市社区居家养老服务的特点》,《城市问题》2013 年第
　8 期。

关信平、赵婷婷:《当前城市民办养老服务机构发展中的问题及相关政策
　分析》,《西北大学学报》(哲学社会科学版) 2012 年第 5 期。

彭华民:《中国政府社会福利责任:理论范式演变与制度转型创新》,《天
　津社会科学》2012 年第 6 期。

施巍巍、罗新录：《我国养老服务政策的演变与国家角色的定位——福利多元主义视角》，《理论探讨》2014年第2期。

魏文斌、李永根、高伟江：《社会养老服务体系的模式构建及其实现路径》，《苏州大学学报》（哲学社会科学版）2013年第2期。

张晖：《"居家养老服务"中国本土化的经验审视》，《西北大学学报》（哲学社会科学版）2013年第5期。

董红亚：《中国政府养老服务发展历程及经验启示》，《人口与发展》2010年第5期。

王名、乐园：《中国民间组织参与公共服务购买的模式分析》，《中共浙江省委党校学报》2008年第4期。

郭强华、俞雅乖：《民间组织参与公共服务购买模式分析》，《西南民族大学学报》（人文社科版）2010年第2期。

郑卫东：《城市社区建设中的政府购买公共服务探讨——以上海市为例》，《广东行政学院学报》2011年第1期。

吕普生：《政府与公民社会组织在养老服务供给中的合作模式研究——基于北京市宣武区三种合作方式的分析》，《科学决策》2009年第12期。

张汝立、隗苗苗、许龙华：《凭单制购买养老服务中的问题与成因——以北京市养老服务券政策为例》，《北京社会科学》2012年第3期。

许芸、邬巧云、赵斌：《城市养老服务体系建设中的社会参与研究——以南京市鼓楼区和玄武区为例》，《唯实》2010年第6期。

张晖、王萍：《"居家养老服务"是服务输送还是补贴发放——杭州的经验审视》，《浙江学刊》2013年第5期。

章晓懿：《政府购买养老服务模式研究：基于与民间组织合作的视角》，《中国行政管理》2012年第12期。

孔繁斌、贺东航：《公共政策执行的中国经验》，《中国社会科学》2011年第5期。

敬乂嘉：《政府与社会组织公共服务合作机制研究——以上海市的实践为例》，《江西社会科学》2013年第4期。

敬乂嘉、公婷：《政府领导的社会创新：以上海市政府发起的公益创投为例》，《公共管理与政策评论》2015年第2期。

叶托：《超越民营化：多元视角下的政府购买公共服务》，《中国行政管理》2014 年第 4 期。

王雁红：《公共服务合同外包：一个研究综述》，《天府新论》2012 年第
　　2 期。

刘继同、冯喜良：《转型期多元福利实践与整体性福利理论框架》，《北京
　　大学学报》（哲学社会科学版）2005 年第 3 期。

彭华民：《福利三角：一个社会政策分析的范式》，《社会学研究》2006
　　年第 4 期。

姚建平：《社会福利制度社会化、私有化发展问题研究——以中、美比较
　　研究为视角》，《理论导刊》2007 年第 7 期。

俞祖成：《日本护理 NPO 的兴起及其对中国的启示》，《广东广播电视大
　　学学报》2011 年第 1 期。

胡薇：《国家回归：社会福利责任结构的再平衡过程》，知识产权出版社
　　2012 年版。

景天魁：《大力推进与国情相适应的社会保障制度建设——构建底线公平
　　的福利模式》，《理论前沿》2007 年第 18 期。

王思斌：《我国适度普惠型社会福利制度的建构》，《北京大学学报》（哲
　　学社会科学版）2009 年第 3 期。

席恒：《分层分类：提高养老服务目标瞄准率》，《学海》2015 年第 1 期。

杨雪冬：《要注意治理理论在发展中国家的应用问题》，《中国行政管理》
　　2001 年第 9 期。

俞可平：《全球治理引论》，《马克思主义与现实》2002 年第 1 期。

姚引良、刘波、汪应洛：《地方政府网络治理与和谐社会构建的理论探
　　讨》，《中国行政管理》2009 年第 11 期。

刘波、王力立、姚引良：《整体性治理与网络治理的比较研究》，《经济社
　　会体制比较》2011 年第 5 期。

李学斌：《单位养老服务模式：背景、现状与未来趋势》，《社会工作》
　　2003 年第 3 期。

黄黎若莲、张时飞、唐钧：《中国人口老龄化进程与老年服务需求》，《学
　　习与实践》2006 年第 12 期。

李学会：《公益创投：政府购买社会组织公共服务的实践与探索》，《社会
　　工作》2013 年第 3 期。

俞可平：《中国公民社会：概念、分类与制度环境》，《中国社会科学》2006 年第 1 期。

黎熙元：《政府购买公共服务预算的效率原则与约束》，《学术研究》2011 年第 7 期。

郭道久、董碧莹：《法团主义视角下"枢纽型"社会组织解析》，《天津行政学院学报》2014 年第 1 期。

霍慧芬：《澳门福利政策转型中的政府角色》，《新视野》2011 年第 3 期。

毕天云、刘梦阳：《中国传统宗族福利体系初探》，《山东社会科学》2014 年第 4 期。

高和荣、张爱敏：《中国传统民间互助养老形式及其时代价值——基于闽南地区的调查》，《山东社会科学》2014 年第 4 期。

马得勇：《政治信任及其起源——对亚洲 8 个国家和地区的比较研究》，《经济社会体制比较》2007 年第 5 期。

张旭升：《政府购买居家养老服务参与主体的行动逻辑研究——以 M 市 Y 区为例》，博士学位论文，南京大学，2011 年。

田北海：《香港与武汉：老年福利服务模式比较》，《学习与实践》2007 年第 12 期。

李春霞、巩在暖、吴长青：《体制嵌入、组织回应与公共服务的内卷化——对北京市政府购买社会组织服务的经验研究》，《贵州社会科学》2012 年第 12 期。

钱宁：《中国社区居家养老政策分析》，《学海》2015 年第 1 期。

容志：《基层政府公共服务供给的问题与对策：基于上海的研究》，《上海行政学院学报》2011 年第 6 期。

项显生：《我国政府购买公共服务边界问题研究》，《中国行政管理》2015 年第 6 期。

周黎安：《中国地方官员的晋升锦标赛模式研究》，《经济研究》2007 年第 7 期。

周黎安：《行政发包制》，《社会》2014 年第 6 期。

王海英、梁波：《老龄化与养老服务：香港的经验与启示》，《中国人力资源开发》2014 年第 16 期。

杨团：《中国长期照护的政策选择》，《中国社会科学》2016 年第 11 期。

席恒:《分层分类:提高养老服务目标瞄准率》,《学海》2015 年第 1 期。

秦伟江、戴欣桐、刘雅岚:《香港居家养老服务保障模式及经验借鉴》,《广西经济管理干部学院学报》2011 年第 3 期。

王海英、梁波:《国家抑或市场:日本与香港养老服务政策变迁及模式比较——基于历史制度分析的视角》,《理论导刊》2015 年第 3 期。

田香兰:《日本老年社会保障模式的解析》,《日本研究》2008 年第 3 期。

俞祖成:《日本政府购买服务制度及启示》,《国家行政学院学报》2016 年第 1 期。

田香兰:《日本护理产业现状、问题及启示》,《日本研究》2013 年第 3 期。

陈诚诚:《德国长期照护保险制度的特色及改革动态》,《中国医疗保险》2014 年第 12 期。

陈超:《美国老年人长期照护法律体系及其对我国的启示》,《浙江树人大学学报》(人文社会科学版) 2007 年第 2 期。

何杨、明帮胜、周渭兵:《美国长期照护保险制度研究及对中国的启示》,《中国医疗保险》2015 年第 11 期。

袁维勤:《政府购买养老服务问题研究》,博士学位论文,西南政法大学,2012 年。

张维:《民办养老机构40%常年亏损　全国失能失智老人逾四千万》,《法制日报》2015 年 6 月 4 日。

韩爱青:《天津失能老人超 13 万　多举措保证"老有所养"》,《城市快报》2014 年 11 月 24 日。

孙国根:《上海:12 位失智老人仅有 1 张护理床位》,《健康报》2014 年 9 月 25 日。

梁捷:《我国空巢和独居老人已近 1 亿》,《光明日报》2015 年 9 月 14 日。

于天泽:《津城35 项公益创投将在南大起步获政府重点支持》,《今晚报》2015 年 4 月 5 日。

张梦月:《老人居住地和户籍地分离谁来提供养老服务》,《每日商报》2013 年 11 月 14 日。

蒋娟:《谊景村社区建立助老服务新模式让老人温暖过冬》,《今晚报》2012 年 12 月 16 日。

《福彩公益金去向成谜　星光计划花百亿无影》，《京华时报》2015 年 9
　　月 16 日。

王子薇：《安贞街道 92 万养老券被冒领》，《法制晚报》2015 年 12 月
　　2 日。

左颖：《北京养老券"券变卡"试点遭遇小服务商退出》，《北京晚报》
　　2014 年 7 月 28 日。

《美国政府购买居家养老服务的经验》，《中国财经报》2015 年 12 月 9 日。

侯慧丽、都阳：《世界面临老龄化问题　各国谋应对策略》，《人民日报》
　　2013 年 10 月 15 日。

邱玥、刘坤：《中国家庭空巢率超 50%　"老有所依"该如何实现?》，《光
　　明日报》2016 年 2 月 18 日。

张桂涵：《民政部启动"星光计划"100 亿建设老年福利设施》，《北京青
　　年报》2001 年 6 月 11 日。

国务院办公厅：《国务院办公厅关于政府向社会力量购买服务的指导意见
　　（国办发〔2013〕96 号）》，2013 年 9 月 26 日。

国家统计局：《2005 年全国 1% 人口抽样调查主要数据公报》，2006 年 3
　　月 16 日，http：//www. gov. cn/gzdt/2006 – 03/16/content_ 228740. htm.

国家统计局：《2010 年第六次全国人口普查主要数据公报》，2011 年 4 月
　　28 日，http：//www. gov. cn/test/2012 – 04/20/content_ 2118413. htm.

胡祖铨：《我国养老服务业的财政性资金投入规模研究》，2015 年 6 月 30
　　日，http：//www. sic. gov. cn/News/459/5000. htm.

国务院办公厅：《国务院办公厅关于印发社会养老服务体系建设规划
　　（2011—2015 年）的通知（国办发〔2011〕60 号）》，2011 年 12 月
　　16 日。

《静安区关于调整社区居家养老服务相关政策的实施细则》，2014 年 4 月 21
　　日，http：//www. jingan. gov. cn/xxgk/016013/016013002/20140529/5bd
521fa-dac4-4aeb-a388-28e055bc9b72. html.

浦东新区人民政府：《浦东新区人民政府关于印发浦东新区养老服务事业
　　发展扶持意见的通知（浦府〔2012〕323 号）》，2012 年 10 月 23 日。

北京市民政局、北京市发展和改革委员会、北京市财政局：《北京市民政
　　局等部门关于印发《北京市养老机构公建民营实施办法》的通知（京

民福发〔2015〕268 号)》, 2015 年 7 月 22 日。

国务院办公厅:《国务院办公厅关于实施〈国务院机构改革和职能转变方案〉任务分工的通知（国办发〔2013〕22 号)》, 2013 年 3 月 28 日。

《静安区关于调整社区居家养老服务相关政策的实施细则》, 2014 年 5 月 29 日, http：//www. jingan. gov. cn/xxgk/016013/016013002/20140529/5bd521fa-dac4-4aeb-a388-28e055bc9b72. html.

贾西津、苏明等:《中国政府购买公共服务研究终期报告》, 2009, http：//adb. org/sites/default/files/projdocs/2009/36656-01-prc-tacr-06-cn. pdf.

李伟:《2013 中国老龄事业发展高层论坛"发言》。http：//www. bj. xin-huanet. com/zt/201310/2013zglllt/index. htm.

联合国:《第二次老龄问题世界大会的报告》, 2002, http：//www. un. org/chinese/events/olderpersons/2006/pdf/Aconf1979. pdf.

席恒:《分层分类：提高养老服务目标瞄准率》,《学海》2015 年第 1 期。

杨团:《中国长期照护的政策选择》,《中国社会科学》2016 年第 11 期。

许方:《北京社区老年支援体系研究》, 中国建筑工业出版社 2013 年版。

孙薇薇:《孝与折衷主义：中国城市养老的实证研究》, 经济科学出版社 2013 年版。

汪连新:《城市社区养老服务研究：基于北京市的实证调查》, 中国社会科学出版社 2015 年版。

申群喜、王世斌:《老龄化与养老问题社会调查：以珠三角地区为例》, 黑龙江人民出版社 2015 年版。

外文文献

Salamon L. M. , Elliott O. V. , *The Tools of Government*：*A Guide to the* New *Governance*, New York：Oxford University Press, 2002.

Jones J. F. , *The Common Welfare*：*Hong Kong's Social Services*, Hong Kong：Chinese University Press, 1981.

Campbell J. C. , Edvardsen U. , Saito Y. , Midford P. , *Eldercare Policies in Japan and Scandinavia*：*Aging Societies in East and West*, Basingstoke：Palgrave Macmillan, 2014.

Brown T. L. , Potoski M. , "Contract-management Capacity in Municipal and County Governments", *Public Administration Review*, Vol. 63, No. 2, March 2003.

Minicucci S. , Donahue J. D. , "A Simple Estimation Method for Aggregate Government Outsourcing", *Journal of Policy Analysis and Management*, Vol. 23, No. 3, July 2004.

Fernandez S. , "What Works Best When Contracting for Services? An Analysis of Contracting Performance at the Local Level in the U. S. ", *Public Administration*, Vol. 85, No. 4, December 2007.

Bredgaard T. , Larsen F, "Quasi-markets in Employment Policy Do They Deliver on Promises", *Social Policy*, Vol. 3, No. 7, July 2008.

Feiock R. C. , Andrew S. A. , "Introduction: Understanding the Relationships Between Nonprofit Organizations and Local Governments", *International Journal of Public Administration*, Vol. 29, No. 10, 2006.

Hood C. , "A Public Management for All Seasons", *Public Administration*, Vol. 6923, No. 1, March 1991.

Dehoog R. H. , "Competition, Negotiation, or Cooperation: Three Models for Service Contracting", *Administration & Society*, Vol. 22, No. 3, November 1990.

Coston J. M. , "A Model and Typology of Government-NGO Relationships", *Nonprofit and Voluntary Sector Quarterly*, Vol. 27, No. 3, September 1998.